广东省高等学校特色专业建设项目

《金融学》（编号：CXQX-ZL201708）研究成果

货币经济学
理论与应用

刘秀光　吴铁雄　康艺之　著

中国社会科学出版社

图书在版编目（CIP）数据

货币经济学理论与应用/刘秀光等著 . —北京：中国
社会科学出版社，2018.8
ISBN 978 - 7 - 5203 - 3153 - 1

Ⅰ . ①货…　Ⅱ . ①刘…　Ⅲ . ①货币主义—研究
Ⅳ . ①F091. 353

中国版本图书馆 CIP 数据核字（2018）第 208179 号

出 版 人	赵剑英
责任编辑	卢小生
责任校对	周晓东
责任印制	王　超

出　　版	中国社会科学出版社
社　　址	北京鼓楼西大街甲 158 号
邮　　编	100720
网　　址	http：//www. csspw. cn
发 行 部	010 - 84083685
门 市 部	010 - 84029450
经　　销	新华书店及其他书店

印　　刷	北京明恒达印务有限公司
装　　订	廊坊市广阳区广增装订厂
版　　次	2018 年 8 月第 1 版
印　　次	2018 年 8 月第 1 次印刷

开　　本	710×1000　1/16
印　　张	18.5
插　　页	2
字　　数	313 千字
定　　价	78.00 元

前　言

　　货币经济学作为宏观经济学的核心部分，尽管与宏观经济学在某些方面存在重叠，但是，货币经济学更强调价格水平的确定、通货膨胀和货币政策的作用等；而宏观经济学则是对整个国民经济及其运行的研究，其涵盖面比货币经济学更为宽泛。

　　货币理论是经济学中最富有争议的领域之一，这些争论主要包括货币的基本形态、货币的本质和职能、货币对经济的影响、货币政策效力、货币定义的演变对货币政策的影响、货币的供给和需求在现代经济中所起作用的变化趋势、货币体系在经济发展过程中的地位等。

　　20 世纪 70 年代后期，主流货币经济学受到了来自理性预期学派的"卢卡斯批评"（1976）和来自计量经济学的"西蒙斯批评"（1980）。卢卡斯认为，在经济政策改变的情况下，不应该将传统宏观经济模型的参数看成是不变的。因此，这些模型不能用以预测这种政策变化后的结果。西蒙斯认为，传统的经验模型是基于大量的未经检验的和不可能检验的先验约束。因此，这些模型不能产生可靠的经验预测。对主流货币经济学的这些批评，使货币经济学在那一时期引发了激烈的学术争论。

　　金融创新不仅改变着货币形态和支付方式，而且由此导致人们的生活方式也发生了前所未有的变化，并使货币经济学成为更具魅力的研究领域。《货币经济学理论与应用》一书，既有货币经济学理论的探讨，也有基于货币经济学理论对经济现实问题的解释。

目　录

重新解读"只有货币重要"的信条 ···················· 1

　一　引言 ·· 1

　二　金融危机的爆发祸起货币 ······························ 2

　三　化解金融危机求助于货币 ······························ 6

货币体系中的信用基础和价值归宿 ···················· 9

　一　引言 ·· 9

　二　货币价值稳定性是货币体系的信用基础 ········· 10

　三　支付承诺确定性是经济活动的价值归宿 ········· 12

　四　货币价值稳定性和支付承诺确定性的统一 ······ 13

货币体系的可兑换性与信用依赖性 ···················· 16

　一　引言 ·· 16

　二　概述三次著名论争的主要内容 ····················· 16

　三　商品货币体系的可兑换性准则 ····················· 19

　四　信用货币体系中的主要缺陷 ························· 20

　五　实现信用依赖性准则的三要素 ····················· 23

互联网电子货币的本质和职能问题 ···················· 25

　一　引言 ·· 25

　二　货币形态及电子货币的基础 ························· 26

　三　电子货币的本质和职能 ······························· 29

法定货币与电子货币的"双币流通" ················ 33

一 引言 ················ 33

二 法定货币与电子货币的关系 ················ 34

三 法定—电子货币双币流通的效率 ················ 36

四 法定—电子货币双币流通与货币政策 ················ 37

互联网银行与传统银行的关系问题 ················ 40

一 引言 ················ 40

二 互联网银行是否是传统银行的异化 ················ 41

三 互联网银行的支付体系能否脱媒 ················ 44

互联网金融支付体系的破坏性创新 ················ 48

一 引言 ················ 48

二 金融支付体系的历史演变过程 ················ 48

三 互联网金融支付体系的破坏性创新 ················ 50

构建防范互联网金融风险安全系统 ················ 55

一 引言 ················ 55

二 互联网金融风险的多样化 ················ 56

三 互联网金融安全的基本特征 ················ 57

四 互联网金融安全网的结构 ················ 59

金融监管中的"宽柔之手"与"大手覆盖" ················ 64

一 引言 ················ 64

二 30年代大萧条以前的"宽柔之手" ················ 65

三 金融自由化时期的"宽柔之手" ················ 66

四 30年代大萧条促成的"大手覆盖" ················ 68

五 华尔街金融海啸以后的"大手覆盖" ················ 70

金融体系安全稳定与效率的艰难抉择 ·············· 72

　　一　引言 ······································ 72

　　二　《金融监管改革法案》凸显审慎监管 ·········· 73

　　三　金融体系安全稳定与效率的抉择 ············ 74

　　四　《金融监管改革法案》存在的问题与争论 ······ 78

商业银行规避信贷风险的基本准则 ·············· 80

　　一　引言 ······································ 80

　　二　银行信贷业务的谨慎原则 ·················· 81

　　三　银行贷款的限制原则 ······················ 84

　　四　依据真实交易放贷原则 ···················· 86

影子银行中的潜在风险与金融监管 ·············· 89

　　一　引言 ······································ 89

　　二　影子银行是否应该监管的争论 ·············· 90

　　三　对银行理财业务如何监管 ·················· 91

利率理论研究演变路径的文献综述 ·············· 98

　　一　引言 ······································ 98

　　二　微观利率理论研究的演变 ·················· 99

　　三　宏观利率理论研究的演变 ················· 102

货币定义模糊性与货币本位的选择 ············· 106

　　一　引言 ····································· 106

　　二　货币定义的模糊性 ························· 107

　　三　货币政策的着力点 ························· 108

对经济浸泡在流动性中的重新认识 ············· 114

　　一　引言 ····································· 114

　　二　货币定义扩展是“浸泡现象”的基础 ········· 115

三 金融工具创新是"浸泡现象"的动力 ················ 117

四 虚拟经济膨胀是"浸泡现象"的表现 ················ 119

泡沫经济与加尔布雷思法则的关系 ················ 122

一 引言 ·· 122

二 日本与中国股票和房地产价格的波动 ·············· 123

三 中日相关经济问题的比较分析 ···················· 127

解读货币竞争性发行的哈耶克命题 ················ 133

一 引言 ·· 133

二 国内不同货币的竞争及其启示 ···················· 134

三 国际上不同货币的竞争及其启示 ·················· 136

如何实现国际储备货币中立化问题 ················ 140

一 引言 ·· 140

二 国际金融机构中立化 ······························ 141

三 国际金融体系霸权的消除 ·························· 143

"无海图航海"能否"重回金本位" ················ 146

一 引言 ·· 146

二 束缚经济稳定繁荣的"紧身衣" ·················· 147

三 金融危机四伏的"无海图航海" ·················· 148

四 如何构建平稳运行的汇率制度 ···················· 149

黄金价格波动及其影响因素分析 ················ 153

一 引言 ·· 153

二 黄金价格研究的有关文献 ·························· 153

三 黄金价格历史波动的轨迹与特征 ·················· 155

四 影响黄金价格波动的因素分析 ···················· 158

重现的"金融萧条"与"信用迷失" ·············· 166

一　引言 ··· 166

二　金融萧条的两个重要特征 ·············· 167

三　信用迷失的具体表现形式 ·············· 168

美元是如何给世界经济制造麻烦的 ·············· 171

一　引言 ··· 171

二　美元违背金本位制规则的后果 ·········· 172

三　世界经济陷入"美元本位陷阱" ·········· 173

四　肆意泛滥的美元殃及世界经济 ·········· 174

美元循环周转机制与国际金融危机 ·············· 178

一　引言 ··· 178

二　"美元本位制"和"世界基础货币" ········ 179

三　"美元殖民地"和"劣势货币" ·············· 181

四　维持美元循环周转机制运行的手段 ······ 184

操纵货币汇率实施的贸易保护主义 ·············· 186

一　引言 ··· 186

二　保护主义经济逻辑的分析与批判 ········ 187

三　贸易保护主义的"现代手段" ·············· 189

货币幻觉与住房价格的虚涨和实涨 ·············· 193

一　引言 ··· 193

二　货币幻觉对住房价格上涨的影响 ········ 194

三　催生住房价格上涨的真实因素 ·········· 195

"驱赶效应"与产业结构调整 ·················· 198

一　引言 ··· 198

二　"驱赶效应"如何改变货币流向 ·········· 199

三 "驱赶效应"如何影响其他产业发展 ……………… 201

四 "驱赶效应"怎样阻碍产业结构调整 ……………… 203

治理产能持续过剩的货币政策选择 ……………………… 205

一 引言 ………………………………………………… 205

二 产能持续过剩悖论 ………………………………… 206

三 治理产能持续过剩的货币政策选择 ……………… 208

宏观调控过程中的政策后遗症 …………………………… 212

一 引言 ………………………………………………… 212

二 如何调控宏观经济的探索 ………………………… 212

三 政策后遗症的基本成因 …………………………… 214

宏观调控政策规则选择与政策效力 ……………………… 219

一 引言 ………………………………………………… 219

二 相机抉择政策隐含的内在缺陷 …………………… 220

三 时间一致性政策的必要性和可能性 ……………… 222

四 两种政策配合以实现调控目标 …………………… 224

经济增长型衰退过程中的货币责任 ……………………… 227

一 引言 ………………………………………………… 227

二 货币收益选高特性与增长型衰退 ………………… 228

三 货币的社会性与"货币责任" …………………… 229

"货币荒"现象的反思与启示 …………………………… 233

一 引言 ………………………………………………… 233

二 一般货币供给函数的基本形式 …………………… 234

三 中央银行的行为与货币外生 ……………………… 235

四 银行信贷行为与"货币荒"现象 ………………… 237

五 个人偏好和支付便利与"货币荒" ……………… 240

储蓄是维护经济社会发展的稳定剂……………………… 243

　　一　引言………………………………………………… 243

　　二　短期措施长期化是债务危机的政策因素…………… 244

　　三　消费悖论是债务不断累积的经济因素……………… 245

　　四　党派政治是主权债务危机的政治因素……………… 247

　　五　储蓄对维护经济与社会发展的作用………………… 248

比较金融创新西方模式与中国特色……………………… 253

　　一　引言………………………………………………… 253

　　二　金融创新经济环境比较……………………………… 254

　　三　金融创新路径选择比较……………………………… 256

　　四　金融创新内容比较…………………………………… 261

赌场经济的批判与实体经济的回归……………………… 266

　　一　引言………………………………………………… 266

　　二　赌场经济的简要历史与批判………………………… 267

　　三　实体经济的历史地位与回归………………………… 272

主要参考文献………………………………………………… 280

后　　记……………………………………………………… 284

重新解读"只有货币重要"的信条

一　引言

　　经济中为什么需要货币？货币是如何投入经济的，又是如何对经济产生作用的？经济的扩张和紧缩与货币投入究竟有什么关系？这些问题在货币经济学中，既是重要的研究课题，又是经常引发争论的话题。

　　将经济中的货币部门和实际部门分离的古典两分法断言，货币只是覆盖在实际经济之上的无关紧要的面纱；而凯恩斯（1936）则强调，货币是刺激经济制度活跃起来的酒。

　　米尔顿·弗里德曼在其《货币数量论：一个重新表述》（1956 年）一文中指出，数量论是这样一个命题：只有货币重要。该命题的意思是说，货币供给的变化会引起名义变量的变化，有时甚至能够引起实际变量的变化。米尔顿·弗里德曼与安娜·J. 施瓦茨合著的《美国货币史——1867—1960》一书使用 1867—1960 年的经验数据得出的结论是：在货币量同名义收入与实际收入之间存在着显著且稳定的关系，经常表现出从货币导向经济活动的因果关系。

　　弗里德曼一直满怀激情地坚持货币的重要性，而且当经济学界的主流观点置货币事务于不顾之际，是他首先强调了货币的重要。① 尽管理论界对弗里德曼"只有货币重要"的观点，以及其政策主张有多种评论甚至尖锐的批评，但是，对于经济社会的发展来说，货币重要确实是毋庸置

---

① 　[加拿大] 约翰·史密森：《货币经济学前沿：论争与反思》，柳永明等译，上海财经大学出版社 2004 年版，第 53—54 页。

疑的。

在现代市场经济条件下，货币对于实体经济的作用越来越显著。它既可以引导实体经济健康发展，也可能造成实体经济的膨胀或紧缩。尽管主流观点认为，货币对实体经济并非具有持久的影响，货币在长期来看是中性的。然而，货币并非是象征性的，它总是真实地影响着经济社会生活的许多方面。总之，货币是一个对经济社会发生作用的真实变量，而货币重要则强调货币对经济社会的影响。

2008 年的国际金融危机，被格林斯潘评论为百年一遇。在此背景下，重读《美国货币史——1867—1960》，对照其中的许多经济事件，通过审视金融自由化、金融创新、金融监管和国际金融体系等，进而重新解读货币主义"只有货币重要"的信条。

二 金融危机的爆发祸起货币

（一）金融危机根源于货币存量

《美国货币史——1867—1960》研究了美国将近一个世纪内货币存量的变化，并将货币存量这一线索与经济事件联系起来，证明了货币因素在这些经济事件中的作用。结合该书所研究的几个典型经济衰退期与货币存量的关系，就可以清晰地理解其中的重要结论。

美国经济在 1873—1879 年间的经济衰退，"被认为是最长和最严重的衰退之一"，而货币存量下降也发生在这一时期。在其他的经济衰退期中，货币存量仍然以相对于经济扩张期较低的速度增长。例如，1868 年 1 月至 1870 年 1 月，货币存量较低的增长速度伴随着 1869 年 1 月至 1870 年 1 月的经济衰退。据此，《美国货币史——1867—1960》得出了"货币存量的谷底经常与经济周期谷底重合"的结论。①

为了抑制 1919 年的货币扩张、通货膨胀、投机和过度消费，美联储提高了贴现率。1919 年 11 月和 12 月，大多数联储银行的贴现率为

---

① ［美］米尔顿·弗里德曼、安娜·J. 施瓦茨：《美国货币史——1867—1960》，巴曙松等译，北京大学出版社 2009 年版，第 19—20 页。

4.75%。在1920年1月底和2月初，美联储将所有银行的贴现率提高至6%，这是联储体系历史上最大幅度的单次提升贴现率，从而导致货币存量增长速度的减缓，以及银行破产的增加（从1919年的63家，增至1921年的506家）。这次贴现率的变动引发了1920年1月至1921年7月被称为有记录以来速度最快的经济衰退之一和记录中最严重的衰退之一。①

1929年8月至1933年，货币存量的下降幅度超过1/3。与这一时期（30年代大萧条）货币崩溃有可比性的是1839—1843年的萧条时期。在大萧条时期下，大量银行倒闭，初期约有1/4，末期超过1/3，而货币存量下降超过了1/3。"大萧条以惨痛的事实证明了货币因素的重要性"。②

（二）贷款坏账引发的银行危机

对于美国的商业银行来说，20世纪80年代是连续失败的10年。③ 1982—1992年的10年间，美国大约有1400家商业银行倒闭。在金融自由化开始以后的10年间，储蓄机构经过兼并，其数量由4000家减至2000家，而这种兼并是由于大量的银行破产倒闭所致的。④ 但这10年间美国的商业银行连续不断地失败，其原因有别于《美国货币史——1867—1960》所述的银行危机，这一时期的银行危机不是货币存量问题，而是由于债务危机、向不动产贷款和企业购并贷款变为坏账造成的。

20世纪80年代，拉美国家爆发了有史以来最大的债务危机。在这次债务危机中，美国在1985—1989年间破产的商业银行多达526家。美国的商业银行之所以遭遇如此大的危机，是因为它们向拉美国家大肆发放贷款。

20世纪80年代，美国金融市场的高利率（其中，1980年高达13.36%）吸引了石油生产国巨额石油美元流入美国的商业银行，这些石油美元作为短期存款从中获得高利息收益，而美国的商业银行又将这些石油美元用于向拉美国家发放长期贷款。但是，当拉美国家无力偿还其到期

---

① ［美］米尔顿·弗里德曼、安娜·J.施瓦茨：《美国货币史——1867—1960》，巴曙松等译，北京大学出版社2009年版，第158—163页。

② 同上书，第209—210页。

③ ［日］宫崎义一：《泡沫经济的经济对策——复合萧条论》，陆华生译，中国人民大学出版社2000年版，第52页。

④ ［美］艾伦·加特：《管制、放松与重新管制》，陈雨露等译，经济科学出版社1999年版，第11—13页。

的对外债务本息时，它们便共同陷入了这场债务危机之中。

这一时期，美国商业银行的危机，除拉美国家的债务危机以外，就是商业银行向不动产贷款成为坏账。1983—1990 年，美国的商业银行向不动产贷款总计达 43575 亿美元，不动产贷款的比例在全部贷款中平均超过 35%。[①] 其中，35 家主要商业银行与不动产相关的坏账累计额占其总资产的比例，截至 1990 年年底为 43.41%。[②] 20 世纪 80 年代初的不动产建筑热，伴随着美国经济的衰退，在 80 年代末转为不动产建筑萧条。不动产的这一变化，是造成不动产贷款坏账率如此高的重要原因。

（三）有毒资产催生的金融危机

2008 年的国际金融危机，并不是源自《美国货币史——1867—1960》所述的货币存量不足或下降。例如，世界银行和美联储提供的数据显示，以 1959 年第一季度 GDP 为 1（以 1959 年第一季度为基期，设以不变价格计算的 GDP 和广义货币 M2 均为 1），至 2008 年第二季度，美国以不变价格计算的 GDP 增至 4.90，而广义货币 M2 增至 26.58。其中，自 2001 年以来，美国的年均经济增长率约为 3%，广义货币 M2 的年均增长率约为 7%。与此相比较，美国 1867—1960 年的货币（通货＋活期存款＋定期存款）年均增长率为 5.4%，低于 2001 年以来的年均货币增长率 1.6 个百分点。

上述数据说明，货币存量因素在华尔街金融海啸中并不具有主导作用。虽然华尔街金融海啸的实质仍然是货币问题，但不是因为美元的存量不足，而是源于美元的泛滥。具体表现在次级贷款或次贷、问题银行的有毒资产和货币异化等几个方面。

首先，发放次级抵押贷款[③]是华尔街金融海啸的始作俑者。这与 20 世纪 80 年代由于贷款变为坏账导致银行危机相类似，但两个不同时期发放贷款的性质截然不同。华尔街金融海啸的先导是发放次贷所引发的次贷危机，而 80 年代的不动产贷款是因为经济衰退变为坏账。

从 2007 年 2 月美国次贷危机浮出水面，到 2008 年 9 月 15 日雷曼兄弟公司宣布申请破产保护，是华尔街金融海啸来临的标志。其间，因次贷导致金融机构的亏损急剧增加，并纷纷实施自救措施。

---

① FRB，Federal Reserue Bulletin.

② Salomon Brothers，Bank Annual，1991 Edition，Fig. 55. Fig. 60.

③ 次级抵押贷款，是指贷款机构向信用程度较差和收入不高的借款人提供的贷款。

例如，2007年2月13日，汇丰控股为在美国的次级住房抵押贷款业务增加18亿美元坏账准备。11月9日，美国银行、花旗银行和摩根士丹利决定出资至少750亿美元，试图帮助市场走出次贷危机。据国际货币基金组织IMF的统计数据，美国金融机构的次贷，占整个房地产贷款的14.1%，有1.1万亿—1.2万亿美元。

金融机构明知借款者的信用差又为什么会发放这些次贷？这些商业银行全然不顾借款者的信用如何而大量发放次贷，为了谋求利润最大化是其根本原因。因此，由次贷累积的系统性风险迟早要爆发。

其次，在国际金融危机爆发之前的2008年8月26日，美国联邦储蓄保险公司公布的数据显示，在联邦储蓄保险公司承保的美国大约8500家银行和储蓄机构中，有117家当年第二季度陷入经营困境。截至2008年8月底，美国的问题银行已增至416家，创15年来的新高。

美国商业银行的有毒资产或不良资产，IMF最初的预计，约为2.2万亿美元。但是，随着金融危机的加剧，有毒资产的实际规模要超过这一数额。可以肯定地说，当年9月爆发的国际金融危机，是问题银行及其有毒资产积累的必然结果。

最后，金融创新既有金融市场、金融工具、管理和技术的创新，又有货币异化。所谓货币异化，是指职能基本相近的货币或货币性资产（股票、债券），在20世纪80年代金融自由化以来的金融创新过程中，由此衍生出大量的金融工具。如果这些异化出来的金融衍生工具确实体现出其本来的套期保值、规避风险、发现价格等功能，对于金融体系的稳定是有利的。但是，爆发国际金融危机的事实已经证明，由于金融衍生工具的交易泛滥、利用金融衍生工具实施金融诈骗等，严重的货币异化是引发金融危机的重要原因。

通过以上分析，从国际金融危机中得出的教训是，虽然货币重要，但货币管理同样重要。因为货币在现代市场经济体系中的重要性是前所未有的，货币和金融稳定是经济社会稳定的必要前提。政府对金融业放松管制加之技术进步，导致银行规避监管变得容易，反而给金融监管带来了困难。发达的金融机构以及货币资产的多样性、交易的复杂性，都极易出现金融监管的"漏洞"和金融系统性风险。所以，货币管理同样重要。

对经济自由主义持有谨慎立场的那些经济学家，在美国的金融业放松管制初期就指出，对于银行业，经济学家正在忧虑，管制不充分就会导致银行破产，甚至有可能扰乱宏观经济秩序。①

20 世纪 70 年代以来的放松管制和自由化的潮流逐步席卷了美国的金融业。在此情况下，许多商业银行高息揽储，然后用这些储蓄去冒险贷款和投资，以及给银行高管发放高的薪酬，这些行为导致不少商业银行走向了破产倒闭之路。

三 化解金融危机求助于货币

（一）保持货币存量的支付限制

在《美国货币史——1867—1960》所述的美国数个经济衰退期中，每当出现银行危机时，几乎采取了一贯的做法：为保持货币存量，银行实施支付限制或存款转换为通货的兑换限制。《美国货币史——1867—1960》的作者认为，既然银行业危机已经出现，如果不及时实施支付限制，就会使经济紧缩更加严重、更加持久。支付限制保护了银行系统，为消除危机和获得更多的通货争取了时间。②

美国最为严重的银行危机发生在 1873 年、1884 年、1890 年和 1893 年。当银行危机发生时，都无一例外地实施了支付限制或兑换限制。其中，1893 年发生了严重的银行挤兑甚至破产。于是，从纽约银行开始，全国的银行都开始部分限制现金支付，当年 7 月，由于对现金支付的限制，结束了银行破产的连锁反应。③

1907 年 10 月银行危机的爆发，银行系统实行支付限制到达顶峰。这次银行危机使银行系统一致拒绝了存款人将存款兑换成钞票或铸币的要求。纽约的银行开始实施支付限制，随后蔓延到全国。一部分州以法律形式批准了支付限制，其余的州也持默认的态度。④

1929—1933 年的大萧条，更说明了银行实施支付限制的巨大作用。

---

① ［美］保罗·萨缪尔森、威廉·诺德豪斯：《经济学》第十七版，萧琛主译，人民邮电出版社 2004 年版，第 285 页。

② ［美］米尔顿·弗里德曼、安娜·J. 施瓦茨：《美国货币史——1867—1960》，巴曙松等译，北京大学出版社 2009 年版，第 111—113 页。

③ 同上书，第 70—72 页。

④ 同上书，第 107—110 页。

《美国货币史——1867—1960》的作者认为，如果在 1929 年 10 月股票市场崩溃时，就实施支付限制，或者最晚在 1930 年 11 月 11 日美国银行破产时实施，就可以防止银行系统的崩溃和货币存量的急剧下降。但结果正是银行系统的崩溃和货币存量的急剧下降，"使得一次一般严重的紧缩转变成一场灾难性的萧条"。①

（二）减免债务的"布雷迪计划"

为了解决 20 世纪 80 年代的拉美国家债务危机，美国政府、国际货币基金组织和世界银行先后实施了一系列救援发展中国家债务危机的政策，包括"宫泽计划""密特朗计划""贝克计划"和"布雷迪计划"。其中，相对有效的是 1989 年 3 月的布雷迪计划。该计划的中心内容是：鼓励商业银行取消债务国部分债务；要求国际金融机构继续向债务国提供新贷款，以促进债务国的经济发展，提高还债能力。

与其他救援方案相比，"布雷迪计划"把解决对外债务的重点放在债务本息的减免上，而不是放在借新债还旧债的方式上。因此，"布雷迪计划"曾经得到国际社会的广泛赞同。

"布雷迪计划"的实质仍然是货币存量问题，只不过并非将贷款收归债权国，而是将货币更多地留给债务国，借以减缓拉美债务国的经济和社会危机。否则，拉美债务国将陷入更深的经济和社会危机的泥潭中。解决拉美国家债务危机的历史经验表明，对于存在着债务问题的许多发展中国家来说，的确是货币重要。

（三）注入货币借以救市

2008 年的国际金融危机来临时，延缓和挽救银行危机，既没有实施支付限制或兑换限制，又没有采取减免债务的措施，注入货币以救市就成为首选。与支付限制或兑换限制以及"布雷迪计划"相同的是，注入货币以救市化解金融危机，第一轮的部分救市计划再次证明了货币重要。

《紧急经济稳定法案》于 2008 年 10 月 3 日经美国众议院表决通过。该法案批准财政部 7000 亿美元的救市资金，其中，44% 用于补充金融机构或商业银行的流动性。接受救助的金融机构或商业银行，包括美国国际

---

① ［美］米尔顿·弗里德曼、安娜·J. 施瓦茨：《美国货币史——1867—1960》，巴曙松等译，北京大学出版社 2009 年版，第 111—113 页。

集团（AIG）、花旗银行、美洲银行和其他商业银行，分别注资 10%、7%、6% 和 21%。

《紧急经济稳定法案》还将联邦存款保险的限额暂时从 10 万美元提高至 25 万美元。2009 年 1 月 28 日，美国众议院通过了总额为 8190 亿美元的经济刺激方案。财政部通过这笔资金的杠杆作用，企图调动足够的资金消化金融业超过 5000 亿美元的不良资产。

2008 年 10 月 12 日，欧元区 15 国在巴黎通过了"总额近 2 万亿欧元的救市计划"。这项被称为欧元区历史上最庞大的救援计划，通过为商业银行发行债券提供担保等方式，缓解商业银行等金融机构因为流动性短缺而面临的融资困难。同时，通过购买优先股等方式向金融机构提供额外资金，并对陷入困境的金融机构进行注资，以保证金融机构的正常运转。

注入货币以救市与支付限制或兑换限制相比较，支付限制表现为对货币需求的一种防御手段，是在银行挤兑和金融恐慌面前，通过暂时阻止一部分货币需求以稳定金融秩序。

注入货币以救市，是积极地利用货币冲击的方式，借助货币对于经济制度、货币体系和银行经营的刺激作用，以及通过置换效应将问题银行的有毒资产置换出来，待经济状况好转以后，政府或中央银行再出售这些资产，使得经济制度、货币体系和银行经营回归其正常的运行轨道。可见，注入货币借以救市，体现了政府和中央银行在危机面前作为最后购买者和最后贷款人的角色。

《美国货币史——1867—1960》的作者针对 20 世纪 30 年代的大萧条指出，当时如果实行强而有力的货币扩张政策，将会使朦胧的复苏迹象转化为实际的复苏。[①]当世界经济已经显露出复苏态势之时，说明各国和地区注入货币以救市措施的有效性，并且支持了《美国货币史——1867—1960》作者的论断。因此，尽管谁也不愿意发生金融危机，但一旦再次出现类似的金融危机事件，注入货币以救市的做法仍然可资借鉴。

（执笔人：刘秀光　吴铁雄　康艺之）

---

① ［美］米尔顿·弗里德曼、安娜·J. 施瓦茨：《美国货币史——1867—1960》，巴曙松等译，北京大学出版社 2009 年版，第 279 页。

货币体系中的信用基础和价值归宿

一 引言

1931 年 9 月，以英国停止金本位制为发端，世界货币体系发生了革命性的变革。这就是以金本位制为基础的商品货币体系，演变为以信用[①]货币为基础的信用货币体系。20 世纪 70 年代以来，货币经济取代商品经济并逐渐成为世界经济的主导因素。[②]

虽然货币经济发展的原动力或前提条件是货币，但在货币经济中不仅需要货币[③]，而且需要除货币以外的多种货币性资产。然而，这些货币与货币性资产不一定与某种实物商品单位相对应，并且其供给量也难以被外生地固定。这就引发了一系列问题：在货币经济中，信用与货币的社会架构是如何形成的？这种社会架构是怎样得以维持的？信用货币体系的稳定是由什么因素所决定的？对于上述问题的探讨，在货币经济学研究中总是经久不衰的。与此同时，这些问题也往往困扰着现代货币经济健康可持续发展。

事实证明，货币稳定，进而才有金融稳定。货币价值稳定性和支付承诺确定性，是货币体系稳定的两个基本要素。货币价值稳定性是货币体系的信用基础，支付承诺确定性是经济活动的价值归宿。货币价值稳定性和

---

① "信用"一词是指货币体系中的借贷关系，并且信用与货币是结合在一起的。而在商品货币体系中因为贵金属作为本位币，所以货币是独立于信用之外的。

② ［日］宫崎义一：《泡沫经济的经济对策——复合萧条论》，陆华生译，中国人民大学出版社 2000 年版，第 10 页。

③ 常用的货币定义分为狭义货币 M1 和广义货币 M2，M1 和 M2 是货币经济体系中的基础性货币资产。

支付承诺确定性两者的统一，构筑起了货币体系的基石。

二　货币价值稳定性是货币体系的信用基础

在商品经济中，类似黄金这样的硬通货，并不需要投入实际的流通过程，它只是稳定地担当最终的支付承诺资产，并且人们对此坚信不疑。其主要原因是，黄金存在着一种隐含的信任。贵金属在社会和大众心理上所占据的特殊地位，都体现了一种信用关系。①

在货币经济中，由于货币经济的本质是一种信用经济，流通中的各种媒介、交易的对象之所以被接受，是因为人们相信它们最终能够兑换成货币，并且相信所能兑换的货币价值是稳定或相对稳定的。因此，货币价值稳定性就成为货币体系的信用基础。

因为价格水平与货币有紧密的联系，所以，货币价值稳定性是指商品和劳务价格水平的稳定性。英国经济学家弗里德里奇·冯·哈耶克指出，说货币价值比较平稳的时候，我们的意思是说，以它所表示的大多数商品的价格在短期内不会沿着同一方向大幅度变化，或者说变化很小。②

价格水平的变动就是货币价值的变动，由于价格水平的变动表现为通货膨胀（货币实际价值或购买力的降低）或者通货紧缩（货币实际价值或购买力的提高）。人们接受货币（或信用货币，如美元、人民币），是因为人们相信在持有这些货币的过程中其价值是稳定的。

只有货币价值稳定，才有货币体系的稳定，像 2008 年津巴布韦的货币遭遇的"死亡"，就是由于货币价值急剧波动造成的。当某个国家的货币价值极端不稳定时，该国的货币体系将陷入崩溃，也必然由此引发经济危机甚至社会危机。

与商品经济不同，在货币经济中，金融机构能够"无中生有"地创造货币。这既是货币经济的重要特征，也是货币经济的需要。但是，金融

---

① ［加拿大］约翰·史密森：《货币经济学前沿：论争与反思》，柳永明等译，上海财经大学出版社 2004 年版，第 32 页。

② ［英］弗里德里希·冯·哈耶克：《货币的非国家化》，姚中秋译，新星出版社 2007 年版，第 78 页。

机构创造货币的能力，也在动摇着货币价值的稳定性。具体地说，货币创造由于货币供给的过度扩张，导致货币贬值，从而引发严重的通货膨胀。反之，货币乘数的反向作用，最终招致宏观经济的通货紧缩。因此，20世纪80年代以前，中央银行对金融机构主要是商业银行的管制。重点是管制商业银行对活期存款的创造，目的是将活期存款总量进而是将货币总供给置于中央银行的控制之下，以避免经济过度膨胀或者紧缩。

当某个国家的货币跃出国界担当国际货币时，其价值的变化将对国际货币体系的稳定产生至关重要的影响。作为主要国际货币的美元，如果发行的数量和汇率是稳定的，那么，美元在世界范围的流通，将对世界金融体系的稳定发挥重要作用。但是，美国却一直利用美元在"玩弄着世界各国"。①

美国借助美元的国际货币地位，任意向世界发行美元，造成美元的流动性过剩，致使国际金融市场上美元的价格急剧波动。日本经济学家金子胜尖锐地指出，美国未必是将稳定而持久的国际金融秩序作为目标。美国优先考虑的是自身的利益，使国际金融不稳定化，对美国来说，是有利的一面。因为美国金融业本身一直把因随意抛出美元而导致的国际金融不稳定也当作商机。② 新兴工业国和发展中国家，曾经多次受到以华尔街为中心的美国金融业的投机袭击，就是最有说服力的证明。

那些采取盯住美元汇率制度的国家，其本意是这些国家的货币能够随着美元价值或汇率的波动而波动，只要美国的物价水平保持稳定，那么盯住美元就稳定了国内的价格水平，从而避免本国产品的价格在国际市场上产生不必要的波动，影响本国商品的国际竞争力。但是，由于这些国家的货币汇率是由美元汇率决定的，极易导致这些盯住美元的国家的货币因美元升值而给这些国家带来巨大的货币升值压力，从而引发货币危机和金融危机。

例如，1994年墨西哥的货币危机、1997年泰国和韩国的货币危机、1998年俄罗斯的货币危机、1999年巴西的货币危机、2001年土耳其的货币危机。澳大利亚、加拿大、新西兰、新加坡、瑞典和英国等国家在

---

① ［日］金子胜：《经济全球化与市场战略——市场原理主义的批判》，胡婧译，中国人民大学出版社2002年版，第152页。

② 同上书，第153页。

2002—2003 年间都经历了以美元标价的进口商品的涨价过程。

自 20 世纪 70 年代初开始的浮动汇率制使资本实现了自由化以后，世界各国关注的焦点是："事实上的"基准货币——美元的信任能否保持下去？在全球金融统一和市场统一的过程中，如何将局部的金融危机向各市场的波及控制在最小范围内，并使其尽快恢复稳定？① 可见，世界各国对美元价值是否持续稳定的质疑由来已久。一系列的事实说明，这些质疑并非空穴来风，美元价值的周期波动确实对世界经济产生了极为不利的影响。

例如，1973 年 10 月，第一次石油危机时期美元大幅度贬值，导致石油价格飙升。因为石油是由美元计价的，所以，美元贬值无疑是诱发世界性通货膨胀的主要原因；1979 年 10 月，美国开始推行货币主义实验以减缓严重的通货膨胀，但结果是，短期利率的上升更加剧了拉美国家的债务负担，最终爆发了拉美国家有史以来最严重的债务危机；在 2008 年爆发的国际金融危机中，为了挽救美国经济，美联储又使用其惯用手法：公开市场操作买入债券（发行美元）→美元贬值→其他国家的货币升值→持有美元资产的国家为美国的金融危机埋单。

三　支付承诺确定性是经济活动的价值归宿

在货币经济中，无论是在实体经济领域还是在虚拟经济领域，都需要体现经济活动的价值，确定的最终支付承诺就是一切经济活动的价值归宿，也是货币体系的价值归宿。因为在货币经济中，作为最终支付承诺的资产，就是中央银行的名义负债，而这些名义负债是中央银行所表明的价值标准。其他各种替代性的交易媒介，都必须以某种方式与这种价值标准建立起联系。只有这样，才能确保货币体系的稳定，并保证整个经济活动良好的运行秩序。即使旨在摆脱金融管制，实现国外借款人和贷款人之间交易所产生的离岸金融市场也是如此。

---

① ［日］菊地悠二：《日元国际化——进程与展望》，陈建译，中国人民大学出版社 2002 年版，第 251 页。

离岸金融市场的债权人，仍然是以某种交易货币所在的中央银行所标明的价值标准来担当最终支付承诺。例如，在欧洲美元市场上的美元，必须与美国国内流通的美元具有同等的价值或购买力。这两种美元的区别仅仅在于不受美国法规的管制，也不受美国银行利率结构的支配而已。

在历史上，一旦某种交易媒介与其表明的价值标准脱离联系，那个时期的货币体系就崩溃了。例如，以金本位制为基石的英镑，曾经在两个多世纪担当着国际货币体系的主要货币。但是，当金本位（英镑的价值标准）制动摇之日，以英镑为主要货币的国际货币体系也就不可能继续维持下去；第二次世界大战以后的布雷顿森林体系，是以美元与黄金之间的交换为基础的。但是，1971 年 8 月 15 日的"尼克松冲击"，正式切断了美元和黄金（美元的价值标准）之间的联系，从而宣告了布雷顿森林体系的终结，美元从此进入了没有内在价值的纸币时代。

如前所述，对美元价值的不稳定长期以来存在质疑。但是，对美元价值的质疑不仅来自其汇率在国际金融市场上急剧波动，而且还因为美元作为支付承诺确定性不断下降所致。20 世纪八九十年代，美国已经成为世界上最大的债务国，对外债务占其 GDP 的 20%。当时，就有经济学家警告说，美元作为国际结算货币的基准货币，从短期来看，不管各国是否愿意，它们都不能不保有美元资产作为外汇储备。从长期来看，作为拥有基准货币的美国对外债务的积累必然危及对美元的信任。①

事实上，20 世纪八九十年代世界金融市场急剧动荡，就是源自美元在国际金融市场上流通过量，以及在国际投资方面的超量使用。美国借助所谓新经济，从 1998 年起出现了财政盈余，于是就将大量剩余美元转向国外投资，引起了对冲基金等投机行为，扰乱了国际金融市场的秩序，以及危及国际货币体系的稳定。

四 货币价值稳定性和支付承诺确定性的统一

货币价值稳定性和支付承诺确定性的统一，是指作为体现货币价值和

---

① ［日］金子胜：《经济全球化与市场战略——市场原理主义的批判》，胡婧译，中国人民大学出版社 2002 年版，第 14 页。

支付承诺的货币资产只有一种："既可以用它来定义价值标准，又可以作为无可争议的或'最终的'债务偿付手段。"① 如前所述，这种货币资产就是中央银行的名义负债，而这些名义负债是中央银行所表明的价值标准，并以此作为最终支付承诺。但是，金融机构能够"制造"金融衍生工具，而如果金融机构对金融衍生工具的"制造"和交易没有采取谨慎的做法，将会严重影响货币价值稳定性和支付承诺确定性的统一。

各种金融衍生工具及其交易必须以货币价值确定其价值，并且以某种方式与最终支付承诺联系起来。但是，金融衍生工具存在的市场风险和信用风险将导致其价值的可靠性发生变化。

金融衍生工具"衍生"的链条越长，金融衍生工具距离最终支付承诺就越远。在此情况下，金融衍生工具的持有者一旦预期出现市场风险和信用风险，就会纷纷放弃金融衍生工具而持有价值和支付承诺统一的货币资产。随着系统风险的不断积累，于是就会发生金融恐慌，最终使整个货币体系变得非常脆弱。

20 世纪 30 年代以后的金融体制是一种"卡特尔"金融体制，并且一直持续到 70 年代末。在这种金融体制下，金融机构划分为存款银行、投资银行（证券公司）和保险公司。这些行业职能之间划分明确，每个行业都有其清晰的规范，行业内部的竞争是在平等的相同领域展开的，由此使得金融业保持着基本的稳定性。

与"卡特尔"金融体制相适应的，是各国的金融业受到政府的高度管制，只有很少的金融市场和金融衍生工具可供金融机构尤其是商业银行的参与，因而风险不仅小，而且仅局限于国家范围之内。

在 20 世纪 80 年代以来的金融自由化浪潮中，政府对金融机构纷纷放松和解除管制，金融机构因而"制造"出大量的金融衍生工具。而大量金融衍生工具的交易，催生了金融系统中灾难事件的不断出现。仅在 1993—1995 年间，就有包括日本昭和壳牌公司损失 10.5 亿美元（1993年）、日本鹿岛石油公司损失 14.5 亿美元（1994 年）、巴林银行损失 8 亿英镑（1995 年）在内的数起因金融衍生工具交易引发的金融灾难事件，

---

① ［加拿大］约翰·史密森：《货币经济学前沿：论争与反思》，柳永明等译，上海财经大学出版社 2004 年版，第 30 页。

这些金融灾难事件带来的经济损失，以及对金融市场产生的负面影响都曾经震惊世界。

20世纪90年代中期以后，金融衍生工具在金融产品构成中的比重越来越大，种类也越来越多。2007年11月，英格兰银行发布的一份报告称：全球金融衍生工具市场的规模高达415万亿美元，金融衍生工具市场规模已占全球GDP的8—10倍。这种变化既表明金融衍生工具的数量大大超过准货币M2的数量，又表明金融衍生工具距离货币越来越远，货币体系隐含的风险越来越大。

长期以来，人民币在国际经济中的表现，体现了其价值稳定性和支付承诺确定性的统一。1997年亚洲金融危机期间，人民币坚持不贬值，对抑制金融危机的蔓延和稳定亚洲金融形势都起了积极的作用；在2008年的国际金融危机中，人民币价值稳定性，对克服国际金融危机做出了重要的贡献。

即使是在国际金融危机期间，人民币国际化的步伐仍在不断前进。例如，2008年12月至2009年3月，中国人民银行与韩国、马来西亚、印度尼西亚、白俄罗斯、阿根廷、中国香港等国家和地区的中央银行或货币当局签署了货币互换协议，总额达到6500亿元人民币，约占当时中国外汇储备总额的5%。跨境贸易人民币结算的范围也在不断扩大，不仅彰显人民币良好的国际声誉，而且反映出人民币价值稳定性和支付承诺确定性的统一。

2015年11月30日，IMF执行董事会决定将人民币纳入特别提款权（SDR）货币篮子。2016年10月1日，国际货币基金组织（IMF）发表声明，宣布人民币加入SDR货币篮子正式生效。SDR货币篮子正式扩大至美元、欧元、人民币、日元和英镑五种货币，其权重分别为41.73%、30.93%、10.92%、8.33%和8.09%。IMF将人民币加入SDR货币篮子，反映出人民币在国际货币体系中的地位不断提升的事实。

综上所述，在货币经济中，信用和支付承诺应当是最基础的。如果损害甚至丧失了这些基础，货币体系的基石就变得不稳固，甚至瓦解，货币经济的大厦也就要倾倒。更进一步的问题是，如何寻求建立不为一种国际货币所左右的、不受一个金融霸权国政策转换影响的国际货币体系，才是符合世界经济健康可持续发展要求的国际货币体系。

（执笔人：刘秀光　吴铁雄　康艺之）

货币体系的可兑换性与信用依赖性

一 引言

在货币经济学说史中有许多论争。例如,货币中性与非中性、货币的内生和外生、水平主义与结构主义、中央银行的地位问题、货币政策的传导机制,等等。其中,在商品货币体系时期,曾经出现过三次著名的论争:真实票据原理正确与否的论争、金块论与反金块论的金块论争、通货学派与银行学派的论争。这三次论争虽然都始于货币供给量与价格水平的关系问题,但可以从中揭示出维持货币体系稳定运行的可兑换性准则。

二 概述三次著名论争的主要内容

(一) 真实票据原理正确与否的论争

真实票据原理来自亚当·斯密(1776)的《国民财富的性质和原因的研究》。亚当·斯密指出,谨慎的银行业务要求对贴现(贷款)加以限制,使得银行只针对真实债权人与真实债务人之间的真实交易票据发放贷款,只要该票据到期,它就可以得到债务人的偿付。该原理是"作为意在控制物价水平的货币数量原理的竞争者姿态出现的"。[①] 真实票据原理曾经载入美国1913年的《储备法》中,这足以表明在当时该原理被认同

---

① [加拿大] 约翰·史密森:《货币经济学前沿:论争与反思》,柳永明等译,上海财经大学出版社2004年版,第81页。

和接受的程度。

拥护真实票据原理的观点认为，对于银行来说，只要银行是为真实的生产活动提供融资，就不会引起坏账和通货膨胀，就可以对贸易需求做出最优反应，并且能够维持价格水平的稳定。金块论争中的反金块论者以及19 世纪后期银行学派的托马斯·图克和约翰·富拉顿提出的环流规律，支持并发展了真实票据原理。环流规律认为，由于银行贷款的偿还需要以及社会公众的兑现需要，竞争性银行不可能发生过度发行的问题。

反对真实票据原理的观点，直接将其称为真实票据谬论。反对真实票据原理的观点，主要依据汉弗莱（1993）模型[①]，借以阐释真实票据原理在阻止通货膨胀性过度发行方面缺乏能力的基本观点。[②] 汉弗莱模型是一个关于价格水平的差分方程：

$$P(t) = eV[P(t-1)]$$

如果方程中的系数 eV 大于 1，说明价格水平会持续上升；当 $0 < eV < 1$ 时，价格水平存在着稳定状态。但这在经济中是不成立的，因为唯一可能的均衡价格水平是零；只有当系数 eV 恰好等于 1 时，价格水平才是稳定的。

（二）金块论与反金块论的金块论争

1797—1821 年间的金块论争，是关于金块价格与纸币价格相背离原因的论争。18 世纪末，英法两国的战争导致英国的财政赤字激增。于是，英国政府以增发银行券来弥补财政赤字。但是，由于银行券增发过多，纸币大幅度贬值，黄金价格则不断上涨，产生了纸币与黄金价值相背离的问题。

由于纸币大幅度贬值，黄金价格不断上涨，导致 1797 年 2 月爆发大规模银行挤兑风潮，于是英国政府迫使英格兰银行中止铸币兑付。

金块论和反金块论的论争，发生在中止铸币兑付期间，1800—1804

---

① 汉弗莱模型假设，在经济中，实际产出固定在充分就业的产出水平 Y_f，已经存在的货币供给为 M(t)，通过真实票据准则与上一期的产出价值相联系，得出：$M(t) = eP(t-1)Y$……(1)；式中，系数 e 为上期产出价值中属于银行贷款融资的比例。再假设由上期产出创造的货币供给，按当前的价格花费在当前的产出上，并且遵循货币数量论的形式，得到：$M(t)V = P(t)Y$……(2)；联立式(1)、式(2)，得到关于价格水平的差分方程：$P(t) = eV[P(t-1)]$。

② ［加拿大］约翰·史密森：《货币经济学前沿：论争与反思》，柳永明等译，上海财经大学出版社 2004 年版，第 80—81 页。

年是这场论争的第一阶段。金块论者沃尔特·博伊德于 1800 年 11 月撰写的《写给威廉·皮特阁下的信》（1801 年出版，并在当年出版了第二版），拉开了金块论与反金块论的金块论争的序幕。博伊德坚持认为，由于银行券的发行没有用铸币进行兑换的约束，因此导致货币（英镑）贬值。

反金块论者对金块论者的回应，最初是英国银行业当局针对博伊德《写给威廉·皮特阁下的信》，发表了一系列专题论文来反驳他。英国银行业当局认为，通货膨胀和货币贬值的原因不是中止铸币兑付，而是由于其他的非货币因素。后来，亨利·桑顿站在反金块论者的立场，1800 年 12 月，他在英国国会猛烈地抨击博伊德。认为英镑在外汇市场上贬值不是由于纸币的增加，而是由于贸易逆差。桑顿的《纸币信用》（1802 年）是反金块论的重要著作，也是对论争双方最有影响的著作。①

作为金块论者的李嘉图，他的批判针对桑顿的反金块论的观点。李嘉图的《金块高价——银行券贬值的证据》（1810 年）一书，不仅得到了不少英国国会议员的认可，而且促使国会成立了金块委员会，调查金块高价的原因。他的观点也改变了（金块委员会委员）桑顿对金块高价的看法。因为李嘉图对金块高价证据的"令人叹为观止的梳理"，最终使得桑顿相信，这次通货膨胀和货币贬值是由英格兰银行银行券过度发行引起的。② 英国经过数年的金块论和反金块论的论争，最终恢复了铸币兑付。

（三）通货学派与银行学派的论争

1825—1865 年通货学派与银行学派的论争，是因英国议会讨论是否应以法律形式规范英格兰银行发行银行券问题时形成的两个对立学派。

通货学派主张发行银行券应该有足够的黄金准备，发行的可兑现银行券与黄金准备严格维持 1∶1 的比例，以防止纸币发行过量引起通货膨胀。通货学派的这一主张导致了 1844 年《皮尔银行注册条例》的通过。该条例将英格兰银行分为发行部和业务部，并要求英格兰银行的票据发行一旦超过了某一固定的发行数量，就必须有 100% 的黄金储备做抵押。

尽管发行银行券应该有足够的黄金准备，不过，由于货币的供给受到

---

① ［美］默瑞·N. 罗斯巴德：《古典经济学——奥地利学派视角下的经济思想史》第二卷，张凤林等译，商务印书馆 2012 年版，第 273—274 页。
② 同上书，第 306 页。

黄金的约束，当经济发展需要货币扩张时，黄金的数量却不能满足这种扩张，因此将发生通货紧缩。英国经济在 1847 年和 1857 年物价水平下降伴随着严重的经济衰退，其根源就在于此。

银行学派反对通货学派的论点，认为任何对银行券发行的限制都会对金融系统产生不良影响，因此，用法律规定纸币的发行是行不通的。银行学派的理由是：可兑现银行券流通量受交易需求的自动调节，市场繁荣时期以及季节性的需要，货币需求量自动增大；反之则会自动减少。银行学派抨击英格兰银行利用银行券的发行造成了通货膨胀和经济周期波动。

银行学派早期的代表人物图克开始时是金块论者，并且强烈支持恢复铸币兑付，后来成为反金块论者。图克在 1838—1848 年间出版了四卷本的《自 1792 年以来的价格及通货状况史》。他在第三卷和 1840 年在英国国会的证词中提出，商品的价格不取决于银行券所表示的货币数量，也不取决于所有通货的数量。相反，通货的数量是物价产生的结果。据此，经济思想史学家认为，图克是银行学派的创立者。

三　商品货币体系的可兑换性准则

从上述三次著名论争的分析中，引出了维持商品货币体系稳定运行的核心——可兑换性准则。商品货币体系是以实物商品单位（如黄金白银等贵金属）为基础的货币体系，该体系中的基础是一种物物交换关系。由于贵金属的供给量是相对固定的，因此，在以贵金属为本位币的条件下，如果中央银行的票据以及整个货币体系中基础货币过度发行，都可以通过贵金属的可兑换来避免通货膨胀的发生。与此同时，依靠特定的贵金属作为最终偿付承诺的储备资产，就能够保证商品货币体系的稳定运行。因此，金块论者和通货学派都认为，在一个理想的货币体系中的货币，应该是只包括实物商品单位，如某种贵金属黄金或白银。

与金块论者和通货学派的上述观点不同，对依靠特定的贵金属来建立商品货币体系的反对者认为，利用实物商品单位作为约束是不现实的，而且很可能给金融体系穿上了一件紧身衣，而对经济的繁荣造成损害。①

　　这些反对者的重要证据，是美国 19 世纪末的经济衰退。美国的这一次经济衰退是 20 世纪 30 年代大萧条的前奏，而这一时期需要通过货币供给的增长，借以促进经济的扩张。不过，美国当时还没有管理流动资本扩张活动的中央银行，货币供给的增长又受制于货币供给扩张的金本位制。因此，1896 年，总统候选人威廉·詹宁斯·布莱尔在其著名的《金十字架》演说中，就将经济衰退归咎于金本位制，并且宣称，我们不能被钉死在黄金十字架上。

　　20 世纪 30 年代，许多国家脱离金本位制或银本位制，发行不兑换金属货币的纸币，信用货币体系取代了商品货币体系。在信用货币体系中，依靠什么来维持其稳定运行？自由银行学派以及其他自由主义者主张金融业自由放任，要求政府放弃拥有的货币权力，让具有实力的私人机构填补这一空白。但是，货币秩序的特殊性在于，它是按照社会性的方式来构建的，而不是从"市场"中自然而然产生的。同时，信用货币体系中的货币存在的基础是信用与债务偿付。

　　货币对经济社会稳定与发展的重要意义在于，它为市场经济建立起了可靠的信用关系提供了工具。约翰·理查德·希克斯明确提出了"从信用的角度来理解货币"的观点。② 这说明，维持信用货币体系运行的是信用依赖性准则。

四　信用货币体系中的主要缺陷

　　信用货币出现并承担着交易媒介的职能，虽然克服了物物交换过程中难以实现需求的双重巧合那样的低效率，也摆脱了商品货币体系中实物商品单位的约束和"紧身衣"，但是，信用货币体系存在的缺陷却影响着货币体系的稳定运行。

　　信用货币体系中的第一个缺陷是：货币当局或中央银行可以任意地增

　　① ［加拿大］约翰·史密森：《货币经济学前沿：论争与反思》，柳永明等译，上海财经大学出版社 2004 年版，第 79 页。
　　② 同上书，第 24—27 页。

加其负债，货币供给量可以是无限的，而唯一的约束因素就只有借贷利率。正如史密森所指出的，只要最终的结算中介是一种金融资产，而不是一种实物资产，那么就可以简单地通过中央机构贷款意愿来增加这种资产的供给。对这些贷款所要求的利率也就变成了最后的货币控制变量。①

信用货币体系中的这一缺陷所隐含的危机是：如果商业银行发放的贷款是"次贷"，或因投资者的经营不善导致不能如期偿还债务，借贷利率这种货币控制变量对借款者来说就是一种软约束，甚至没有什么约束力了。因为基准利率是中央银行用来调节货币供求关系的主要工具，而对借贷双方来说是成本和收益问题，所以，基准利率并不是约束货币当局或中央银行、商业银行和借款者行为的决定性因素。

信用货币体系中的第二个缺陷是：信用货币体系中支付承诺的不确定性。在商品货币体系中，有一种作为最终偿付承诺的储备资产；而在信用货币体系中，偿付承诺可能是货币（本币或外币），也可能是可转让的债权。不过，信用货币体系中存在多种竞争性的偿付承诺的对象，并没有固定地代表最终偿付承诺的储备资产，并且，偿付承诺的对象其价值随着市场条件的变化也在不断地发生变化。

在信用货币体系中，即使有约定的最终债务偿付的对象如股票，债权人实际得到的债权也存在着市场风险。例如，国际金融危机导致各国资本市场金融资产的市值不断缩水。据 2007 年 12 月 5 日的《国际金融报》称，过去的一个月，全球股票市值缩水 4 万亿美元。2008 年国际金融危机爆发以后，使各国的股票市值缩水过半。

最终债务偿付的对象存在着的信用风险几乎无处不在。例如，华尔街出现的麦道夫基金金融丑闻，是麦道夫基金用高额回报引诱投资者，用后来投资者的资金偿付前期投资者。麦道夫基金利用这种庞氏骗局从中骗取了金融机构和个人投资者约 500 亿美元，300 多万人因此受害。

因为商业银行发放的贷款是其资产，于是商业银行就成为债权人。所以，对于债务人来说，除借贷利率的约束以外，作为约束的抵押物可以是实物资产，也可以是金融资产，并且，它们之间存在着相互替代性。这就

---

① ［加拿大］约翰·史密森：《货币经济学前沿：论争与反思》，柳永明等译，上海财经大学出版社 2004 年版，第 31 页。

要求各种替代性资产"都必须以某种方式与最终的价值标准建立联系，需要对支付若干单位的作为价值标准的资产做出可信的承诺。有关货币经济的潜在不稳定性的基本问题正是来源于这种关系"。[①]

当某种作为价值标准的资产可信度较高时，整个货币体系乃至经济体系是稳定而扩张的。而当某种作为价值标准的资产失去信用或信用降低时，整个货币体系乃至经济体系就必然不稳定甚至趋于崩溃。这就要求中央银行有效地控制货币的供给，而商业银行要对其发放的贷款实施风险管理和控制。

信用货币体系中的第三个缺陷是：信用货币体系产生出大量金融衍生工具，而金融衍生工具的交易活动已经远离了实体经济，当金融衍生工具的交易呈现泛滥和无序状态时，将严重侵蚀实体经济的健康可持续发展。

例如，在20世纪80年代中期，美国一些小公司为收购大公司筹资而大量发行垃圾债券，这些小公司声称以公司未来的收益做担保。1983年发行量为10亿美元，1986年发行量高达300亿美元，1988年的发行量甚至占美国的公司债券发行额的25%。80年代末90年代初，当许多发行垃圾债券的公司破产倒闭之时，曾经贴着金融创新标签的垃圾债券也从此臭名昭著。

被揭露出来的美国第四大投资银行雷曼兄弟在中国香港发行的140多亿美元"迷你债券"问题，也是金融衍生工具滥用的典型案例。迷你债券是衍生投资产品中的结构性票据，这种结构性票据包括抵押债务证券、信贷违约掉期安排等。

迷你债券属于结构性票据中的信贷挂钩票据，也就是该债券的回报与赎回安排同相关发行机构的信贷挂钩。但是，信贷挂钩票据隐含着一种显而易见的金融风险是：如果其中一家公司未能偿还贷款，就需要重组债务甚至不幸破产，都会严重影响这种债券的派息和继续运作，中国香港的投资者正是遭受了这样的损失。

---

① ［加拿大］约翰·史密森：《货币经济学前沿：论争与反思》，柳永明等译，上海财经大学出版社2004年版，第29页。

五　实现信用依赖性准则的三要素

如果要想维持货币体系的稳定性，就要确保信用依赖性准则实现的三要素：谨慎监管、有限竞争和行业自律。

首先，金融衍生工具的出现，使得信用货币体系中的可兑换性变得脆弱和困难了。在不存在或只有少量金融衍生工具时，货币能够比较稳定地担当起价值标准和支付手段的职能。但是，由于大量金融衍生工具的出现，价值标准演变成为多种金融工具组成的复合物。于是，有货币经济学家提出了间接可兑换性的主张。

例如，用100个记账单位的交易媒介，兑换成一定数量的实物。针对间接可兑换性的主张，有货币经济学家批评说，在缺乏大量"国家干预"来实施这些规则的情况下，间接可兑换性的机制是否可以存在于市场驱动的机制中，仍然是一个疑问。[①]

由于贵金属在社会公众心理上的信任感，政府通过法令建立起来的金本位制，曾经保证了商品货币体系的稳定运行。在信用货币体系中选择最终支付承诺时，类似于商品货币体系中那样的硬通货已经不复存在了。因此，由多种金融工具组成的复合物就使得间接可兑换性准则难以胜任。那么，留给支付承诺的就只有信任和信用了。如果货币体系中的这种信任和信用一旦丧失，形形色色的金融灾难就必然不期而至。

在现代市场经济中，中央银行对金融业谨慎监管的责任，内含于信用货币体系中。因为在该体系中用于固定价值并确定地代表最终支付手段的信用货币是由中央银行创造的。所以，中央银行就必然承担起发行并管理信用货币及其信用货币体系的职能。

其次，金融自由化加剧了银行业乃至整个金融业的竞争，但是，金融机构不仅要关注自己的经济利益，而且要肩负更多的社会责任。同时，金融机构的活动是政府赋予的特许经营。因此，各类金融机构之间尤其是商

① ［加拿大］约翰·史密森：《货币经济学前沿：论争与反思》，柳永明等译，上海财经大学出版社2004年版，第30页。

业银行之间，在市场竞争中要始终保持理性的有限竞争关系，以体现其特许经营价值。世界银行选取了53个发达国家和发展中国家1980—1995年间发生的银行危机事件作为样本，从中得出了金融自由化与银行危机呈正相关的结论。①

崇尚金融业自由放任的观点认为，完全竞争的帕累托最优原则，可以运用于货币和其他金融产品的提供中。有经济学家曾经积极地为没有管制的银行系统辩护，建议货币的发行不受管制，也不需要有中央银行。② 但正是为了确保社会公众对货币体系或银行体系保有持久的高水平的信任和信心，需要通过中央银行谨慎监管金融中介机构，重点是商业银行的活动，将信用货币体系内在的脆弱性降至最低限度，而将社会公众对商业银行的信任程度维持在最高水平。

最后，世界银行认为，银行破产无论是否与宏观经济发展周期相关联，但总与有意投机、过分乐观和内部自我交易三大因素有关联。③

20世纪80年代以来，不少国家实施金融自由化，加之日新月异的技术进步已经和正在改变着传统银行的许多经营方式，使商业银行在规避监管方面变得容易了。因此，如果没有坚持行业自律，而莽撞地高风险投资、发放缺乏风险控制的贷款，以及用储户的资金从事投机交易，就必然导致商业银行经营的不稳定。

可见，谨慎监管、有限竞争和行业自律，既是确保信用依赖性准则实现的要素，也是金融机构稳定经营的永恒主题。

（执笔人：刘秀光　吴铁雄　康艺之）

---

① 世界银行编：《金融自由化——距离多远？多快实现？》王永兰译，中国财政经济出版社2003年版，第61—63页。

② ［加拿大］杰格迪什·汉达：《货币经济学》，郭庆旺等译，中国人民大学出版社2005年版，第287—288页。

③ 世界银行编：《金融自由化——距离多远？多快实现？》王永兰译，中国财政经济出版社2003年版，第20页。

互联网电子货币的本质和职能问题

一　引言

　　当互联网金融以澎湃之势进入经济社会生活，互联网金融展现出来的许多特点，引发了人们的种种猜测和议论，也对互联网金融支付体系中的电子货币众说纷纭。例如，计算机技术的进步使得人们开始讨论无现金社会出现的可能性。有的货币经济学家认为，现金社会发展为无现金社会只是形式上的变化，而非实质性的变化。因为无现金社会的含义是不使用纸张和金属条块，而以电子支付技术取而代之。[①] 互联网金融支付体系的电子货币实际上是一种私人货币，它不是政府发行或保证的[②]，因此，电子货币是一种非法定货币。

　　欧洲议会和欧盟理事会2000年9月18日颁布的《关于电子货币机构业务开办、经营与审慎监管的2000/46/EC指令》（以下简称《2000/46/EC指令》，下同）对电子货币的解释是，其货币价值（表现为对发行人的求偿权）：（a）通过电子设备进行存储；（b）收到资金后开始发行；（c）被发行人以外的人当作一种支付手段。

　　电子货币的出现和使用引发了一系列思考和争论：货币理论随着科技的进步将如何演变；已经被社会普遍接受的传统货币能否继续保持其生命力；货币形态的改变，什么是货币和什么不是货币的界限如何来划定；货

---

　　① ［加拿大］约翰·史密森：《货币经济学前沿：论争与反思》，柳永明等译，上海财经大学出版社2004年版，第1—2页。

　　② ［美］斯蒂芬·G.切凯蒂：《货币、银行与金融市场》，郑振龙译，北京大学出版社2007年版，第23页。

币的本质和职能的规定性是不是仍然存在；电子货币的本质和职能是什么，电子货币对经济社会将产生哪些影响等。在上述一系列思考和争论中，电子货币的本质和职能是问题的核心。

二 货币形态及电子货币的基础

（一）货币形态的演变与电子货币

在产品和服务交易中，人们接受法定货币，本质上是一种社会惯例，这种社会惯例的存在完全归功于人们对一种虚构之物的广泛接受。[①] 这就引出了货币是什么，或者货币是什么形态的问题。货币经济学的主流观点是，能够被普遍接受的充当交易媒介的任何一种东西就是货币。

贝壳、羊、石斧、烟草、金银等，都曾经是交易媒介，但是，由于人们需要货币并不需要如贝壳、羊、石斧、烟草、金银等本身，而只是需要它们所承担的职能。电子货币只不过是一张带有嵌入式计算机芯片的卡片实现的购买力，因此，至于货币的形态是什么并不重要，重要的是这种东西是否具有交易媒介的职能。

支付体系一直处于不断演变的进程中，与之相伴的则是货币形态的不断变化。支付体系是指经济运行过程中实施交易的方式，是交易者之间、金融机构之间债权与债务关系进行清偿的一系列组织和安排。货币或货币形态曾经由金银制造，最终被纸币代替，现在逐渐被电子资金转账所替代。支付手段也发生了巨大的变化，现在，支付已经自动化。[②]

在互联网金融支付体系中，电子支付取代了传统金融通过寄送支票的方式来支付账单，通过电子支付的方式完成资金划拨；电子支付技术的发展不仅取代支票，而且用高效便捷的电子货币取代现金。电子货币有借记卡、储值卡和电子现金等多种形式。

电子货币具有的交易效率，对于降低或规避某些风险具有积极作用。

---

① ［美］米尔顿·弗里德曼、安娜·J. 施瓦茨：《美国货币史——1867—1960》，巴曙松等译，北京大学出版社 2009 年版，第 497 页。

② ［美］斯蒂芬·G. 切凯蒂：《货币、银行与金融市场》，郑振龙译，北京大学出版社 2007 年版，第 4 页。

例如，减少银行挤兑、弥补通货膨胀带来的货币价值损失。在传统银行业务中，银行不但保证储户在需要现金时能够立即取现，而且承诺按照顺序服务限制的原则满足储户的取款要求。当出现银行资不抵债或者某些有关银行支付问题的不实谣言等情况时，就会出现银行挤兑。

可以设想，在广泛使用电子货币的支付体系中，某家银行在经营过程中一旦出现上述情况，人们可以通过互联网金融支付体系将其储蓄转入另一家银行，或者购买实物资产和其他金融资产，从而降低或规避某些金融风险。

衡量货币的实际购买力主要取决于通货膨胀率，而具体的衡量标准则与货币总量有关。也就是说，是根据狭义货币 M1 或者广义货币 M2，还是更广义的货币 M3 等。究竟用哪一种货币总量来理解通货膨胀？20 世纪 80 年代以前主要使用 M1，但是，随着对支票账户替代品的引进，尤其是货币市场共同基金的流通，M1 的有效性逐渐不如 M2。金融创新使人们将 M1 中的零息存款转移至其他付息账户，从而可以弥补部分的通货膨胀损失。[①]

在电子货币出现之后，从零息存款转移至其他付息账户，以及从相对低的付息账户转移至相对高的付息账户，转移存款的"皮鞋成本"更低，转移存款的速度更为迅速，或许更有利于弥补通货膨胀的损失。例如，余额宝快捷的资金转入转出功能，以及曾经在一段时间内与商业银行的存款利率相比，利用相对高的利率吸收了规模不菲的资金，储户也获得了相对较高的利息收入。

（二）信用与偿付是电子货币的基础

既然货币形态在不断地变化，那么，货币的基础有没有改变？就理解货币在市场体系中的作用而言，信用与债务偿付的概念是基础的。[②] 换句话说，由于货币的基础是植根于信用与债务偿付，不管何种形态的货币，如果没有信用与债务偿付，货币经济以及市场体系就不可能存在。

信用是货币供求之间的借贷关系，而债务偿付是贷款者与借款者之间

---

① ［美］斯蒂芬·G. 切凯蒂：《货币、银行与金融市场》，郑振龙译，北京大学出版社 2007 年版，第 29—30 页。

② ［加拿大］约翰·史密森：《货币经济学前沿：论争与反思》，柳永明等译，上海财经大学出版社 2004 年版，第 27 页。

求偿和偿还关系。信用与债务偿付是保证贷款者得到利息收入，金融中介机构获得利润，金融市场的金融资源达到有效配置，最终提高经济的产出水平。不过，在商品经济和货币经济中，信用与债务偿付所依赖的对象有所不同。

在商品经济中，由于类似黄金这样的硬通货本身就存在着一种隐含的信任，人们对此坚信不疑。因此，它并不需要投入实际的流通过程，只是稳定地担当最终的支付承诺资产。在货币经济中，由于货币经济的本质是一种信用经济，流通中的各种媒介、交易的对象之所以被接受，是人们相信它们最终能够兑换成价值稳定或相对稳定的货币。因此，货币价值的稳定性就成为金融体系中信用的基础。

尽管电子货币的形态是虚拟化的、运行方式是网络化的，但电子货币的基础与传统货币一样，都是信用与债务偿付。如果电子货币不存在这样的信用与债务偿付，电子货币就很可能只是电子游戏中的一个角色而已。

与电子货币相比，那些超越了货币本质和职能的规定性，利用互联网制造出的所谓互联网货币或网络货币，这一类货币没有作为货币基础的信用与债务偿付承诺。比特币和莱特币等都是互联网货币或网络货币的代表。

随着 2008 年年底在美国推出的比特币"挖矿"、交易和账户管理专用系统软件，在一段时间内，比特币的交易量和交易价格快速攀升。但是，匿名的比特币为国际洗钱、偷税、贿赂等提供了条件；比特币作为网络虚拟货币没有国家信用，就更不可能具备法定购买力和债务偿付的功能；虚拟的比特币没有存在的物理基础，有随时消失的可能性，持有和投资存在着难以预测的潜在风险。

2013 年 12 月 5 日，中国人民银行等五部委联合印发的《关于防范比特币风险的通知》明确指出，比特币不具有与货币等同的法律地位，不能也不应作为货币在市场上流通使用。但是，比特币交易作为一种互联网上的商品买卖行为，普通民众在自担风险的前提下拥有参与的自由；各金融机构和支付机构不得以比特币为产品或服务定价，不得承保与比特币相关的保险业务或将比特币纳入保险责任范围，不得直接或间接地为客户提供其他与比特币相关的服务；将比特币服务机构纳入反洗钱监管。

2017 年 9 月 4 日，中国人民银行等七部委联合发布《关于防范代币发行融资风险的公告》，要求比特币中国数字资产交易平台即日起停止新用户注册，2017 年 9 月 30 日，数字资产交易平台停止所有交易业务。

比特币交易的本质是一种金融骗局，但这种金融骗局与传统的金融骗局不同。比特币表面上打着数量有限、去中心化和匿名性的幌子，背地里干着洗钱等勾当，这让那些梦想暴富的投资者陷入了骗局的泥潭。更为严重的问题是，如果放任没有国家信用和价值保证机制的、私人随意开发的虚拟货币在金融市场泛滥成灾，那么它将破坏国家的金融体系，颠覆主权货币的发行与信用，必然会造成经济和社会的混乱。

即使是利用电子货币建立的合法交易平台，如果不能秉持信用与债务偿付承诺，互联网金融潜在的风险就有随时爆发的危险。互联网金融作为互联网与金融相结合的产物，互联网金融存在的形态是无形的，并且由于互联网中信息的不对称性，使得互联网金融交易关系更加复杂化，潜在的金融风险更是多样化。例如，近几年来，在人人贷（P2P）平台中出现的非法吸收公共存款、非法集资和金融诈骗等，类似金融事件已经屡见不鲜，这也给互联网金融监管提出了新的要求。

三　电子货币的本质和职能

明确了货币的本质与货币的形态，以及电子货币的基础也是信用与债务偿付以后，就可以理解电子货币的本质和职能问题。简言之，电子货币是信息处理的货币，电子货币这一种非法定货币的本原是法定货币，其职能仍然在交易媒介、核算单位和价值储藏三位一体的框架之中。

（一）电子货币是信息处理的货币

随着货币使用的演进，货币的职能体现在交易媒介、核算单位和价值储藏三个方面，这就是所谓"三位一体式"的货币定义。采用这一定义方法的主要原因是："货币形态的不断演化给其定义带来了困难，而根据货币的职能来定义货币则有可能解决这一难题。"①

---

① ［加拿大］约翰·史密森：《货币经济学前沿：论争与反思》，柳永明等译，上海财经大学出版社 2004 年版，第 15 页。

在互联网金融中电子货币的出现，对传统货币交易媒介、核算单位和价值储藏的职能有什么影响？切凯蒂认为，货币作为一种支付手段，随着时代的发展，可能不再使用货币；货币作为一种价值尺度提供报价，但在未来价值尺度的数量会大幅度减少，形成与现行常用的两大衡量和测度体系（盎司、码和克、公尺）相类似的标准化；随着金融市场的快速发展，许多金融工具具有高流动性，能够迅速且低成本地转化为支付手段，因此，货币将失去其价值储藏手段。可以预测：未来货币肯定会越来越少。[①]

在现实经济生活中，现金的持有量不仅没有减少，反而在不断地增加。例如，当 20 世纪 90 年代美国持有信用卡的人越来越多以及电子货币引入的时候，美联储发行的美元数量反而以每年 8% 的速度增加，10 年间，社会公众持有的美元数量增加了一倍。到 2004 年，每个美国居民大约拥有 600 美元的现金，欧元区居民的现金持有量大约是这一数字的两倍。

对于在电子货币使用以后，现金持有量不断增加的现象，其理由主要有：为了便利性而使用现金；有的支付使用现金不需要支付所得税；与电子货币的交易不同，现金是完全匿名的，那些希望匿名交易的就要使用现金（当然要禁止非法的现金交易）。由此断言，就现金的完全匿名而言，电子货币取代纸币几乎是不可能的。[②]

上述结论，在十几年前是成立的，但是，在技术不断进步的未来，新的交易媒介改变着人们的金融交易习惯，"电子货币取代纸币几乎是不可能的"的结论就未必是正确的了。

据日经中文网 2017 年 9 月的报道，瑞穗金融集团、邮政储蓄银行等数十家日本地方银行计划联合推出新型虚拟货币，暂定名为"J 币"，预计在 2020 年之前正式投入使用。这种虚拟货币可以和日元实现等值交换，并且能够通过网络随时进行转账交易。使用 J 币也是企图让社会公众摆脱对现金的严重依赖。目前，日本 70% 的交易使用现金来完成，该比例高于其他发达国家，而其他发达国家的现金使用率已经平均降至 30%。

---

① ［美］斯蒂芬·G. 切凯蒂：《货币、银行与金融市场》，郑振龙译，北京大学出版社 2007 年版，第 24—25 页。

② 同上书，第 413—414 页。

2017 年 5 月，中国人民银行成立数字货币研究所，这标志着数字货币问题研究的开始。数字货币的发行和流通，与"J 币"这一类的虚拟货币应该是有区别的，这给人们带来了对未来金融交易方式的无限遐想。

在技术变革中诞生的电子货币，是一种经过信息处理的货币，像黄金货币改为纸质货币一样，支付体系实现了交易效率、低成本和营利性的目的。商业银行和其他金融机构建立电子支票账户与发放电子货币贷款，电子货币同样能够实现存款创造。

总之，传统货币能够做到的电子货币似乎也无所不能。但是，电子货币与传统货币相比，只是货币形态的改变。在电子货币的本原是法定货币的意义上，执行着传统货币的交易媒介、核算单位和价值储藏的职能。

（二）电子货币的本原是法定货币

在信用货币体系的条件下，法定货币是包括电子货币在内的所有金融工具的本原。尽管电子货币的形态是革命性的，但它只是由法定货币派生的。例如，资产负债表上记录的以电子货币表示的资产价值（100 元），不仅要与实物的价值（100 元）相等，而且最终的支付承诺必然与法定货币的价值（100 元）相对应。这表明："即使一个货币体系中可能存在多种交换媒介，也必然有一种独一无二的资产，在既定的社会背景下，明确地充当着最终的结算手段。"[①]

从货币形态转换（见下图）中，可以清楚地看出各种金融工具源和流的关系。在欧洲议会和欧盟理事会的《2000/46/EC》指令中，电子货币要"收到资金后开始发行"，也清楚地表达了这样的关系。

在图中，中央银行拥有货币发行权，其发行的货币是中央银行的名义负债，并且用以调控宏观经济中的货币和信用总量。中央银行通过直接控制和调节基础货币，既能够稳定经济增长和通货膨胀，政府又可以从货币的发行中获得铸币税收入；商业银行以及其他金融机构，建立支票账户创造 M1 中的活期存款，利用存折账户和存款单产生储蓄存款和定期存款，以及由原生资产（货币、债券和股票）派生出来的各种金融衍生工具；随着互联网的兴起，金融机构运用信息系统"制造"出电子货币。

---

① ［加拿大］约翰·史密森：《货币经济学前沿：论争与反思》，柳永明等译，上海财经大学出版社 2004 年版，第 17 页。

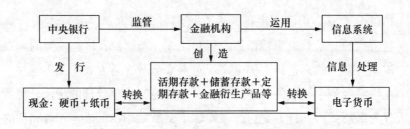

货币形态转换图

不同形态的货币或货币性资产之间不是对立的，而是存在着相互转换的关系。货币或货币性资产通过不同的账户经常处于相互转换之中，例如，现金与储蓄存款的转换、电子货币与现金以及其他形态的货币或货币性资产的转换。尤其是如果电子货币是以非现金形态存在而需要转换为现金时，转换的速度（交易效率）或许更快，或者更容易转换成现金。

通过互联网金融支付体系，几乎在任何时间内，足不出户就可以完成电子资金转账。不过，货币或货币性资产之间无论如何转换，中央银行发行的货币是源，而其他货币或货币性资产是流。否则，其他货币或货币性资产是不可能产生的，电子货币不过是伴随支付体系的演化而产生的一种货币形态。

（执笔人：刘秀光　吴铁雄　康艺之）

法定货币与电子货币的"双币流通"

一 引言

所谓双币流通，是指两种法定货币同时流通的经济现象。双币流通不仅在历史上多次出现，而且在现代经济中双币流通依然存在。迄今为止，可以按不同货币体系将双币流通划分为商品货币体系中的双币流通、信用货币体系中的双币流通和互联网金融体系中的双币流通。

两种法定货币的形态是黄金和白银，是商品货币体系中双币流通的典型形式。不同贵金属作为货币的双币流通，在世界各国或地区一直延续了数千年。例如，中国自西周初开始，开启了黄金和白银两种贵金属双币流通的时代。[①]

信用货币体系中的双币流通其形式相对复杂：一是由法定货币与类似于准货币构成的双币流通。例如，中华人民共和国成立以来，曾经有人民币与人民币外汇券等各种票证的双币流通。二是由本国法定货币与他国或地区法定货币构成的双币流通。例如，澳门元和港币在澳门的高度流通；瑞士并非欧元区的成员国，但欧元在瑞士广泛流通；1993 年年底之前，在珠海和深圳两个经济特区都曾经有人民币、港币、澳门元和美元等多种货币流通。

与商品货币体系中和信用货币体系中的双币流通都是法定货币不同，互联网金融体系中的双币流通，是法定货币和非法定货币电子货币的双币流通。

---

① 陈彩虹：《双币流通论》，《经济研究》1994 年第 3 期。

在对待双币流通问题上存在着明显甚至非常严重的分歧。例如，随着中国对外开放力的不断扩大，在经济特区人民币与港币（为代表的外币）在中国内地能否双币流通？赞成者的观点认为，货币流进流出是商品经济发展的必然。[①] 反对者的观点则认为，要严厉禁止外国纸币的流通。理由是，货币的不一致性，损害整个国家经济的完整性[②]；外币在本土流通是损害国家利益，是使自己的经济依附别的国家或地区，使之殖民化。[③]

为了维护国家的货币主权，多数国家的政府通常采用法律禁止外国货币在本国流通的政策。例如，中国人民银行《关于进一步改革外汇管理体制的公告》（1993 年）规定，自 1994 年 1 月 1 日起取消境内外币计价结算，禁止外币在境内流通；1857 年 2 月，英国政府法律禁止被美国认定为法定货币达 60 年之久的墨西哥银元在其国内流通[④]；1919 年，国民党政府颁布政令，一切外国银元禁止在中国的市场上流通。

在经济社会发展和科技进步的背景下，迎来了法定货币与电子货币双币流通（以下简称"法定—电子货币双币流通"，下同）的崭新时代。分析法定—电子货币双币流通问题，在于明晰法定—电子货币双币流通的效率特征，以及对中央银行实施货币政策的影响，从而或许能够消除法定—电子货币双币流通可能给人们带来的种种疑惑：法定货币与电子货币是否存在着对立？电子货币提高了货币周转率，会不会影响中央银行对货币供给的调控？

二　法定货币与电子货币的关系

如前所述，电子货币的本原是法定货币。那么，法定货币与电子货币之间就是一种源流关系。法定货币是电子货币的源，而电子货币是法定货币的流。这种源流关系不仅体现着两种货币完全等值（在资产负债表上

① 曾康霖：《怎样看待双币流通》，《经济研究》1994 年第 11 期。
② 陈彩虹：《双币流通论》，《经济研究》1994 年第 3 期。
③ 张晋元：《"双币流通"的结果》，《真理的追求》1994 年第 1 期。
④ ［日］菊地悠二：《日元国际化——进程与展望》，陈建译，中国人民大学出版社 2002 年版，第 21 页。

记录的以电子货币表示的资产价值，不仅要与实物的价值相等，最终的支付承诺必然是法定货币，而且其价值与电子货币记录的价值相等），而且包括内生货币体系共存、信用一致性、相互交替而不驱逐三个方面。

第一，内生货币体系共存，是指法定货币与电子货币共存于一个内生货币体系中，也就是说，电子货币并非脱离法定货币而"外生"。在这个内生货币体系中，中央银行的名义负债作为价值标准，并且代表着该体系中的最终支付手段。

尽管在货币体系中允许存在多种可供选择的支付手段，但都是与中央银行提供的最终支付手段相联系的。或者说，如果在一个货币体系中存在多种交换媒介，只有法定货币，才能充当最终的结算手段。

第二，表面上看，电子货币虽然不是政府发行或保证的，但是，由于电子货币与法定货币的源流关系，决定了电子货币与法定货币具有相同的信用。如果"从信用的角度来理解货币"[1]，电子货币虽然是非法定货币，但由法定货币对电子货币的"派生信用"，电子货币与法定货币的信用是一致的。因此，电子货币与法定货币的职能也必然是相同的。

如果没有与法定货币一致的信用，也没有作为货币基础的信用与债务偿付承诺，不管是什么名义的货币或者何种形态的货币，对货币体系和宏观经济都存在着潜在的甚至现实的危害。

第三，每当论述本币和外币双币流通时，几乎都要遇到是良币驱逐劣币还是劣币驱逐良币的问题。当两种货币的购买力有差距时，如果人们选择使用购买力高的货币，是良币驱逐劣币。反之，则是劣币驱逐良币。[2]然而，正是法定货币与电子货币之间的源流关系，法定—电子货币双币流通是并行不悖、相得益彰的。这就使得在法定—电子货币双币流通的过程中，既不会出现良币驱逐劣币，也不必担心劣币驱逐良币，实际上表现为法定货币与电子货币之间相互交替而不驱逐。

在交易活动中，一种常见的选择可能是，人们在选择使用法定货币或

---

① ［加拿大］约翰·史密森：《货币经济学前沿：论争与反思》，柳永明等译，上海财经大学出版社 2004 年版，第 24—27 页。

② 米尔顿·弗里德曼和安娜·J. 施瓦茨在其《美国货币史——1867—1960》中指出，格雷欣法则经常被误解和滥用，因为这个法则最基本的一个要求是必须有固定的兑换比率经常被遗忘。

电子货币时，如果法定货币能够带来更多便利，例如小额支付，人们将选择法定货币。反之，如果电子货币能够更为便利和安全，人们则选择电子货币，例如大额携带。

在历史上也曾经出现过法定（官方）货币与非法定（非官方）货币共存而不会相互驱逐的现象。例如，美国内战结束至 1879 年重新实行金本位制这一时期，绿钞本位和黄金本位两种货币本位同时存在。其中，绿钞本位是官方的，而黄金本位是非官方的。两者之间的价格比率是由自由市场——黄金（交易）市场或英镑（交易）市场决定的，并不存在一个固定的兑换比率。这就是为什么它们能够同时存在而不会驱逐对方的原因。① 只是绿钞本位和黄金本位两种货币本位的同时存在，与互联网金融时代的法定—电子货币双币流通的经济社会环境、支付方式等有许多不同之处而已。

三　法定—电子货币双币流通的效率

以法定货币为源、电子货币为流所构成的法定—电子货币双币流通，使支付体系实现了交易效率、低成本和营利性的目的。正是法定—电子货币双币流通显示出的效率特征，促使个人网上银行的数量爆发式增长。

2012 年，在资本市场上市的商业银行中，有 9 家中期业绩报告披露，个人网上银行用户数量近 3 亿，其中，中国建设银行、中国农业银行、中国银行的个人网上银行用户数量突破 2.5 亿。中国金融认证中心的《2013 中国电子银行调查报告》显示，2013 年，全国地级以上城市城镇用户的个人网上银行比例为 32.4%，连续三年呈现快速增长趋势。

中国金融认证中心《2016 中国电子银行调查报告》的数据显示，2016 年，在地级以上城市 13 岁及以上常住人口中，网上银行用户比例为 46%，手机银行用户比例为 42%，并且，手机银行业务在 2017 年有望超过个人网上银行业务。

---

① ［美］米尔顿·弗里德曼、安娜·J. 施瓦茨：《美国货币史——1867—1960》，巴曙松等译，北京大学出版社 2009 年版，第 17 页。

在法定—电子货币双币流通显示其效率特征的同时，必须关注电子货币交易的安全问题。电子货币是信息技术巨大进步的产物，而信息技术引发的安全性又是一个需要极端重视的问题。利用盗号木马、网络监听、伪造假网站等手法，盗取用户的银行账号、证券账号、密码信息等个人资料。利用黑客软件、病毒、木马程序等技术手段，攻击网上银行、证券信息系统和个人主机，改变数据盗取银行资金、操纵股票价格等，这都是传统金融支付体系闻所未闻的。

强化互联网金融安全的重要意义在于，只有电子货币的交易是安全的，法定—电子货币双币流通才是真正有效率的。否则，如果电子货币的交易是不安全的，最终损失的是人们持有的法定货币。例如，如果个人网上银行账户中的100元人民币被黑客盗取，那么，100元人民币的持有者失去的不仅仅是一个简单的信息记录，而且是真实的100元人民币的现金或储蓄。

总之，法定货币与电子货币之间的源流关系，以及法定—电子货币双币流通的交易安全和交易效率，在现代市场经济的货币化生产体系中，对货币流通乃至整个经济社会发展具有促进作用。

四 法定—电子货币双币流通与货币政策

历史上曾经出现的在外国势力威逼之下的双币流通并非罕见现象，这样的双币流通势必给本国经济社会的发展带来危害，也丧失了国家的货币主权，更谈不上政府对货币事务的调控。

例如，清朝末年，许多国家的货币以银元为代表大量输入中国。据清朝宣统二年（1910）的统计，当时在中国流通的外国银元约有11亿枚之多。其中，墨西哥银元（"鹰洋"）居然占流通货币总量的1/3，几乎成为中国货币流通中的主要货币。这种状况不仅反映了清朝的衰败，而且表明了清朝货币主权的丧失。

在1858年的《日美友好通商条约》中，包括对日本极为不利的通货条约：外国货币均可在日本国内流通，且可以与日本本国的货币同类同量交换。当时，日本通用的主流货币是金币，银币作为补充通货与金币等值使用。《日美友好通商条约》中的"同类同量原则"是美国以银的重量代替金的质量强加于日本的兑换方式。结果是"劣币驱逐良币",导致日本大量的黄金外流。日本经济学家在回顾这一段历史时愤慨地说,当时的日本在美国强大势力的压迫下不得不屈服,这是一段难以忘却的历史。①

在现代经济社会环境中,货币与货币主权以及与之相联系的货币政策,对于货币体系的安全稳健直至经济社会发展的作用,比以往任何时代都更为重要。鉴于历史的教训,反对本币和外币双币流通的理由之一是,双币流通将增大中央银行管理和调控货币的困难。例如,币种"双轨制"迫使中央银行构建双重的管理体系;公开市场操作时需要两个管理和调控主体,两个公开市场以及两类不同的货币品种和操作证券。②

事物结构的变化会引起事物性质的变化,流通双币的结构方式也是如此。法定—电子货币双币流通与那些历史上有损货币主权、有碍政府对货币事务调控的双币流通不同。这是因为,虽然从直观上看,中央银行不能对电子货币投放或回笼,也就是说,不能调控电子货币的供给量。

实际上,由于双币的源流关系决定着电子货币不可能脱离中央银行的监管和调控而特立独行,电子货币与法定货币一定"同步"处于中央银行货币政策的调控之中。其基本原理是:中央银行通过基础货币的增减,并且与法定准备金率的提高或降低、基准利率的调整相配合,实现货币供给变动。尽管中央银行不能对电子货币像法定货币那样直接增加或减少供给,但只要中央银行实施货币供给变动的政策措施,电子货币的供给变动状况就将立即做出响应。

例如,中央银行的公开市场操作,当买入或卖出债券时,在电子货币交易系统中就实现了货币的投放或回笼,从而影响宏观经济中的货币供给量。可见,法定—电子货币双币流通不仅不会对中央银行管理和调控货币造成困难,反而凭借互联网支付体系的效率为中央银行实施货币政策的流程增速,使之更快地产生政策效力。这一点与法定—电子货币双币流通对货币周转率的影响有关。

货币周转率是货币供给与需求的前提,也是影响价格水平是否稳定的

---

① ［日］菊地悠二:《日元国际化——进程与展望》,陈建译,中国人民大学出版社2002年版,第19—22页。

② 陈彩虹:《双币流通论》,《经济研究》1994年第3期。

重要变量。价格水平保持相对平稳,货币周转率也会较为稳定。当货币周转率不稳定,宏观经济通常会表现出通货膨胀或通货紧缩的态势。

早期的货币主义经济学家,以人们的收入和支出规律保持不变为前提,假设货币周转率是相对稳定的,只有当人们改变其支出模式或付款方式时,货币周转率才会发生变化。由于电子货币不可能像比特币和莱特币一类的互联网货币那样脱离法定货币而独立周转,电子货币的周转率要受到法定货币周转率的决定:法定货币周转率稳定,电子货币周转率必然稳定。

就支付体系的效率而言,电子货币的支付效率一般要高于法定货币的支付效率,从而加快了货币周转率。货币周转率越快,流通中所需要的货币量就越少。较快的货币周转率会抑制通货膨胀,电子货币的支付效率能够发挥这样的作用;当某些领域的货币需求意愿急剧增加时,利用电子货币支付以解决这些领域的货币需求。因此,电子货币流通本身不但不会"独立"地导致通货膨胀或通货紧缩,还能够对通货膨胀或通货紧缩具有抑制作用。

交易方程式①显示,货币数量越大,其周转速度就越低。但是,在法定—电子货币双币流通的条件下,电子货币的出现改变了人们的支出模式或付款方式。而这种改变并没有影响货币周转率的稳定与否,只是带来了支付效率的提高。在现实经济活动中,随着电子货币使用范围的不断扩大,电子货币数量的急剧增加,并没有出现货币政策效力被削弱的趋势。因此,电子货币流通影响货币政策效率的结论,或许只是一种需要关注的担忧。

(执笔人:刘秀光 吴铁雄 康艺之)

---

① 交易方程式为:$MV = PQ$,其中,M 为货币供给量,V 为货币周转率,P 为价格水平,Q 为实际产出水平。

互联网银行与传统银行的关系问题

一 引言

1995 年 10 月，世界上首家互联网银行——美国安全第一网络银行宣布诞生。2014 年 3 月，国务院同意中国民营互联网银行的试点方案。2014 年 12 月 12 日，腾讯公司所属的民营银行——深圳前海微众银行获得批准，并于 2015 年 1 月 4 日完成了发放第一笔贷款业务。此后，多家互联网银行又获得批准成立。

2015 年 3 月 5 日，国务院总理李克强在政府工作报告中首次提出，要制订"互联网＋"行动计划，推动移动互联网、云计算、大数据、物联网等与现代制造业结合，促进电子商务、工业互联网和互联网金融健康发展。这一战略部署，极大地推动了中国互联网金融和互联网银行的发展。

中国互联网络信息中心（CNNIC）发布的第 36 次《中国互联网络发展状况统计报告》显示，截至 2015 年 6 月，中国网民规模达 6.68 亿，互联网普及率为 48.8%。网民网上购物人数为 3.74 亿，网上支付人数为 3.59 亿，网上银行用户规模为 3.07 亿。

第 39 次《中国互联网络发展状况统计报告》显示，截至 2016 年 12 月，中国网民规模达 7.31 亿，互联网普及率为 53.2%。2016 年，手机网上支付用户为 4.69 亿，年增长率为 31.2%。

尽管对什么是互联网银行众说纷纭，但利用互联网提供金融服务是其基本特征。例如，在美国货币监理署 1999 年发布的电子银行手册中，将互联网银行定义为：能够使得银行客户不去实体店面，而是通过个人计算机等移动终端即可查阅个人账户、购买银行产品和享受银行服务的一整套系统设施。可见，互联网银行的营业方式与传统银行不同，它没有传统银行那样的营业网点，其获客、风险控制、金融服务都是通过互联网来完成的。

近些年来，每当一种新的业态出现时，就往往被冠以"颠覆性"。所谓颠覆性，是指事物的某种改变，而改变的事物与原来的事物的性质完全相反。互联网银行的确扩展了传统银行的功能，并且具有显著的规模经济特征。例如，互联网银行只需要添置"键盘"而不需要增加"砖瓦"的规模扩张特点，使得互联网银行能够迅速而低成本地完成规模扩张的目标。

回答互联网银行对传统银行是不是颠覆性的问题，可以从互联网银行是不是传统银行异化的产物，以及互联网银行的支付体系能否"脱媒"这两个方面进行分析。

二 互联网银行是否是传统银行的异化

所谓异化，是指将自己拥有的东西转化成同自己对立的东西。讨论互联网银行是不是传统银行异化的意义在于，互联网银行是不是在排挤传统银行，最终促使传统银行消失，归根结底，是互联网银行和传统银行的关系问题。

银行业的金融创新确实存在着某些异化现象。例如，最初为了规避金融监管当局限制设立分支机构，银行设置了自动取款机（ATM）。而这个金融创新的结果实现了银行规模的扩张，并且直接降低了经营成本，同时，自动取款机的设置也减少了银行雇员的相对数量。银行雇员数量因自动取款机的出现而减少，就是这种异化的产物。

银行的历史是一部银行结构的演化史。银行演化初期的钱庄或票号只是简单地为客户保管缴存的货币，现代商业银行不仅取代了钱庄或票号，而且银行体系从100%准备金银行体系转变为部分准备金银行体系，于是银行能够创造货币并且致力于资产负债管理。与此同时，银行经营管理的对象也从贵金属转为不兑换的法定货币。现在，科技进步又催生出了电子货币与互联网银行。

因为互联网银行提供金融服务，既依靠电子货币又不能摆脱法定货币。所以，回答互联网银行是不是传统银行异化的产物，就不能脱离法定货币与电子货币的关系。

第一，法定货币是现代信用货币体系中的基础性货币资产。自货币产生以来，任何时代的经济体系都有一种基础性货币资产，它既可以用来定义商品和劳务的价值标准，又能够作为社会普遍接受的最终支付手段。金本位时期作为本位币的黄金，以及现代经济体系中的国家或超国家强制发行的法定货币如美元或欧元等，都是这样的货币资产。金本位时期的黄金和现代经济体系中的法定货币其区别在于：前者的供给要受自然资源制约，而后者的供给则由国家或超国家权力来决定。

作为私人货币的电子货币其主要缺陷是：电子货币本身并不存在国家信用，因此，在执行货币职能方面，它可以执行某种职能如交易媒介，却不能独立地执行所有的货币职能，而只有法定货币，才能执行货币应当承担的所有职能。但是，由于法定货币与电子货币之间的基础及派生关系，电子货币能够间接地执行法定货币的（几乎是）全部职能。

第二，运用正统银行理论不能全面解释互联网银行的运作。理由之一是，互联网银行经营的货币不是形态为纸币和硬币的法定货币，而是电子货币。不过，互联网银行经营的电子货币与传统银行经营的法定货币都担负着交易媒介的职能。尽管"二维码"支付等电子支付方式在不断翻新，然而，货币这种交换的润滑剂只不过是使用了电子货币而已。

电子货币并非脱离法定货币而"外生"。中央银行的名义负债——法定货币作为价值标准，并且代表着货币体系中的最终支付手段。尽管在货币体系中允许存在着包括电子货币在内的多种可供选择的支付手段，但都是与中央银行提供的最终支付手段相联系的。

传统银行和互联网银行，在实际运作过程中，银行的要求权如果能够被人们接受，银行就必须存在一些被普遍接受的结算中介。不过，这些结算中介并不只是现金，但需要能够代表最终支付手段。例如，电子货币和互联网银行出现之前传统银行普遍使用的支票；电子货币和互联网银行出现之后的结算中介，有信用卡结算、电子支票结算、借记卡结算等方式。支票和电子货币这些结算中介虽然是由银行发行的，但是，必须由法定货币作为最终支付手段。

第三，法定货币作为价值标准并且代表着最终支付手段的含义是：经济活动所产生的商品和劳务以及由此引起的收益或报酬，都是以法定货币来计量的，整个社会报酬结构的形成也依赖法定货币的收入与支出来实现。尽管其"计量"和"实现"的过程，在互联网金融时代可能更多地使用电子货币来表示，但最终依然都要归结为法定货币。所以，即使电子货币能够标示商品的价值，也不过只是法定货币的代表。

电子货币与法定货币的上述关系，如同企业资产负债表中的"存货"项目。该项目反映企业期末在库、在途、在加工中的各项存货的可变现净值。与此相对应的是原材料、库存商品、在产品、半成品、发出商品等。如果没有这些真实的"存货"作为资产负债表上的对应物，该资产负债表就一定是缺乏真实性的。

在经济活动的交易过程中产生了信用——赊销与偿付：签订商品的购买合同、交付商品以后收到货款。在这种交易过程中，货币的作用是：以货币为标的合同条款得以订立，货币执行的职能是价值标准；以货币作为债务清偿的工具，货币的作用职能依然是价值标准。因为在商品的买方没有得到商品之前，货币担负了延期支付的职能。买方一旦收到合同所规定的商品，货币的延期支付就自动担负起价值标准和最终支付手段的职能了。

与上述交易过程中货币所起的作用不同，那就是以其他资产如一幢房产作为订立合同条款的标的物，而作为债务清偿工具的也是该幢房产，这表明在货币之外还有许多资产都能担负价值标准最终支付手段的职能。这种情况在物物交换体系中是成立的，也就是说，只要交易双方都愿意接受这种资产（的价值）就可以完成交易。然而，在现代市场经济体系中，上述情况就不能成立了。因为作为交易过程中价值标准的这幢房产，其价值需要由法定货币来衡量。所以，就不难理解电子货币能够作为交易媒介而最终支付手段一定是法定货币的结论。

第四，科技进步会改变许多物质的形态，也会改变生产与交换的方式，正如曾经存在过的非货币性的物物交换，最终被以货币为交易媒介的交换方式取而代之一样。自从发现了货币作为交易媒介以来，政府就从来没有企图放弃这样的媒介。即使在历史上出现过的黄金非货币化，那只不过是为了摆脱黄金对纸币的束缚，使生产与交换的过程更为便捷而已。

　　尽管互联网银行的金融服务使用电子货币而不使用法定货币，但人们相信电子货币所表示的价值只是法定货币价值的代表并且最终会转化为法定货币，于是就产生了对电子货币的"隐含信任"。在这种"隐含信任"中包含着人们对所有形态货币的共同认知：货币是一种社会惯例和价值的社会约定，因此，其他人也一定会接受它。

　　正如弗里德曼和施瓦茨所说，由于货币是一种社会惯例，人们才广泛接受货币这样的虚幻之物。既然如此，比纸币更为虚幻的电子货币，为什么能够迅速地被人们接受就不难理解了。

　　综上所述，随着网络使用普及率的不断提高和互联网金融的发展，承担交易媒介的任务越来越多地被电子货币所占据，法定货币的作用似乎在许多方面让位于电子货币了。不过，电子货币虽然能够间接地执行法定货币的职能，但并不能改变法定货币的本质和职能。因此，互联网银行是传统银行的异化也就不会成立。

三　互联网银行的支付体系能否脱媒

　　将传统银行的基本功能概括为信用中介、支付中介、金融服务和信用创造，而这些功能是通过现金和支票或支票账户来实现的。互联网银行不仅极大地扩展了传统银行的边界，而且，互联网银行的转账汇款、缴费支付、信用卡、个人贷款、投资理财、货币互换、期权以及其他复杂的金融衍生工具的交易，都是通过电子货币来完成的，其支付方式是无纸化的。在这种情况下，人们认为，互联网银行支付体系脱离了传统银行作为金融中介实现了脱媒。

　　对于电子货币的出现以及作为互联网银行支付体系的工具而言，互联网银行支付体系似乎实现了脱媒。不过，这样的脱媒也只是短暂的和表面的。互联网银行通过电子货币来处理银行之间的交易，例如，客户的存款、取款都能够使用借记卡、信用卡、储值卡等来完成；互联网银行的电子支付取代了传统银行通过寄送支票来支付账单的方式。上述过程给人的印象是脱媒。但是，被货币的职能所决定，互联网银行的支付体系不可能真正脱媒。因此，分析互联网银行支付体系是否脱媒，仍然不能脱离货币的职能问题。否则，只会引起货币理论和货币实务方面的混乱。

首先，货币的职能是否一定要由一种资产全部承担。货币史上不同阶段的货币理论，对货币职能的强调有所不同。奥地利学派的门格尔在其经典著作《国民经济学原理》（1871 年）中阐述了货币的起源。他指出，货币产生的原因是人们需要一种最适合交换的商品，这种商品不用于消费而是用于交换。

自由银行学派主张消除政府对通货和银行事务的干预，强调货币作为交易媒介的职能。他们并且认为，如果将注意力放在货币使交易更有效率这一点上就能重构货币理论。

20 世纪 80 年代前后兴起的新货币经济学提出了货币职能分离理论。该理论认为，货币的交易媒介和价值标准相分离的理由是：可以有多种而且不断变化的交易媒介，并且不局限于金融机构的负债，还包括可流通转让的债权等，这些交易媒介的单位价值随市场条件的变化而改变。而作为价值标准的，可以是某一种实物商品，也可以是一揽子商品。

如果站在经济现实的角度分析，从强调资产的价值来说，任何一种东西如果不能作为价值储藏手段或储藏购买力的工具，也就不可能被当作交易媒介。从重视资产的回报率来看，并不意味着货币就是整个社会中最好的价值储藏手段。经济社会中存在着一些回报率高于货币的价值储藏手段，但它们作为交换中介却不能被普遍接受。[①] 这是由于在现代市场经济中有许多资产如股票、债券、房地产和黄金等，其回报率往往高于货币。

电子货币能够执行交易媒介职能，并不具有真实的价值储藏手段，电子货币也不能独立地产生资产回报率。化解这些矛盾的关键是，在互联网银行支付体系中，虽然最终支付手段不是电子货币而是法定货币，但电子货币是间接地执行法定货币的所有职能。也就是说，互联网银行提供的金融服务表面上只有电子货币，最终都要归结为法定货币；在银行卡中储蓄存款的利息收入、在资本市场买卖股票的股息和红利，这些资产的回报最终都是用法定货币来计量的。

----

① ［加拿大］约翰·史密森：《货币经济学前沿：论争与反思》，柳永明等译，上海财经大学出版社 2004 年版，第 18 页。

其次，电子货币只是间接地执行法定货币的职能，互联网银行支付体系就不能脱媒。针对支付体系中除货币作为交易媒介以外，有多种可供选择的替代性交易媒介的问题，各种替代性的交易媒介都必须以某种形式与最终的价值标准建立联系，需要对支付若干单位的作为价值标准的资产做出可信的承诺，有关货币经济的潜在不确定性的基本问题正是来源于这种关系。这是因为，当这些交易媒介具有较高的可信度时，整个经济体系就不断扩张。一旦出于任何原因而对这些交易媒介的信任消失，经济体系将会突然变得比以前更加不稳定。那时，这些替代性的交易媒介将不再被轻易接受。①

既然电子货币间接地执行法定货币的职能，那么电子货币会不会丧失可信度，从而导致经济体系的不稳定。由于电子货币的可信度依赖于法定货币的信用，所以，只要某个经济体系内的法定货币具有可靠的信用，该经济体系中的货币体系就必然是稳定的。

如果电子货币表现出升值或者贬值的趋势，通货膨胀或者通货紧缩，甚至货币某种程度可信度的丧失，都是来自法定货币而不是电子货币本身。这就是为什么货币当局乃至社会公众更关注互联网金融和互联网银行的安全，而不是电子货币本身的可信度问题。假设互联网银行是缺乏安全性的，互联网银行也就失去了其存在的必要。

货币史的演进总是伴随着经济社会的发展。当经济社会发展要求变革货币体系的时候，那个时代的货币就被另一种形态的货币取代。例如，金和银是重商主义时代的货币。20 世纪 30 年代的世界性经济危机，许多国家先后脱离金本位和银本位，从此开启了信用货币时代。然而，对于银行的稳定经营来说，整个货币体系的稳定以及作为货币体系基石的基础性货币资产，必须同时具备价值标准和最终支付手段以及它应该执行的职能，这是消除生产决策和商品交换过程中的风险及不确定性的前提条件。这说明，科技进步可以改变货币的形态，但一定要维护基础性货币资产的职能。

互联网银行称得上是银行业的创新与革命，互联网银行是科技进步的

---

① ［加拿大］约翰·史密森：《货币经济学前沿：论争与反思》，柳永明等译，上海财经大学出版社 2004 年版，第 29 页。

产物，是不是可以无所不能呢？实际上，互联网银行和传统银行都不能独立地提供全部金融服务项目。

例如，在互联网银行，可以迅速汇出数万元的款项，却无法取出一元的硬币。在传统银行很容易取现，却不能办理电子转账业务。可见，互联网银行的支付体系既没有脱媒，也不能真正脱媒。无论哪一种支付方式和支付工具，最终都要表现为真实的货币而不是电子货币。如若不然，只有当法定货币完全由电子货币所取代，法定货币的货币发行机制被彻底改变，才能实现真正意义上的脱媒。处于研究之中的法定数字货币，对法定货币的货币发行机制是不是颠覆性的，的确是一个值得期待和想象的问题。

需要强调指出的是，要预测货币与银行未来的变化是困难的。在货币与银行的演化过程中，150 多年前还没有纸币的流通、信用卡出现在 20 世纪 50 年代早期、70 年代自动取款机才投入使用、90 年代中期开始了网上购物；现代商业银行取代了钱庄或票号、信用货币取代了黄金这种地位至高无上的货币、互联网金融时代电子货币与法定货币的双币流通、足不出户就能够在任何时间支付账单。

以上这些变化，预示着从未来的某一天开始，人们的交易行为不再需要今天的现金。在那一时刻，人们对于银行的概念也会彻底改变。对于未来，货币的形态和银行的结构究竟是怎样的。这些数不尽的疑团，只能在经济社会发展和科技进步中得出答案。

（执笔人：刘秀光　吴铁雄　康艺之）

互联网金融支付体系的破坏性创新

一　引言

2013 年互联网金融的浪潮呈现出澎湃之势，中国互联网金融元年的称号由此而来。互联网为金融系统提供了巨大的不断扩展的空间，以互联网为载体的金融交易变得更加廉价和迅捷。可见，互联网金融是互联网与金融有机结合的创新成果。不过，互联网金融这个创新性的领域，也引来了人们的许多争论。其中，当时互联网金融中的余额宝，曾经成为 2014 年博鳌亚洲论坛议论的话题。

互联网金融在某种意义上说具有破坏性创新的特点。它的破坏性创新与一般意义上的破坏性创新一样，是产品和市场的创新，也是对市场竞争规则的颠覆，并且可能导致新竞争规则体系的建立。以"支付宝"为代表的互联网金融第三方支付，引起人们关注的原因或许主要在于它们的破坏性创新，这些破坏性创新的确对支付体系产生了一系列变革。

二　金融支付体系的历史演变过程

研究互联网金融支付体系的破坏性创新，需要梳理金融支付体系的历史演变过程。只有了解支付体系的演变机制，才能认识每一种支付体系的优点与缺点，以便对比认识互联网金融支付体系的革命性和存在的主要缺点，以及理解互联网金融支付体系的发展前景。

经济的有效运转取决于支付体系，货币是支付体系的核心。在传统金融支付体系的演变过程中，经历了商品货币、纸币、支票等不同的阶段。当每个人都确认具有某种价值的物品诸如黄金或白银（或其他具有价值的物品）能够作为货币的时候，由贵金属构成的货币是商品货币。商品货币具有内在价值，其数量可以通过市场对贵金属的供求关系来确定。单纯以贵金属为基础的支付体系的问题是，商品货币过于沉重，异地运输相对困难并且成本较高，以贵金属作为支付手段的支付体系的交易效率也相对较低。

不兑换纸币克服了商品货币由于沉重而产生的异地运输困难等许多缺点。由于法定纸币作为一种法律协议，政府（通过中央银行）能够根据经济的需要调整货币供给。但不兑换纸币的主要缺点是容易被盗，并且在批量交易时，由于数量过多会产生高昂的运输成本。

支票是提高支付体系效率的重要创新。代表支付指令并且见票即付的支票，人们不仅可以不必携带大量的通货就能够从事交易活动，而且能够在支票账户余额范围内签发任何数额的支票，从而使大额交易更为便捷。有来有往的支付活动通过支票的冲销进行结算，也不需要相应的通货转移。因此，使用支票降低了支付体系的交易成本。同时，使用支票使失窃的概率大为降低。不过，以支票为基础的支付体系的缺点是，支票的异地转移需要耗费一定的时间，而且纸质支票的处理成本很高。例如，美国每年处理已签发支票的费用超过了 100 亿美元。[①]

伴随着计算机的发展和互联网的出现，互联网金融支付体系应运而生。并且，互联网金融支付体系相对于传统金融支付体系而言是革命性的，主要是电子支付手段和电子货币的配合使用。在互联网金融支付体系中，电子支付取代了传统金融通过寄送支票的方式支付账单，通过电子支付的方式完成资金划拨；电子支付技术的发展不仅取代支票，而且可以用高效便捷的电子货币取代现金。

互联网金融支付体系借助互联网系统与客户取得联系，能够提供多样化的金融服务。例如，打开任何一家网上银行，就会有诸如转账汇款、缴费支付、信用卡、个人贷款、投资理财和客户服务等项目；客户利用自动

---

① ［美］弗雷德里克·S. 米什金：《货币金融学》第 2 版，马君潞等译，机械工业出版社 2011 年版，第 46 页。

取款机可以取现、存款和账户余额查询等；个人网上银行可以通过计算机或手机，完成大部分金融交易。像信用证签发这样的业务，客户都能够通过个人网上银行来完成；货币互换、期权以及其他复杂的金融衍生工具的交易，都可以利用互联网金融系统和算法来进行。

互联网金融支付体系的最显著的缺点是安全性问题。由于互联网是一个开放的系统，互联网金融的交易处于开放的系统中，致使互联网金融支付体系隐含着比传统金融支付体系更多、更复杂的风险。

近些年来，不断出现的安全事件，证实了社会公众对互联网金融支付体系安全性问题的担忧。隐藏在网络中的魑魅魍魉时刻在窥视着互联网金融支付体系的交易活动，以达到它们不可告人的目的。甚至偶然不经意的疏忽操作导致的一般性交易错误，也可能导致巨额的财产损失，甚至在瞬间化为乌有。这些都是传统金融支付体系闻所未闻的。

尽管保障交易安全性的各项技术在不断改进，并且能够确保交易过程的安全。但是，任何安全技术都不能做到尽善尽美、万无一失的程度，况且互联网的某项新技术一旦出现，"黑客"就立刻学习并掌握该项技术。同时，由于某些费用高昂的安全技术，有的金融机构并不及时使用这些技术。于是，潜在的风险就可能危及这些金融机构的交易。可见，构筑互联网金融的安全屏障，确保互联网金融支付体系的安全性是永远不能松懈的。

三 互联网金融支付体系的破坏性创新

互联网金融支付体系的破坏性创新，主要体现在互联网金融支付体系的运行效率和互联网金融支付体系与无现金社会的发展。

（一）互联网金融支付体系的运行效率

互联网金融支付体系的破坏性创新，突出地表现在它具有的效率特征。互联网金融支付体系的运行效率，是经济学意义的社会资源最有效地利用，也是金融学意义的金融市场的信息被及时快速地吸收，两方面的含义兼而有之。互联网金融支付体系的效率特征主要体现在以下三个方面：

第一，在互联网金融支付体系中，电子商务商品和金融交易的频率，真正称得上目不暇接，而这样的效率在传统金融是难以想象的。例如，阿里巴巴集团公布的数据显示，2013年，天猫商城和淘宝商城的"双11"购物狂欢节，开场仅仅55秒，通过支付宝的交易额便突破1亿元；6分7秒突破10亿元。这一数额超过了中国香港2013年9月的日平均社会零售总额；13分22秒超过20亿元；38分钟以后达到50亿元；凌晨5点49分突破100亿元；13点04分突破191亿元，超越2012年的交易额；13点39分突破200亿元；21点19分突破300亿元；24点交易额达到350.19亿元。

在2013年以后的"双11"活动中，其交易额不断被刷新。2016年，天猫商城的交易额在"双11"当天的15点就突破912亿元，超过了2015年"双11"的交易额，2016天猫商城"双11"的交易总额达到1207亿元。

第二，互联网金融支付体系使投资者获取市场的信息变得更加容易。在互联网技术以及互联网金融出现之前，投资者很难获取发行股票、债券和商业票据公司的财务信息，也不能很清晰地甄别不同风险等级的证券。因此，由于金融市场信息不对称问题的存在，产生了逆向选择和道德风险问题。逆向选择是交易之前就存在的信息不对称，并且提高了贷款成为不良贷款风险的可能性，而道德风险则是在交易（或签订交易合同）之后出现的信息不对称。

互联网金融支付体系在很大程度上化解了金融市场信息不对称的难题。投资者可以通过信用体系的查询，以及投资者的评价系统等多渠道得知相关信息。因此，投资者比较容易获取公司的财务信息，甄别不同风险等级证券的难度也大为降低。对于投资决策而言，由于互联网金融能够降低投资者获取信息的难度，从而使得投资者的投资决策更为准确。

第三，互联网金融支付体系影响着金融机构的规模经济和范围经济。由于互联网金融在技术方面的特点，可以更快地完成工作流程。因此，金融机构只需要添置"键盘"（互联网金融的服务项目）而不需要增加"砖瓦"（金融机构的分支机构），就能够显示并发挥出规模经济优势。金融机构的服务不仅利用互联网金融在国内实现规模的扩张，而且可以将服务延伸至全世界任何需要提供服务的区域。

自动取款机出现之初，既是规避设立分支机构限制的金融创新，又是利用"键盘"实现规模经济的典范。中国银联的银行卡收单、互联网支付、预付卡受理等业务已经覆盖全国，并且不断向亚洲、欧洲、美洲、大洋洲、非洲等国家和地区延伸。在中国银联的技术支持下，各种金融机构表现出鲜明的规模经济和范围经济特征。

互联网金融支付体系能够形成金融机构的范围经济。在两家金融机构各自提供一种金融服务或产品的情况下，例如，金融机构 A 只提供 X_1 而不提供 X_2，金融机构 B 只提供 X_2 而不提供 X_1。两家金融机构的平均成本（AC_A、AC_B 为 A、B 的平均成本）函数为：

$$AC_A[X_1, 0] \text{ 与 } AC_B[0, X_2]$$

如果两家金融机构合并，继而提供 X_1 和 X_2，那么，就会产生范围经济效应，其平均成本将低于没有合并时的平均成本，或者，低于两家金融机构各自提供金融服务或产品的平均成本：

$$AC_{A+B}[X_1, X_2] < AC_A[X_1, 0] + AC_B[0, X_2]$$

美国花旗银行与旅行者集团合并建立花旗集团的目的，是为了在 100 多个国家交叉推销银行、保险和证券业务。[1] 但是，在互联网金融系统，两家金融机构并不一定是实际的合并，而只要在提供多种服务或产品时，通过投入"共享"获得节约成本的协同效应，就会产生范围经济。

例如，商业银行与保险公司联合推销各自的贷款和保险产品等，就能够实现范围经济效应。德国的一些大银行和大保险公司之间已经开发出了一些复杂的交叉营销方法。[2] 范围经济概念弥补了规模经济而忽略了各种服务或产品之间的相互关系。

需要指出的是，互联网金融系统的金融机构存在着规模不经济和范围不经济的可能性。例如，金融机构在互联网金融系统的技术投资是有风险的。美国的商业银行每年与技术相关的支出就高达 200 亿美元。[3] 如果这部分投资支出的未来收益不能弥补投资成本，技术投资将减少金融机构的价值和股东的权益。超前的过多的技术投资会导致产能过剩，以及新的技术资源与已有技术的整合问题。总之，这些方面的问题都会带来规模不

---

① ［美］安东尼·桑德斯、马西娅·米伦·科尼特：《金融风险管理》，王中华等译，人民邮电出版社 2012 年版，第 146 页。

② 同上。

③ 同上书，第 145 页。

经济。

如果为了体现范围经济效应，配置某些非常专业化的信息技术处理业务更有效率，虽然这些技术可以部分地用于其他业务，但存在着与其他业务的匹配问题等。如果出现这样的问题，就可能是一种相对低效率的技术。在此情况下，金融服务成本的提高会导致范围不经济。

尽管具有规模经济和范围经济的金融机构能够占据更大的市场份额，有可能导致相对规模小的金融机构的市场份额萎缩，甚至将一部分规模小的金融机构排挤出市场。由于相对规模小的金融机构在技术方面的投资可能不足，在互联网金融支付体系对技术依赖和要求更高的条件下更是如此。

互联网金融系统中相对规模小的金融机构，也并非必然处于竞争的劣势。那些相对规模小的金融机构可以通过租用大的金融机构的网络设备，自己不必要承担额外的设备安装和维护的成本，从而显示出成本效率；相对规模小的金融机构充分利用其经营机制灵活的优势，为客户提供个性化的金融产品和服务，在竞争性的金融环境中往往具有比较优势。

据中国银行业监督管理委员会的统计，截至 2013 年年末，全国共组建农村商业银行 468 家、农村合作银行 122 家、农村信用社 1803 家、村镇银行 1071 家。据《中国银行业监督管理委员会 2014 年报》显示，截至 2014 年年末，在银行业金融机构中，有 665 家农村商业银行、89 家农村合作银行、1596 家农村信用社、1153 家村镇银行、49 家农村资金互助社。

上述金融机构都属于规模小的金融机构，如何在竞争性的金融环境中发挥其比较优势，是它们共同面临的问题。其中，尽管自 2007 年颁布《村镇银行管理暂行规定》以来，村镇银行迅速发展起来，但由于经营环境受地域自然条件、开放程度和农民收入水平的限制，制约了村镇银行立足本土、市场目标定位农村、农业、农民的"三农"、机制灵活优势的全面发挥。在此情况下，村镇银行如何利用互联网金融发挥自己的比较优势，可能是村镇银行能够迅速崛起和稳健经营的重要途径。

（二）互联网金融支付体系与无现金社会

货币形态随着支付体系的不断演变和发展，尽管互联网金融支付体系的交易媒介依然是货币，但互联网金融支付体系使货币形态发生了改变，货币定义呈现出模糊性的特征。据此，互联网金融支付体系是否改变了货币定义，金融领域的未来是不是无现金的社会的议论，至今难有确切的结论。

在现实的经济活动中，利用互联网金融支付体系使用电子货币进行的交易几乎无处不在，人们也越来越习惯地使用这种交易方式，似乎已经显露出了向"无现金的社会"发展的端倪。不过，传统金融支付体系能否被互联网金融支付体系完全替代、人们对无现金的社会的期待和疑惑，以及如何准确地表述电子货币的职能，这一系列问题都将在经济社会的发展进程中得到解释。

当电子货币出现并用于交易时，中央银行计量货币总量是继续使用M1 或者 M2，还是将电子货币加入其中。如同许多用现金支付的交易都可以使用支票一样，使用纸质支票的许多交易已经被电子支票所取代。而电子支票只不过是客户向收款人签发的、无条件的数字化支付指令。同理，电子货币（在本原是法定货币意义上）的职能依然是交易媒介、核算单位和价值储藏。在这些条件下，电子货币和电子支票账户存款，仍然应该归于交易货币 M1，只不过它们是以电子的形态出现而已。于是，互联网金融的狭义货币或交易货币为：

互联网金融 M1 = 电子现金 + 电子支票账户存款

同理，有：

互联网金融 M2 = 互联网金融 M1 + 电子储蓄存款 + 电子定期存款

综上所述，互联网金融支付体系破坏性创新的结果，是新的金融产品、新的金融市场和新的市场竞争规则的出现。金融支付体系从传统金融支付体系的商品货币、纸币、支票，发展为互联网金融支付体系的电子支付手段和电子货币。

互联网金融支付体系具有显著的效率特征，主要表现在借助网络技术使金融交易变得迅捷，投资者获取市场的信息变得容易，金融机构的规模经济和范围经济更为明显。互联网金融支付体系的交易媒介依然是货币，但是，金融领域的未来是不是无现金的社会等问题，也许只有在互联网金融的发展过程中，才能找到确切的答案。

（执笔人：刘秀光　吴铁雄　康艺之）

构建防范互联网金融风险安全系统

一 引言

2013年以余额宝、百度"百发"等为代表的互联网理财，是互联网与金融相结合的金融产品。互联网在为金融系统提供了巨大的不断扩展的空间的同时，互联网金融这个极具活力和创新性的领域，也引起了人们的许多猜测和疑问。

中国人民银行发布的《2013年第二季度中国货币政策执行报告》，首次分析了互联网金融方面的相关问题，表明中央银行开始重视互联网金融以及发展过程中出现的问题。此后，金融监管当局陆续出台了涉及互联网金融的法律法规，旨在要求互联网金融的发展运行在法律的轨道上。

互联网金融与传统金融相比，具有诸多优势，而互联网金融风险往往大于传统金融风险，这可能是互联网金融最大的隐忧。互联网金融风险在于它是互联网与金融相结合的产物，而互联网是一把"双刃剑"，它具有资源共享、实时交互性等方面的优点，也充满了风险与不确定性。当互联网兴起之时，经济学家就有互联网"容易利用也容易滥用"的警语。经济学家预言，技术和科学的进步将我们带入了一个充满无法想象的危险的未知世界。[①]

中央政府提出了建设网络强国的战略目标，并且要求依法治理网络空间，维护公民的合法权益。从中可以看出中互联网安全以及互联网金融安

---

① ［美］丹尼尔·F. 史普博：《管制与市场》，余晖等译，上海三联书店、上海人民出版社1999年版，第19页。

全对于经济社会稳定与发展的重要性。

针对互联网金融风险的特点，以及互联网金融安全的基本特征，如何构建防范互联网金融风险的安全系统，编织一个防范互联网金融风险的安全网，为互联网金融的安全稳健与效率提供有力的保障，是互联网金融应用与发展过程中的关键环节。

二　互联网金融风险的多样化

互联网金融是借助于互联网技术实现资金融通、支付和信用中介等业务的金融模式。互联网金融风险主要是现代网络技术中的金融风险，但是，与传统金融的银行挤兑、货币体系的崩溃等金融恐慌在本质上是一样的，互联网金融风险同样会引发货币和金融危机。

在现实中，由于网络技术造成的互联网金融交易的损失，不时出现在局部区域或者一定时段内。尤其是互联网金融的犯罪呈现日益猖獗的趋势，其犯罪的规模和种类在持续扩张，犯罪手段的智能化程度越来越高，犯罪的隐蔽性越来越强，这些问题都严重地影响和威胁着互联网金融的安全。

早在 2004 年国家计算机网络应急技术处理协调中心就接到的金融欺诈事件报告共 223 起。当年，公安部侦破的利用网络实施的金融诈骗案件多达 1350 起。2012 年，360 安全中心发布的《网络投资理财诈骗现状及防范措施报告》显示，该中心共截获新增金融投资类钓鱼网站 4.5 万个。

截至 2013 年第三季度末，已截获的此类钓鱼网站就有 6.4 万个，较 2012 年增长 42%。据 360 网购先赔的统计数据，2013 年第二季度遭受投资理财欺诈的人均损失高达 3.1 万元。可见，中国互联网金融元年发生在互联网金融领域的各种违法犯罪案件已经令人触目惊心。

传统金融领域的风险大多数局限在金融机构，例如，资产和负债期限日的不匹配面临潜在的利率风险、不能完整地获得贷款或债券所承诺的现金流的信用风险、技术投资未能获得预期的降低成本的技术风险、利率和汇率等发生变化交易账户面临的市场风险等。① 对于传统金融的交易活

---

① 刘秀光：《商业银行规避信贷风险的基本准则》，《西南金融》2013 年第 1 期。

动，人们总是谨慎地权衡金融资产的收益性、流动性和安全性之间的关系，有时甚至被如何平衡三者之间的关系所困扰。

互联网金融风险的内涵和支付方式都发生了巨大变化。并且，互联网金融风险突破了传统金融的安全边界，可以说，互联网金融风险延展至互联网金融的方方面面，这已经不是耸人听闻的问题。不过，也没有理由杯弓蛇影，谈互联网金融风险色变，要相信社会的正义和智慧一定能够战胜邪恶。

三　互联网金融安全的基本特征

（一）互联网金融安全是一项经济品

首先，在传统金融领域，一项新的技术如果不能被用于传统意义上的支付，那么这项技术将不会被采用①，在互联网金融领域也是如此。互联网金融作为信息技术进步的成果，只有在信息技术用于互联网金融的服务并且是确保安全的服务，互联网金融才是有生命力的科技创新的产物。

如同社会越富裕的人对自身的健康状况就越加关注一样，当社会越来越拥有更多财富的时候，金融风险对财富带来损失的概率就可能更大，于是人们就更加担心金融风险的存在与危害。可见，互联网金融安全扮演着互联网金融最核心的角色。

尽管提供互联网安全的设施和技术是有成本的，但是，安全环境中运行的互联网金融更有效率，进而提高互联网金融服务的质量以及促进规模的扩张。与此同时，金融服务中的各种成本因素，在金融服务质量提高和互联网金融规模扩大的条件下得以降低，其盈利水平也将因此而提高。

其次，在传统金融领域，金融机构通过贷款组合分散化降低信用风险，社会公众利用"不要把所有的鸡蛋放在一个篮子里"的规则，将财富分散在广泛的投资理财领域，可以获得高的收益与低的投资风险。

金融机构的贷款组合分散化，往往是一个动态过程。这个过程由于互

---

① ［加拿大］约翰·史密森：《货币经济学前沿：论争与反思》，柳永明等译，上海财经大学出版社 2004 年版，第 2 页。

联网金融的设施和流程不同于传统金融，使互联网金融的交易成本一般要低于传统金融的交易成本。互联网金融较低的交易成本，使金融机构的投资收益与投资成本之间的差额，高于传统金融，从而获得更高的收益。如果发现资产的风险较高而收益率较低，金融机构能够通过（互联网金融的）资产组合使投资变得更加安全。

社会公众可以迅速查询各金融机构投资理财产品和收益率的历史及现状，这是传统金融难以做到的。互联网金融的交易方式消除了社会公众奔波于金融机构之间选择投资理财组合的"皮鞋成本"，能够随着不同资产收益率和风险水平的变化而不断地改变组合方式，实现尽可能地提高收益率和降低或规避风险的目的。

自2014年以来，在中国互联网金融领域的"消费金融"似乎有异军突起之势，互联网金融机构以五花八门的方式向消费者提供费率相对更低的消费贷款服务。不过，消费者需要保持清醒的认识，在互联网金融领域，也没有"免费的午餐"。

（二）互联网金融安全是一种公共品

互联网金融安全是一种公共品，因此，可以将互联网金融安全比喻为是国内互联网金融的"国防"，互联网金融交易的参与者都会得到"国防"的保护。不过，在互联网金融领域里，即使是国内的互联网金融是安全的，但是，来自境外的网络风险同样对国内的互联网金融构成威胁。境外黑客组织破坏他国互联网金融的最新案例，是2016年5月前后在全球快速传播的胁迫受害者支付勒赎款项的"勒索病毒"。诸多案例表明，互联网金融安全应该也必须是一种"世界公共品"。

在对待互联网金融安全这种世界公共品的立场和行动上，像减缓全球变暖这样的全球公共品那样，由于各个国家无法独享自己在全球公共品方面投资的收益，以及各国都想搭别人的"便车"。因此，诸如为了解决全球变暖要达成有效率的国际协议往往是困难的。

例如，1997年联合国气候大会通过了人类第一部限制各国温室气体排放的《京都议定书》，但是，在履行减少温室气体排放量承诺的时候，许多国家采取了抵触的立场，美国政府2001年甚至宣布退出《京都议定书》。2015年12月12日，在巴黎气候变化大会上通过的并于2016年4月22日在纽约签署的《巴黎协定》，美国政府采取了与对待《京都议定书》

同样的态度——2017 年 6 月 1 日，美国总统特朗普宣布退出《巴黎协定》。

作为世界公共品的互联网金融安全，需要各国确保互联网金融安全国际协议的签订和履行，不能像有些国家在对待解决全球变暖问题上那样争吵和推诿。因为在对待互联网金融风险问题上，需要跨越国界的联合行动，绝对不能"个人只扫门前雪，莫管他人瓦上霜"。否则，就很可能招致"城门失火殃及池鱼"的严重后果。

在传统金融领域，金融国际化要求金融监管必须通过国际协调。国际清算银行是金融监管国际协调的主要机构，《巴塞尔协议》和《有效银行监管的核心原则》构成了金融监管国际协调的主要内容。诸多金融监管国际协调机构和一系列金融监管国际协调规则的建立，是监控和防范金融风险的保障。例如，《巴塞尔协议》防范金融风险的三大支柱是资本充足率、监管当局的监督检查和市场纪律。

在互联网金融领域，由于互联网的开放性和全球化，《巴塞尔协议》的规则就不能全面监控和防范互联网金融风险。当前，互联网金融犯罪的跨国特性尤为突出，如何携手打击互联网金融犯罪，已经是各国执法部门共同应对的问题。建立类似"互联网金融国际刑警"的专门组织或机构，是利用国际协调打击跨国互联网金融犯罪的重要协作机制。

四 互联网金融安全网的结构

互联网金融安全网应该包括金融监管机构、互联网安全公司、金融机构和社会公众四个子系统。这个安全网应该是一个由制度安排、技术支持、金融服务供给者和需求者相互依存而构建的安全系统。

互联网金融安全网的第一个子系统是金融监管机构。金融监管机构包括中央银行和相关监管当局，以及依照法定职权和法定程序，运用法律处理金融案件的司法部门。金融监管机构在系统中的功能是统领全局，代表政府制定和实施确保互联网金融安全的政策措施，并对危害互联网金融安全的犯罪，采取严厉管制和惩罚。

金融体系在世界各国都是受到最严格监管的。防范传统金融领域中的风险已经有许多有效的工具和手段，传统金融的监管由于中央银行的最后贷款人职能，使中央银行处于金融监管的核心地位。在具体金融监管过程中，主要依靠金融稽核手段对金融活动进行监督和检查。

金融监管对金融机构的保护机制有鼓励金融机构分散资产、规定资产与风险资产的比例、为金融机构提供担保基金和监督金融机构的行为四个层面。政府建立存款保险制度，作为安全网为储户提供存款保护，其目的是有效地抑制传统金融领域的银行挤兑和银行恐慌现象。

例如，美国在联邦存款保险公司成立之前的 1930—1933 年，银行破产的年均数量超过 2000 家，而从 1934 年联邦存款保险公司创建之后直至 1981 年，银行破产的年均数量都不超过 15 家。①

金融监管的法律法规包括金融行政管理法和刑事法两个法律体系。在金融监管的法律手段中，中国的金融刑事法律体系对于传统金融的监管而言已经比较完善。早在 1995 年全国人民代表大会常务委员会通过了《关于惩治破坏金融秩序的犯罪的决定》，将集资诈骗、贷款诈骗、金融票据诈骗、信用证诈骗、信用卡诈骗和金融凭证诈骗七种金融欺诈行为独立成罪。

2015 年 7 月，中国人民银行等十部委制定并发布了互联网金融的"基本法"——《关于促进互联网金融健康发展的指导意见》，提出了"鼓励创新、防范风险、趋利避害、健康发展"的总体要求，以及"依法监管、适度监管、分类监管、协同监管、创新监管"的原则。

互联网金融借助相关网络技术实施的金融犯罪行为，与传统金融诈骗行为相比，在虚拟化交易中，防范风险的难度更大，造成的损失甚至可能是难以估量的。因此，有效地打击互联网金融犯罪，铲除互联网金融犯罪这个互联网时代的毒瘤，社会才能共享现代科技进步的成果。

对于建立互联网金融安全网，亟待解决的问题是，建立健全针对互联网金融的法律体系，使互联网金融在法律的轨道上创新，在法律的框架内运行。简言之，既要允许和鼓励创新，又要完善金融监管。否则，将会遇到当余额宝（2013 年 6 月上线以来）的规模在短期内迅速膨胀之时，监

①　[美] 弗雷德里克·S. 米什金：《货币金融学》第 2 版，马君潞等译，机械工业出版社 2011 年版，第 194 页。

管机构面临着余额宝要不要缴纳存款准备金，以及要不要执行不超过基准利率10%的利率上限这样的尴尬。

2017年8月，中华人民共和国最高人民法院印发了《最高人民法院关于进一步加强金融审判工作的若干意见》。其中，对于互联网金融问题给予了高度关注，并提出了具体要求：依法认定互联网金融所涉具体法律关系，据此确定各方当事人之间的权利义务；依法严厉打击涉互联网金融或者以互联网金融名义进行的违法犯罪行为，规范和保障互联网金融健康发展；打击惩治利用互联网金融实施非法集资行为是防范金融风险的重点。《最高人民法院关于进一步加强金融审判工作的若干意见》中针对互联网金融的部分，无疑是互联网金融法律体系的重要组成部分。

第二个子系统是互联网安全公司。所谓皮之不存，毛将焉附，如果互联网安全得不到保证，那么，互联网金融也就不复存在。如果说互联网安全是互联网金融的生命线，那么，互联网安全公司就是互联网金融的守护神，是网络安全坚固屏障的构筑者。

传统金融中的道德风险、市场风险、信用风险、流动性风险和系统性风险等，在互联网金融中依然存在。因此，防范这类风险的手段在互联网金融领域并没有根本性的区别。例如，商业银行防范流动性风险的基本做法，仍然要依据中国银行业监督管理委员会的《商业银行流动性风险管理指引》（2009年），要求商业银行建立健全流动性风险管理体系，有效识别、计量、监测和控制流动性风险，维持充足的流动性水平，以满足各种资金需求和应对不利的市场状况。

与传统金融的支付方式相比，互联网金融的支付方式发生了根本性的改变。在互联网金融支付体系中，支票清算和资金划拨是两个重要的支付服务。安全的互联网金融支付体系，能够提高金融资源的配置效率，使整个社会从中获益，而如果发生任何形式的故障，导致支付体系的停滞甚至瘫痪，给经济带来的损失以及社会的影响将是难以想象的。

互联网安全公司能最早和最有能力获得互联网中那些危及互联网金融的风险，将防范这些风险的信息在第一时间传达给互联网金融安全网的其他系统，并且采取有效手段狙击与消除风险。与此同时，互联网技术的更新速度可谓迅雷不及掩耳，而互联网新技术一旦出现，"黑客"就立刻学习并掌握该项技术。因此，互联网安全公司必须具备"魔高一尺，道高一丈"的技能。

第三个子系统是金融机构。金融机构是互联网金融产品和服务的供给者，包括与提供金融产品和服务有关的所有金融中介。

金融机构利用内部控制制度和行业自律制度防范传统金融风险。就内部控制制度而言，商业银行具备对借款者监督方面的专门技术，区分信用良好和信用拙劣的借款者，从而降低逆向选择和道德风险造成的损失；就行业自律制度而言，自我管理、自我规范和自我约束，都是有效的管理方式。

互联网金融在严格执行内部控制制度和行业自律制度的基础上，要利用技术手段，建立防止外部风险的安全管理控制机制。运用密码技术，保证数据信息在处理、储存和传输过程中的安全，防止数据信息被非法使用、修改和复制。这些已经在运用的技术手段需要互联网安全公司的技术支持，并且要不断地适时更新或升级。

在互联网金融安全问题上，永远不能存在所谓赌徒谬误——认为某一事件连续多次出现，就不可能再次出现的信念。因此，在互联网金融安全问题上是绝对不允许"试错"的。只有对互联网安全丝毫不能放松警惕，互联网金融才能实现安全稳健与效率。

作为互联网金融安全网子系统的金融机构，在审慎规避信贷风险的同时，之所以要时刻防范互联网金融风险，是因为"覆巢之下，焉岂有安卵"。例如，2003 年 5—7 月间，南非警察局共发现 10 起黑客袭击网上银行事件，涉及金额 53 万兰特，最大的一起为 30 万兰特，对刚刚兴起的网上银行业务造成了巨大的打击，在银行客户中引起了连锁性恐慌。

第四个子系统是社会公众。作为互联网金融产品和服务需求者的社会公众，在传统金融中，主动地利用多种方式，扩散风险，分摊风险。例如，在投机市场的扩散风险机制是，投机者利用价格的波动消除了价格在时间和空间上的差异，对资产与商品进行跨时空的调配；在投机市场利用套期保值分摊风险，通过对冲交易来规避价格波动的风险。

在互联网金融领域，一般来说，社会公众处于最为被动的位置。因为在金融交易过程中，社会公众仅有密码的设定与使用、交易的数量等可以控制的要素。除此之外，在特定的互联网金融交易中是否安全的信息往往不得而知。作为社会公众的每个成员，既不可能掌握互联网金融是否安全的所有信息，又不能建立属于自己的互联网金融安全系统。因此，只能依赖金融机构和网络安全公司提供的网上交易环境。不过，在互联网金融安全问题上，社会公众在享受便捷的金融服务的同时，对交易环境和交易过程的安全性务必时刻保持警惕。真正做到既不要谈互联网金融风险色变，又不要松懈互联网金融风险的防范意识。

综上所述，互联网金融安全网是一个相互联系的安全系统。系统的结构是由系统所担负的功能决定的，同时，系统的结构决定系统的功能。因此，互联网金融安全网应该是一个既职责分明又通力合作、相互联系与协同的系统。唯其如此，才能真正编织成防范互联网金融风险的安全网。

（执笔人：刘秀光　吴铁雄　康艺之）

金融监管中的"宽柔之手"与"大手覆盖"

一　引言

在金融监管的诸多学派中，有所谓公共利益学派和私人利益学派之分。其中，私人利益学派强调更多地依赖市场纪律、信息披露、监管当局的"宽柔之手"。[①] 可见，在金融监管的要素中，私人利益学派主张"依赖市场纪律"在先，监管当局或中央银行的"宽柔之手"在后。

"宽柔之手"的金融监管，是一种并不全面且宽松的监管方式。因此，"宽柔之手"的金融监管可以理解为"宽容监管"或者"监管宽容"的方式。与"宽柔之手"的金融监管相对应的是"大手覆盖"的金融监管，它是指金融监管的范围更广、力度更强的审慎监管方式。事实证明，"大手覆盖"的金融监管对金融业的安全性和稳健性具有决定性作用。

历史确实有其相似性，也似乎进行着轮回。在 20 世纪 30 年代的大萧条面前，美国金融界几乎完全丧失的信誉也同时显露出来。当时，皮尔诺听证会持续了 9 天，在听证会上，来自全美最大的银行和投资公司的管理者，纷纷承认了他们的不良行为：有意扰乱股票市场的交易秩序、交易信息的不完全披露、操纵证券的内部交易、为了利益甚至实施暴力等。这些不良行为，曾经深深震撼了美国的社会良知。然而，在大萧条经过 70 多年以后 2008 年的国际金融危机中，金融业暴露出的不良行为，再次深深震撼了美国乃至全世界的社会良知。

---

① ［美］詹姆士·R. 巴茨、杰瑞德·卡普里奥、罗斯·莱文：《反思银行监管》，黄毅等译，中国金融出版社 2008 年版，第 18 页。

20 世纪 30 年代发生的一系列金融事件，导致美国政府对金融业的严厉监管，而 70 多年后的华尔街金融海啸，促使各国政府深刻反思其金融监管，以及七八十年代以来的金融自由化。

将不同历史时期的"宽柔之手"和"大手覆盖"的金融监管进行比较分析，会得出一个重要的结论：在现代金融服务的复杂化程度日益提高、金融风险不断滋生的形势下，更多地使用"大手覆盖"而较少地使用"宽柔之手"的金融监管，更有利于金融体系的安全性和稳定性，从而促进经济社会的健康可持续发展。

2017 年 7 月，在北京召开的全国金融工作会议上强调，防止发生系统性金融风险是金融工作的永恒主题，要把主动防范化解系统性金融风险放在更加重要的位置。会议决定设立国务院金融稳定发展委员会，强化中央银行宏观审慎管理和系统性风险防范职责，落实金融监管部门监管职责，并强化监管问责。可见，在加强金融监管的背景下，讨论监管问题更有现实意义。

二 30 年代大萧条以前的"宽柔之手"

早在殖民时期，美国《独立宣言》（1776 年）的起草人之一托马斯·杰斐逊就曾认为，银行"比长久的敌人还危险"。但是，18 世纪末，资本积累和集中的需要使银行业得以迅速发展。并且，1837 年，后至《1935 年银行法》之前，美国实行银行自由经营政策。在实行银行自由经营政策时期，只要满足政府的规定，任何人都可以开办银行并发行银行券。1864 年颁布的《国民银行法》，更是鼓励银行申请联邦执照。凡是获得联邦执照的银行，就能够免除州银行发行票据应该缴纳的 10％ 的税收。其结果是，"联邦注册银行的发展以州政府的利益为代价，于是州政府通过减少监管来回应这个挑战"。[1]

19 世纪的英国采用自律性金融监管方式，这一方式被称为"点头与

---

[1] ［美］詹姆士·R. 巴茨、杰瑞德·卡普里奥、罗斯·莱文：《反思银行监管》，黄毅等译，中国金融出版社 2008 年版，第 33 页。

眨眼睛"的监管。欧洲大陆的其他国家，其金融监管在很大程度上是由外部审计师完成的，实际上是将现场审查的过程私有化。

这一时期，监管当局之所以采取"宽柔之手"的金融监管方式，一方面是在当时自由放任的经济理念十分盛行。这种经济理念的主要代表是自由银行学派。该学派主张银行的所有业务（包括货币发行）都可以进行竞争，而不需要中央银行对货币发行的垄断，并且反对金融监管。

在18世纪至1913年美国《联邦储备法》通过之前很长的一个时期内，美国的银行业危机不断。最为严重的银行危机发生在1873年、1884年、1890年和1893年。银行危机集中表现为银行破产、挤兑、中止客户提现。1907年银行业的危机再次爆发，并且重演了早期银行危机的现象。面对这一系列的银行危机，美国国会只是在1907年银行业危机以后制定了《奥德利奇—瑞兰法案》，作为临时的解决措施。[1] 这一时期，也没有建立中央银行，是财政部在行使中央银行的权力。除此之外，一些人明目张胆地主张不要干预货币，用乔治·顾普迪克（George Opdyke）（曾任纽约市市长）的话就是巧妙的消极。[2]

另一方面是政府的利益关系。例如，19世纪的美国，州政府有权批准设立银行。于是，州政府通过出卖设立银行的特许经营权或出售银行股份等方式来筹集资金。这种表面上符合公共利益的融资行为，却隐含着政府利用银行为自己的债务融资，或者将信贷投向自己偏好的项目，那么，这种融资或信贷行为就更多地出于私人利益而不是公共利益。这说明，政府对银行业的金融监管，如果不保持超脱地位，就必然是"宽柔之手"的金融监管。

三 金融自由化时期的"宽柔之手"

在20世纪70年代鼓噪金融自由化的理论中，最有影响力的理论当属罗纳德·麦金农、爱德华·肖的金融抑制论和金融深化论。他们声称：要

---

[1] ［美］米尔顿·弗里德曼、安娜·J. 施瓦茨：《美国货币史——1867—1960》，巴曙松等译，北京大学出版社2009年版，第5页。

[2] 同上书，第29页。

实现经济迅速增长，必须实现金融自由化；要实现金融深化，就必须放开利率管制，取消信贷配给制，实行金融自由化。世界银行更是金融自由化的积极倡导者，认为"任何国家如想充分获得经济增长的好处，唯一的办法就是采用自由化的金融体系"。①

20世纪70年代中期以来，美国金融监管的力度不断弱化和降低，金融业的放松管制和金融自由化。最终，大萧条以后建立起来的金融监管体系开始破损甚至接近于崩溃，导致金融业的安全性和稳定性受到严重威胁。80年代初，英国对银行系统的放松管制，导致了银行业的动荡。历经600多年形成的发达的金融业以及完善的金融制度，在金融自由化来临时也难逃被冲击的厄运。

墨西哥、智利、阿根廷、巴西和乌拉圭等多数拉美国家，金融自由化的目的是企图提高金融市场的效率，解决国内经济存在的问题。但是，这些拉美国家在金融自由化的进程中，无一例外地都出现了金融危机。亚洲的马来西亚1983年在几乎没有多少准备的情况下，一夜之间开始了金融自由化，1988年又对银行业采取了类似自由银行政策，造成了银行危机不断发生，致使1997年终于爆发了全面的更为严重的亚洲金融危机。

在国际金融市场上，如果使用"宽柔之手"的金融监管，同样会产生危机。20世纪六七十年代发展起来的对离岸金融中心（OFCs）的监管，主要依赖于法律框架，该框架向受益人提供匿名保护，实行低税收或零税收。因此，对离岸金融中心的监管是一种宽松的监管方式。在这种监管方式下，存在于金融离岸中心的避税、洗钱、恐怖分子融资现象大大高于国内金融市场。

2000年7月，IMF曾对离岸金融中心的金融规制和监管离岸金融中心进行评估。评估认为（按IMF的定义，当时最多有69个离岸金融中心），其中有25个离岸金融中心监管质量差和/或不与在岸监管者合作，以及很少或根本不遵守国际标准。据此，经济学家担心，"姑且不论在离岸金融中心开展银行业务的合法性，银行监管当局的共同担忧是宽松的不充分的规制和监管可能增加潜在的金融风险，在最坏的情况下，风险甚至

---

① 世界银行编：《金融自由化——距离多远？多快实现？》，王永兰译，中国财政经济出版社2003年版，第15页。

可能蔓延至整个国际金融系统"。①

在 20 世纪 80 年代金融自由化的浪潮中，也是为自由化立法的高峰时期，而这些立法体现着宽柔之手的金融监管。例如，美国 1980 年的《存款机构放松管制及豁免控制法》减少了对存款机构经营品种的限制，并在 1986 年 4 月废除了著名的 "Q 条例"；1982 年的《加恩—圣杰曼吸收存款机构法》是为了扶助储蓄贷款机构及储蓄银行的生存，给予储蓄机构以类似于银行业务的经营范围，但却不受美联储的管制；1994 年的《里格—尼尔银行跨州经营及设立分行效率法》，取消了 20 世纪 30 年代以来对银行跨州经营的管制，极大地刺激了美国银行的购并业务；1999 年的《金融服务现代化法案》则完全打破了长达 60 多年之久的分业经营体制。

美国号称有世界上最复杂和最多元化的金融监管体系。就金融监管的经费支出而言，1998—2000 年，美国在金融监管上的总支出超过 45 亿美元，是英国金融监管局年支出的 13.7 倍。"但是，一个相关的但尚未探究的问题是：额外的支出和人力配备是否能够产生更好的银行体系。"② 从金融自由化以来的情况看，巨额的监管经费支出，并没有实现金融监管的效率，其原因与金融自由化时期宽柔之手的金融监管方式显然存在着一定的关联。

需要指出的是，金融监管并没有因为金融自由化而彻底消除，只是说金融自由化导致金融监管变得宽容了。

四 30 年代大萧条促成的 "大手覆盖"

银行危机的不断爆发，让各国政府真正认识到 "中央银行是金融部门健康有效运行的守护神"。③ 例如，正是 1907 年的银行危机最终促成了

① ［美］詹姆士·R. 巴茨、杰瑞德·卡普里奥、罗斯·莱文：《反思银行监管》，黄毅等译，中国金融出版社 2008 年版，第 148 页。

②，同上书，第 82 页。

③ ［加拿大］杰格迪什·汉达：《货币经济学》，郭庆旺等译，中国人民大学出版社 2005 年版，第 299 页。

1913 年《联邦储备法》的通过，该法决定成立中央银行——美国联邦储备体系，并于 1914 年开始运作。20 世纪 30 年代的大萧条重创了银行业，尤其是美国的商业银行在大萧条的 5 年间共计倒闭 10500 家，占银行总数的 49%。此后，美国政府开启了对金融业严厉监管的时代，大萧条以后第一次对金融业实施"大手覆盖"的金融监管。其内容包括银行的市场准入、银行的安全网存款保险制度和最后贷款人等，以及政府对金融机构的直接控制等。

从中央银行制度的历史看，横跨第一次世界大战结束至 20 世纪 70 年代初，是中央银行的普遍推行和强化时期。而中央银行普遍推行和强化的动力，首先是由于第一次世界大战的爆发，各国放弃了金本位制，由此引发世界性的金融恐慌和严重的通货膨胀。其次是因为第二次世界大战结束之后，资本主义国家需要恢复和发展经济，而经济落后的国家或者发展中国家需要稳定的经济增长，以及建立中央银行体现国家主权、巩固民族独立。中央银行的普遍推行和强化，也是"大手覆盖"的金融监管方式的制度建设。

立法高峰是这一次"大手覆盖"的金融监管的具体体现。例如，美国 1927 年的《迈克法顿法》禁止银行跨州设立分支机构；1933 年的《格拉斯—斯蒂格尔法》确定了金融业分业经营体制；1933 年颁布的《证券法》规定证券发行必须公布相关信息；依据 1934 年颁布的《证券交易法》建立的证券交易委员会，以监管证券业；1935 年颁布的《银行法》决策彻底放弃银行自由经营政策。20 世纪 30 年代大萧条以后"大手覆盖"的金融监管，其主题是恢复金融系统的信誉和安全，以稳健的保守性替代了大萧条之前过度的竞争性。

20 世纪 50 年代以后，各国的金融监管立法仍然不断完善，被称作立法的"补丁升级"。例如，美国国会通过了《1956 年银行控股公司法》和《道格拉斯修订案》，用以禁止跨州收购；1970 年颁布的《银行控股公司法修正案》，弥补了一家控股公司的漏洞，银行控股公司必须至少要控制两家银行，银行的跨州经营再次被限制。金融监管立法的重要"补丁"数量，截至 1970 年的《证券投资保护法》就多达十几件。

在金融自由化的初期，美国政府对金融业监管相对比较谨慎。例如，仍然坚持了金融业分业经营体制，只是随着自由化进程的深入，金融业的经营体制逐步向着混业经营过渡。而且，从分业经营转为混业经营历经60多年；1999年11月，美国国会通过了《金融服务现代化法案》，撤销了1933年的《格拉斯—斯蒂格尔法》，自大萧条以来，银行、证券和保险公司第一次被允许混业经营；对银行跨州经营禁令的解除也经过了半个多世纪。尽管金融自由化的初期也出现了如前所述的大量金融事件，但总体上看，这些问题并没有严重影响美国的宏观经济。

金融自由化在促进金融产品和服务市场的发展，为金融机构的获利提供了更大空间的同时，也诱使金融监管当局不断放松监管。而正是金融监管的放松，成为华尔街金融海啸来临之前的十几年间金融事件频繁发生的重要因素。

例如，安然公司和世通公司等破产案表明，松懈的会计准则和欺诈；花旗、大通等银行被指控为客户隐瞒债务、虚增盈利、指使分析师发表不实股评报告误导投资者。这些金融事件虽然促使2002年7月《萨班斯—奥克斯利法案》的出台，也为潜在的更大规模和更广范围的金融危机敲响了警钟。但遗憾的是，华尔街并没有对潜在的金融危机给予足够的警惕。

五　华尔街金融海啸以后的"大手覆盖"

在不少情况下，人们总是在发生金融危机之后，才会重新认识金融监管的重要性。例如，美国建立联邦存款保险制度之初，在数十年间曾经遭到大银行的反对。但在30年代的大萧条之后，这种反对的声音就消失了；20世纪80年代，不少发展中国家废止了存款保险制度，但是，在1994年12月的"龙舌兰酒危机"（墨西哥金融危机）以后，阿根廷在1995年又重建存款保险制度。截至2011年年底，建立了存款保险制度的国家和地区超过100个。2014年10月29日，我国的《存款保险条例》经中华人民共和国国务院第67次常务会议通过，自2015年5月1日起施行。

现代金融的复杂化程度日益提高，表现在金融业提供的金融产品种类越来越多，金融服务的范围越来越广，以及金融业的混业经营。这都要求，一方面，要赋予监管当局综合监管的权力，以便监管当局对金融业的风险管理有总体的认识；另一方面，既要有统一的法律框架，用以确保不同金融机构提供的相类似的金融产品和服务享有同等的监管环境，又要有相应的法律针对具体的金融机构，以及所提供的特殊金融产品和服务。

在华尔街金融海啸以后，各国政府纷纷强调加强金融监管。中国政府在金融监管方面主张加强危机预警，改进全球和各国金融体系脆弱性评估，关注国际货币环境变化、跨境资本流动对金融体系稳定的影响，增加金融机构的资本、提高流动性，实行稳健的分红和薪酬管理，提高单个金融机构抗风险能力等。

（执笔人：刘秀光　吴铁雄　康艺之）

金融体系安全稳定与效率的艰难抉择

一　引言

2008 年国际金融危机爆发以后，时任美国总统奥巴马发表广播讲话，严厉谴责华尔街金融机构的"不负责任行为"。始于 2011 年 9 月中旬的"占领华尔街"运动，抗议华尔街金融机构的贪婪无止境、指责政府救助少数金融机构而使多数人陷入困境。"占领华尔街"运动是美国的社会公众对金融界种种丑闻的一次讨伐运动。

华尔街金融海啸沉重地打击了美国的金融体系。为了尽快恢复对美国金融体系的信心，2009 年 6 月 17 日，奥巴马总统向国会提交了《金融监管改革法案》。①《金融监管改革法案》涵盖了金融监管机构、商业银行和投资银行、对冲基金和私募股权基金、信用评级机构、金融衍生工具的交易方式等诸多方面。

2009 年 12 月 13 日，美国众议院通过了第一版的《金融监管改革法案》；2010 年 5 月 20 日，参议院通过了第二版的《金融监管改革法案》；6 月 25 日参众两院对《金融监管改革法案》的合并工作宣告完成。此法案再次提交参众两院获得最终批准，2010 年 7 月 21 日，奥巴马总统正式签署该法案，使其成为法律。

奥巴马总统认为，最终定稿的《金融监管改革法案》90% 的内容与他原先的主张一致。并且表示，该法案是美国自大萧条以来最严厉的

---

① 这项立法的正式名称为《多德—弗兰克华尔街改革和消费者保护法》。这一命名来自该法案的发起人，参议院银行委员会主席克里斯多弗·多德和众议院金融服务委员会主席巴尼·弗兰克。

《金融监管改革法案》。不过，其立法的过程却是相当艰难的。例如，众议院的《金融监管改革法案》（第一版），绝大部分民主党议员投了赞成票，而所有共和党议员都投了反对票；2010 年 4 月 27 日，参议院的《金融监管改革法案》（第二版）曾经以三票之差未获得通过。

从美国《金融监管改革法案》的立法过程中可以看出，该法案是政治利益与经济利益的权衡、政府权力和民间力量的角力以及党派之间博弈的结果。《金融监管改革法案》的成功立法，给人们最直观的印象是，虽然美国一直将市场视为"经济繁荣的万能引擎"，但是，当面临着金融体系安全稳定与效率的抉择时，最终还是将金融体系的安全稳定置于优先位置。

二　《金融监管改革法案》凸显审慎监管

美国曾经炫耀自己是一个"理想货币区"。① 然而，由于放松金融监管，其金融体系中的隐患，在华尔街金融海啸中彻底暴露出来。面对这种情况，据称有大约 2/3 的美国民众希望对金融业进行更严格的监管。于是，美国政府顺应民众的要求，同时也认识到对金融业的审慎监管势在必行。

坚持美联储的独立性、扩大金融监管范围和增设金融监管机构三个方面，足以体现出《金融监管改革法案》审慎监管的趋向。具体地说，该法案的最终版本"完好保留了美联储的独立性"。

坚持美联储的独立性，是《金融监管改革法案》得以落实的最重要保证。为此，在该法案的最终版本中取消了曾经提议的两项规定：取消由国会来审核有关美联储利率政策的规定，改为审核不太敏感的领域；取消由白宫任命纽约联储总裁的计划。同时，众议院议员还放弃了成立国会审计局对货币政策进行监管的提议，因为如果这一提议获得通过，将会影响美联储的独立性。

虽然《金融监管改革法案》的最终版本对金融监管的某些严厉条款

---

① ［美］保罗·萨缪尔森、威廉·诺德豪斯：《经济学》第十七版，萧琛主译，人民邮电出版社 2004 年版，第 523 页。

有所放宽，但是，政府对金融机构的监管范围仍然非常广泛，包括金融机构的运作并购、抵押贷款的发放、信用评级的制定、各种金融衍生工具的交易等。这体现了美国政府在金融危机之后痛定思痛、强化金融体系的安全稳定，以及致力于恢复对金融体系信任的决心。

在金融监管的机构建设方面，成立了一个监察系统风险的管理委员会，并赋予美联储对大型金融机构的管理权力；为加强对银行业的监管，合并财政部下属的储蓄机构监理局和货币监理署；参众两院的两版法案都要求建立金融服务监督委员会，以监视这些金融风险的逐渐积累；设立消费者金融监管机构，保护消费者的金融权益。可见，美联储正在试图成为真正的"超级监管者"。

反对美联储成为超级监管者的观点却认为，美联储在经济金融领域的权力已经太大，现在又赋予其更大的监管权，这将制造更大的系统性风险。不过，凸显审慎监管的《金融监管改革法案》，在强化美联储的独立性并扩大其监管范围方面的立场是坚定不移的。

实际上，崇尚自由市场经济的美国，一直在金融业探寻自由市场机制和政府干预之间的所谓黄金分割线，同时，也经常在自由市场机制和政府干预之间徘徊。据此，可以勾勒出一个大概的轨迹：30 年代大萧条之前的自由市场机制→大萧条以后的对金融业实施严厉管制→始于 20 世纪 70 年代后期的金融自由化和"重新发现市场"→华尔街金融海啸→强化金融监管。在一定意义上可以说，《金融监管改革法案》的诞生，是从"重新发现市场"到"重新发现政府"的结果。

三　金融体系安全稳定与效率的抉择

《金融监管改革法案》在确立对金融业审慎监管的同时，如何权衡金融体系安全稳定与效率，是一个艰难抉择的过程。主要包括金融业的混业经营体制是否需要收紧、金融衍生工具的交易方式是否需要改变、如何强化对消费者金融权益和零售商利益的保护。

（一）金融业的混业经营体制是否需要收紧

始于 20 世纪 30 年代的分业经营体制，曾经为美国的金融业创造了一个稳定而封闭的环境。"在这一新体系的保护下，美国经济将近 30 年没有遭遇金融危机。"① 70 年代后期，开始对金融业放松管制，商业银行不仅吸收存款和发放商业贷款，而且包括为兼并和收购提供资金融通和咨询服务、现金管理和流动账户、托管、承购、证券筹资、定制金融衍生工具等。商业银行业务范围的不断扩大，其系统性风险也相伴而生。《金融服务现代化法案》（1999 年）更是拆除了金融体系的樊篱，开启了金融业的混业经营。

在混业经营体制下，商业银行大量参与高风险的金融衍生工具交易。商业银行的这一类经济活动，被认为是华尔街金融海啸的主因。于是，《金融监管改革法案》对商业银行的监管问题集中在两个方面：是否需要恢复分业经营体制和是否禁止商业银行的自营交易。

总统经济复苏顾问委员会主席保罗·沃尔克，在 2009 年年初就提议恢复分业经营体制。有多位参议员甚至倡议恢复《格拉斯—斯蒂格尔法》。由于这些提议触及大型金融机构的利益而未能提上法案议程，不过，许多新的规则显示着分业经营体制的色彩，这至少表明是混业经营体制在某种程度上的收紧。

混业经营体制的收紧，主要体现在对商业银行业务的缩减和限制上。第二版《金融监管改革法案》，禁止商业银行从事对客户不利的自营交易，例如，禁止商业银行在对冲基金和私募股权基金的风险投资，剥离商业银行的掉期和其他高风险自营业务。

由于掉期和其他高风险自营业务是商业银行的主要收入来源，因此，在最终的版本中，选择了缩减商业银行的交易业务，而对商业银行投资对冲基金和私募股权基金做出限制。限制措施包括投资总额不能超过基金总资本的 3%，也不能超过商业银行有形股权的 3%，并将商业银行客户的保证金账户永久性（原来是临时性措施）上调至 25 万美元。

对金融机构包括商业银行的监管，既有业务范围的限制，又有营业规模的限制。在业务范围方面，限制金融机构从事高风险金融业务，禁止商业银行直接交易高风险的金融衍生工具；在营业规模方面，限制金融机构

---

① ［美］保罗·克鲁格曼：《萧条经济学的回归和 2008 年经济危机》，刘波译，中信出版社 2009 年版，第 156 页。

的经营规模。这是试图改变巨型金融机构凭借其巨大的规模，获得高额垄断利润的条件。

总之，对商业银行一系列限制措施的目的在于，改变商业银行尤其是大型商业银行的运作模式。正如众议院金融服务委员会主席巴尼·弗兰克所说的，银行业将无法再以当前的方式继续开展业务。它们必须逐步退出通过商业活动积累资本，而开始更多地关注为私营部门提供贷款。由此可见，对商业银行尤其是大型商业银行的一系列限制措施，也是为了大型商业银行的稳定经营，破除金融机构"太大而不能倒闭"的幻想。

《金融监管改革法案》对美国银行业施加的限制措施，势必导致它们未来盈利的减少。因此，这些限制措施曾经遭到银行业的极力反对。但是，当面临着安全稳定与效率之间的权衡之时，在一个历来崇尚效率的经济中，仍然将安全稳定放在了优先位置。

（二）金融衍生工具的交易方式是否需要改变

时任美国副总统拜登针对高盛欺诈案说，我们需要重建美国金融市场的信心和信用。美国证券交易委员会对高盛集团提起的诈欺的指控，更是对金融监管改革必要性的有力支持。

高盛欺诈案的起因是高盛集团于 2007 年 2 月，将信用评级最差的次级房贷抵押债务包装成复杂的金融衍生工具"复合债权担保凭证"，销售给不知情的投资人。当房地产市场受到重挫以后，投资人惨遭损失高达 10 多亿美元。其中，德国工业银行亏损 1.5 亿美元而濒临破产，荷兰银行亏损 8.41 亿美元被英国苏格兰皇家银行买下。

在经济实践中，成功往往有很多的原因，而失败的原因却往往只需要一个。① 高盛欺诈案的实质是金融衍生工具的滥用，而正是多家金融机构滥用金融衍生工具，催生了金融体系中灾难事件的不断出现。奥巴马总统指责说，现行的规定使金融衍生工具的交易成为赌博。

鉴于复杂证券价格的不确定性，以及交易对手（个人或法人）是否能履行自己的义务，金融监管改革法案决心改变金融衍生工具的交易方式。金融衍生工具交易方式的改变，主要是采取集中化交易。其具体措施

---

① ［美］保罗·萨缪尔森、威廉·诺德豪斯：《经济学》第十七版，萧琛主译，人民邮电出版社 2004 年版，第 33 页。

是：创建集中化交易所和交易清算所。集中化交易所是将金融衍生工具的交易价格公开，而交易清算所则要求金融衍生工具的使用者提供担保，以确保交易的各方完成交割。集中化交易的最终目的是：使金融衍生工具的交易更加透明，以及限制大公司利用自有资本参与投机交易的能力。

（三）如何强化对消费者金融权益和零售商利益的保护

《金融监管改革法案》决定，在美联储内部设立一个消费者金融权益保护机构，负责监管与消费者相关的信用卡、抵押贷款、个人储蓄等金融产品和服务。赋予该机构独立的规章制定权，以保护消费者免受金融机构失当金融行为的伤害。《金融监管改革法案》的最终版本规定，零售商可以给使用现金的消费者折扣，借记卡交易付给发卡行的处理费也将不再比照信用卡交易。美国零售商协会约翰·艾默林称，此举是切实保护消费者和零售商的必要措施，唯有如此，才能免受大型商业银行以及发卡机构的盘剥。

商业银行收取的与借记卡相关交易的费用，称为借记卡结账中转费。每笔借记卡交易商业银行收取 0.75%—1.25% 的交易费，商业银行每年从中获利高达数百亿美元。因此，华尔街的投资银行以及大型商业银行，极力阻止《金融监管改革法案》中有关借记卡限制条例的通过，也就不足为怪了。

长期以来，尽管借记卡交易处理成本显著低于信用卡交易处理成本，但收费标准却是相同的。这种不合理现象能够长期存在，主要原因是：发卡市场被万事达卡公司和维萨卡公司所垄断，致使中小零售商没有选择的余地。借记卡限制条例的通过说明，保护消费者和零售商的利益，是金融体系安全稳定的重要条件。

《金融监管改革法案》的最终版本，对消费者金融权益保护的问题仍然留下了漏洞。例如，奥巴马总统支持加强对汽车贷款的监管。他表示，不能任由利益集团的游说削弱金融监管改革的力度。参议院和众议院各自的《金融监管改革法案》，重要的不同之处是，是否将汽车经销商排除在新设立的消费者金融权益保护机构监管对象之外。众议院的版本中包括这样的豁免，参议院的版本则去掉了该条款，而最终的版本对汽车经销商的监管排除在外。汽车贷款是大部分普通美国人除住房按揭贷款外最大的个人贷款，理应对汽车贷款加强监管。遗憾的是，在全美汽车经销商的游说甚至抗议之下，《金融监管改革法案》向汽车经销商利益集团做出了妥协。

四 《金融监管改革法案》存在的问题与争论

虽然《金融监管改革法案》的积极意义是值得肯定的，但需要关注其中隐含的问题，以及留下的某些方面的争论。

第一，美国的《金融监管改革法案》企图成为世界的模型。保罗·沃尔克指出，美国的立法对其他国家来说将是某种出发点，我对国际社会接受基本准则充满希望。

如果从正面意义理解保罗·沃尔克的上述言论，一方面，美国的《金融监管改革法案》及其立法过程，其他国家可以从中获得有益的借鉴。另一方面，2010 年 6 月，多伦多 G20 峰会关注国际金融体系的安全稳定，主张对重要的金融机构实施国际协调监管，美国的《金融监管改革法案》也可认为是适应了全球金融监管改革的潮流。

第二，参议院农业委员会主席林肯提出，金融衍生工具交易虽然不是商业银行的核心业务，但这类经济活动促成这些机构发展得如此庞大，以致纳税人别无选择。因此，他提议剥离商业银行的互换交易业务。这一提议不仅遭到华尔街金融界的极力反对，而且美联储主席伯南克、联邦存款保险公司主席拜尔也都不支持。

在《金融监管改革法案》最终的版本中，只要求商业银行分拆风险最高的农业、金属等互换交易业务，保留了利率、外汇、黄金和白银等方面的互换交易业务，而这部分业务占整个市场交易份额的 80% 以上。这种折中的结果说明，在金融体系的安全性与利益关系的权衡中，虽然坚持了金融体系的安全性，但也更多地照顾了商业银行的这一部分利益。

第三，美国的信用评级机构自 2007—2009 年国际金融危机以来备受谴责，原因是它们为一些风险债务提供了过高的评级，隐瞒证券的风险而误导了投资者，甚至为了谋求利益而成为金融诈骗者的帮凶。

信用评级机构的报酬一般是由发行证券的公司来支付的。许多国会议员称，信用评级机构为取悦客户和争取业务，是歪曲评级结果并给予较高评定等级的诱因。众议院的《金融监管改革法案》要求，信用评级机构的业务要在证券交易委员会注册登记，并对它们提出更加严格的责任标准；参议院的《金融监管改革法案》要求，建立一个独立的委员会（清算中心），并且为证券的评级指定信用评级机构。

最终的《金融监管改革法案》完整保留了信用评级机构的运行模式——发行证券的公司向信用评级机构付费，信用评级机构给金融产品评级。该法案仅仅承诺，将用两年时间研究信用评级机构如何做出经营模式的调整。不过，能否做出调整或许是未可知的事情。

第四，在美国这样的所谓自由主义国家，对立的声音是永远存在的。例如，财务咨询兼税务服务公司（LECG）国际金融服务部门主席威廉·艾萨克认为，《金融监管改革法案》是荒唐的法案。有的共和党议员则批评说，民主党在很大程度说是在搞一场政治秀。一些共和党人甚至声称，如果他们在华盛顿重新执政将废除该法案。

但是，总体上看，《金融监管改革法案》比较正确地处理了金融体系安全稳定与效率的关系。借用奥巴马总统的评价，就是法案的最终版本将迫使金融机构担负起责任，但不会遏制自由市场。

（执笔人：刘秀光　吴铁雄　康艺之）

商业银行规避信贷风险的基本准则

一　引言

　　亚当·斯密提出的真实票据原理，最初的设想是只要银行业务对贷款加以限制，并且针对真实债权人与真实债务人之间的真实交易票据发放贷款，银行最终就可以得到债务人的偿付。不过，亚当·斯密最初的设想并没有完全得以实现，于是出现了许多反对真实票据原理的观点，这就是金融史上著名的真实票据原理正确与否的论争。

　　尽管现代市场经济与亚当·斯密时代的市场经济有巨大的差异，人们或许也不再更多地关注真实票据原理正确与否的问题。但是，真实票据原理仍然给历史留下了许多宝贵的启示和教益。其中，可以从中阐发出商业银行规避信贷风险需要遵循的基本准则：信贷业务的谨慎原则、对贷款的限制原则、依据真实交易放贷原则。而这些原则对于现代市场经济中商业银行的经营活动，都是十分重要的指导原则。

　　商业银行的经营特点是存短贷长，并且通过信贷业务来获得盈利。而信贷风险会使贷款的违约率上升，进而导致银行权益头寸的恶化。斯蒂格利茨等认为，银行的行为具有风险厌恶的特性。[①] 银行如果在经营过程中真正做到了风险厌恶，那么，银行就既可以盈利又能够规避信贷风险，从而保证其经营的稳定性。相反，如果银行的行为背离了应该秉持的风险厌恶特性，信贷风险必然接踵而至。

---

　　① ［美］约瑟夫·斯蒂格利茨、布鲁斯·格林沃尔德：《通往货币经济学的新范式》，陆磊等译，中信出版社 2005 年版，第 38 页。

例如，美国的储蓄和贷款协会曾经遵循着"只要有家，只要物主的心脏还在跳动，就给他（她）贷款"的经营方针。美国的其他金融机构在提供住宅抵押贷款方面，也在若明若暗地像储蓄和贷款协会那样行事。美国的金融机构不顾高风险，肆意发放贷款的恶果，就是 2007 年 8 月的次贷危机。2008 年 9 月，英国北岩银行的破产，这个一百多年来英国的主要银行首例破产事件，是房地产市场泡沫崩溃导致信贷市场枯竭的后果。这些案例说明，银行的行为在理论上具有风险厌恶的特性，并不等于它们在实践中也能真正做到风险厌恶。

二 银行信贷业务的谨慎原则

银行信贷业务的谨慎原则，是指银行依据对发放贷款所需信息的掌握，以及对宏观经济状况的判断进行贷款决策。简言之，银行信贷业务的谨慎原则就是避免贷款的无序和盲目性。

首先，由于银行对信贷业务所需要的信息掌握的程度，直接关系着其信贷风险和承担风险的能力，而信息不完全将会削弱或限制银行防范信贷风险的能力。因此，只有利用与信贷业务相关的信息系统，尽可能减少信息不完全的程度，获得借款人真实可靠的信息，才能规避信贷风险。可见，银行不仅经营信用，而且经营"信息"，并且，信息已经成为银行经营所必需的要素。

银行在收集和解读借款人的信息方面，既有专业的人员又有专门的技术。因此，银行在经营信息方面具有成本优势和其他多种有利条件。在银行信贷需要掌握的信息中，最重要的是，发放贷款的对象和发放贷款的时机。因为前者是借款人的经济特征和借款人将贷款用于何处，后者是银行应该在何时发放贷款以及何时收回贷款。同时，"信贷不是同质商品，而是高度异质的"。[①] 这就要求银行对借款人的信息分门别类地进行信息处理，并将其作为避免贷款无序和盲目性的有效手段。

---

① ［美］约瑟夫·斯蒂格利茨、布鲁斯·格林沃尔德：《通往货币经济学的新范式》，陆磊等译，中信出版社 2005 年版，第 120 页。

其次，根据对宏观经济状况的判断进行贷款决策。银行信贷是否存在风险，除借款人的信息外，还要取决于经济形势和经济政策的变化，储蓄和贷款协会的经营过程可以说明这一点。储蓄和贷款协会通常是吸收短期储蓄，发放 20—30 年期的住宅抵押贷款。在金融自由化之前，法律允许将储蓄机构的存款利率上限定在高于商业银行 0.25 个百分点的水平以保证其稳定经营。随着金融自由化带来的利率自由化，住宅抵押贷款利率由固定利率转为浮动利率。

宏观经济状况变化对储蓄和贷款协会的经营产生了重要影响。一方面，这一时期美国因为石油危机引起的两位数的通货膨胀率，高于当时美联储的贴现率。这样，造成了储蓄和贷款协会的筹资成本与住宅抵押贷款收益率之间出现"逆差幅"现象。另一方面，储蓄和贷款协会等储蓄机构在与商业银行进行争取存款的竞争中提高存款利率，导致储蓄和贷款协会的筹资成本急剧上升，最高时竟然超过原有水平的 10%，致使储蓄和贷款协会的经营陷入困境，直至大面积的破产倒闭。在美国西南部 445 家储蓄和贷款协会中，1987 年就有 158 家倒闭。[1]

需要强调的是，金融创新降低了商业银行传统业务的营利性，新的金融工具在增加利润增长点的同时，也拓宽了商业银行冒险的范围。金融期货、互换与其他金融衍生工具的新市场使银行敢于冒更大的风险。经济学家指出，这些衍生品就像"大规模杀伤性武器"一样，导致金融体系的崩溃。[2] 因此，中国的银行业一定要汲取这些教训，在金融创新过程中始终要坚持谨慎原则。

最后，商业银行的贷款决策要警惕信用繁荣。20 世纪 80 年代，工业化国家不动产市场过热，于是，高利润刺激了许多不动产公司向银行大量借款，而银行在这种热潮中也迷失了方向，纷纷将资金投向不动产。大量资金流入不动产领域的现象就是所谓信用繁荣。伴随着 80 年代的信用繁荣就是投机泡沫的形成。此后，美国 90 年代末高科技股票市场泡沫，以及始于 2001 年的房地产市场泡沫，无一例外都是信用繁荣的结果。

---

① ［日］宫崎义一：《泡沫经济的经济对策——复合萧条论》，陆华生译，中国人民大学出版社 2000 年版，第 38 页。

② ［美］弗雷德里克·S. 米什金：《货币金融学》第 2 版，马君潞等译，机械工业出版社 2011 年版，第 259 页。

米什金认为，在资产泡沫中，信贷驱动型泡沫十分危险。信贷繁荣推高资产价格，进而为更加严重的信贷繁荣推波助澜。当泡沫破灭资产价格暴跌以后，商业银行的贷款遭受损失。于是，银行削减信贷供给，导致更严重的资产价格下跌，银行的资产负债表进一步恶化。美国次贷危机期间就上演了这样一幕。[①]

当中国的房地产市场价格不断上涨之时，就是信用繁荣的显现之日。1998 年，商业银行的房地产贷款余额为 2680 亿元，2002 年达到 6616 亿元，年均增长 25.3%。随着房价的持续上涨，银行向房地产的贷款有增无减。2007 年 10 月末，全国房地产贷款余额达 4.69 万亿元，同比增长 30.75%。

下表统计的 2010—2016 年金融机构房地产贷款相关数据表明，金融机构房地产贷款增量占同期各项贷款增量的比例平均为 27.7%，使住房价格[②]处在高位时再加上贷款杠杆，更促使住房价格上涨。

2010—2016 年金融机构房地产贷款

年份	全年累计贷款增加数额（万亿元）	增量占同期各项贷款增量（%）
2010	2.02	27.5
2011	1.26	17.5
2012	1.35	17.4
2013	2.34	28.1
2014	2.75	28.1
2015	3.59	30.6
2016	5.67	44.8

资料来源：中国人民银行：《金融机构贷款投向统计报告》。

政府调控住房价格持续上涨的各项政策措施，虽然不能说其政策效力达到了令社会满意的水平，但已经使房地产市场和住房价格在逐渐回归理

---

① ［美］弗雷德里克·S. 米什金：《货币金融学》第 2 版，马君潞等译，机械工业出版社 2011 年版，第 388 页。

② 从严格意义上说，住房价格与房地产价格（简称房价）并不相等。房地产价格是指建筑物和其占用土地构成的房产价格，而且建筑物分为用于居住的住房和用于其他用途的房产。因此，在实际的测算中，住房价格与房地产价格可能不相等。但是，为了分析问题的便利（衡量的价格会不准确），在本书中将住房价格与房地产价格统称为"住房价格"。

性。在这种情况下，要求商业银行的贷款决策要时刻警惕信用繁荣，避免美国的金融机构遭遇次贷危机。金融监管以及其他措施固然是控制信贷驱动型泡沫的有效工具，商业银行自身也应该避免贷款的无序和盲目性，防止产生信贷繁荣的过度冒险行为。

三 银行贷款的限制原则

商业银行贷款的限制原则，是指银行对其发放贷款的范围与界限在一定时期内的控制，发放贷款的"范围与界限"就是信贷活动的一条约束线。银行贷款的限制原则来自其负债经营的特点，以及在经营过程中存在着的双重压力：盈利与偿还债务。这种双重压力也是商业银行的经营目标。

在历史上，政府制定过许多保障银行稳定经营的限制性法规。例如，泰国政府在 20 世纪七八十年代对银行的投机性房地产贷款进行数额限制，将房地产贷款划归为"不鼓励的指导性信贷"范畴；1984 年之前，日本银行为了控制与实体经济交易没有直接对应的以投机为目的的远期外汇交易，在外汇管理制度中，设立了"实际需求原则"。

当那些为保障银行稳定经营的限制性法规解除之后，银行危机事件也就不期而至。当泰国政府解除了对投机性房地产贷款数额限制以后，最终酿成了发端于房地产热的金融危机；1984 年 4 月，日本银行"实际需求原则"的废止，是随后产生巨额外汇亏损差额的重要原因。①

上述限制性法规属于金融监管，而商业银行规避信贷风险的基本准则属于行业自律的范畴。回顾中国的商业银行在履行限制原则方面存在的问题，主要有以下三个方面：

第一，违规向房地产市场发放贷款助推了信用繁荣。2007 年 9 月，中国人民银行、中国银行业监督管理委员会针对 2006 年以来房地产的持续升温，颁布了《关于加强商业性房地产信贷管理的通知》，规定商业银

---

① ［日］宫崎义一：《泡沫经济的经济对策——复合萧条论》，陆华生译，中国人民大学出版社 2000 年版，第 91 页。

行不得发放"不指明用途的住房抵押贷款"。但是，有的商业银行不但没有很好地执行这一规定，而且与借款人合谋以规避监管。

2007年12月，中国人民银行在"加强商业性房地产信贷管理专题会议"上指出，少数商业银行的分支行为了规避房地产开发贷款的政策规定，对发放的房地产贷款竟然与开发商和中介机构共同虚构住房按揭贷款合同，将不符合政策规定的开发贷款转换为住房消费贷款等问题。

中华人民共和国审计署2012年6月公布的资料显示，2004—2010年，中国工商银行、招商银行、中信银行等存在着严重的违规发放贷款问题。其中，通过向非土地储备机构①、超期限等方式发放土地储备贷款，向手续不全或资本金不足的项目发放贷款。

2017年上半年，中国银行业监督管理委员会对那些票据违规操作、信贷业务违规、乱收费用、违反审慎经营规则、以贷转存、资金挪用等的商业银行和其他金融机构实施严厉处罚，总计开出了1435张行政处罚单，其中，有2/3的行政处罚单与信贷业务有关。其中，中国工商银行等国家控股的五大商业银行，收到行政处罚单193张，被罚款5080万元。作为商业银行体系主体的五大商业银行，居然没有认真而严格地执行信贷政策，实在令人扼腕叹息。

第二，对贷款缺乏严密的甄别，有意或无意地支持了投机炒作。近几年来，许多商品被炒作已经屡见不鲜，但是，有的商业银行似乎并没有检讨这一经济现象究竟与其发放的贷款有什么关系，也没有反思自己是否助推了某些商品的投机炒作。在农产品的买卖中，不时出现的炒大蒜、炒绿豆、炒生姜的投机炒作现象，商业银行难以逃脱人们对其作用的怀疑。

中华人民共和国商务部的价格监测数据显示，2010年11月，全国36个大中城市大蒜、生姜的批发价格同比分别上涨95.8%和89.5%。可以肯定，是货币资金将这些农产品的价格炒作起来的。炒作农产品的资金除来自民间的以外，其他的就是投机商通过正当或不正当手段从商业银行贷出的资金。如果银行对这部分贷款真实用途认真甄别，发现资金用途的不合理或违规以后，就毫不犹豫地拒绝发放贷款，那么，许多投机炒作的势

---

① 《中华人民共和国土地储备管理办法》（2007年）规定，土地储备机构应为市、县人民政府批准成立，具有独立法人资格，隶属于国土资源管理部门，统一承担本行政辖区内土地储备工作的事业单位。

头也许不会如此之高。

农产品的投机炒作不仅扰乱了市场，而且对农民的生产决策产生了严重的误导作用。例如，2010 年的炒蒜商在山东金乡县将大蒜的价格炒至 6元/斤，于是虚假的高价格诱导蒜农扩大生产，导致 2011 年大蒜价格狂跌至 0.6 元/斤。各级政府历来对农业给予极大的关注和支持，金融支持农业经济的发展是理所当然的。但是，如果银行的贷款助推了农产品的投机炒作，就有悖于金融支持农业的初衷了。

第三，借助拓展的业务违规发放贷款。自 2009 年以来，商业银行在表外业务迅速发展的同时，利用表外业务违规发放贷款。这些违规的具体形式是：利用理财、信贷资产转让、同业代付以及违规从事票据业务，挪用信贷资金发放委托贷款。其中，2011 年，同业代付的收入已经成为银行同业部门收入的主要来源。同业代付是在一家银行信贷额度紧张的情况下，利用同业授信额度，从另一家银行获得资金，然后贷给需要资金的客户，银行从中获得手续费。由于两家银行之间的资金转移占用的是同业授信额度，可以绕开金融监管对贷款额度的限制，这样，就无形中增加了实际贷款的规模。

银行要解决上述存在的问题，就应该做到：一是对其发放贷款的范围与界限在一定时期内的控制，要求贷款只能用于特定的经济活动（如购买特定的机器设备）、借款人向银行提供其业务活动的真实信息（如财务报表等）；二是银行的金融创新或者拓展业务范围，坚持盈利与规避信贷风险并重；三是限制性条款中使用激励条款，如当借款人自觉从事与银行意愿一致的经济活动并确保贷款安全的时候，银行给予借款人"贷款承诺"和利率优惠等，以实现借贷双方的双赢局面。

四 依据真实交易放贷原则

依据真实交易发放贷款原则，是指银行发放的贷款用途与借款人最初用途的一致性，旨在规避借款人从事与贷款人意愿相背离的活动所产生的道德风险。

金融市场的一个重要特征是信息不对称，信息不对称将导致道德风险。如果信息是完全的，银行就能够随时掌握贷款的真实用途，并且能够利用其规模经济降低交易成本。实际上，借款人的经济活动受到主客观因素的影响，常常会偏离贷款的真实用途。因此，银行在决定是否对贷款申请人发放贷款以及贷款发放之后，需要做的工作包括决定贷款多少、精确甄别借款人的资产和信用、收取多高的贷款利息、如何监控贷款和花费多少监控贷款的成本。[①]

中国银行业监督管理委员会的《商业银行授信工作尽职指引》（2004年）说的贷款"三查"：贷前调查、贷时审查和贷后管理，就是为了完成上述目标而设定的工作步骤。其重要目的就是要清楚贷款的真实用途，从而保证贷款的安全性。

实际情况是，银行贷款经常出现偏离真实用途的情况。20 世纪 80 年代末 90 年代初，日本的所谓生财式企业将剩余资金投资于股票、土地、绘画，期望得到高回报。但是，随着日本泡沫经济的破灭，这类企业接二连三地倒闭。当 90 年代初日本的金融机构因企业过度负债纷纷倒闭时，"银行不会倒闭"的神话也终于破灭了。

2008 年国际金融危机爆发以后，中国的宏观经济开始实施宽松的货币政策，于是银行增加了贷款的数量，使很多企业获得了数目不菲的贷款，信贷市场显露出信贷膨胀的趋势。那些获得额外贷款的企业便将贷款挪作他用，例如，温州某实业集团公司 2008 年获得了 10 家银行合计两亿元的贷款，该公司将投资实业多余的款项投资于正处于过热状态的房地产。这一事实也应验了人们所说的，银行总是把钱借给那些最不需要钱的人。

在一个健康的信贷链条上，有三个相互联系的环节：链条的前端是储户，银行是链条的中间环节，借款人就是链条的末端。斯蒂格利茨等认为，存款实际上是一种信用票据，正是这种信用票据便利了买卖双方的交易。同时，银行承担借款人不偿还的风险。[②] 而信贷市场又是一种基于偿

---

① ［美］约瑟夫·斯蒂格利茨、布鲁斯·格林沃德：《通往货币经济学的新范式》，陆磊等译，中信出版社 2005 年版，第 43 页。

② 同上书，第 100 页。

还承诺的信用交易。① 因此，银行在决定信贷供给方面起着关键作用。

在现实经济活动中，那些风险偏好型的投资者，他们的共同点是通过篡改借款人最初的借款承诺，偏好向短期内有利可图的领域投资。这种贷款市场上的道德风险，其表现就是借款人从事对贷款人不利的经济活动，于是，贷款人就面临着很大的违约风险。因此，银行要特别关注这类投资者的相关信息，并且对其贷款用途实施全过程管理，以确保银行发放的贷款用途与借款人最初用途的一致性。只有如此，信贷链条才能牢固而不断裂，银行才能实现盈利与偿还债务的经营目标。否则，一旦信贷链条断裂，所面临的就是信贷危机和银行破产。

（执笔人：刘秀光　吴铁雄　康艺之）

---

① ［美］本杰明·M. 弗里德曼、［英］弗兰克·H. 哈恩主编：《货币经济学手册》第 2 卷，陈雨露等译，经济科学出版社 2002 年版，第 838 页。

影子银行中的潜在风险与金融监管

一　引言

影子银行是指那些作为非银行运营的金融机构与融资安排。[①] 金融稳定理事会（中国是成员国）的定义：影子银行（或非银行金融机构，下同）是指游离于银行监管体系之外、可能引发系统性风险和监管套利等问题的信用中介体系（包括各类相关机构和业务活动）。

中国人民银行调查统计司于2012年曾经将中国的影子银行定义为：从事金融中介活动，具有与传统银行类似的信用、期限或流动性转换功能，但未受《巴塞尔协议Ⅲ》或等同监管程度的实体或准实体。

影子银行虽然是金融机构为了规避监管进行金融创新的结果，但历史教训表明，如果对影子银行不能审慎监管，影子银行隐含的风险将引发系统性风险和金融危机。

2003年年初，在中国金融界出现了什么是影子银行的争论。第一种观点是，中国的金融特许权经营体制，使绝大多数金融活动置于金融监管之下。像银行理财、信托等这些表外业务均在金融监管之下，因此，不属于影子银行的范畴。第二种观点是，在传统信贷和金融市场融资之外的金融活动都属于影子银行，包括银行表外业务（尤其是非保本型理财产品）、信托公司（非银行金融机构）、民间借贷等。

在2013年4月发布的《中国银行业监督管理委员会2012年报》中，

---

① ［美］保罗·克鲁格曼：《萧条经济学的回归和2008年经济危机》，刘波译，中信出版社2009年版，第159页。

将信托公司、企业集团财务公司、金融租赁公司、货币经纪公司、汽车金融公司和消费金融公司，均归属于非银行金融机构。由于绝大部分信用中介机构都已经纳入监管体系并受到严格监管，因此，该 2012 年报中的上述六类非银行金融机构及其业务不属于影子银行。

二 影子银行是否应该监管的争论

（一）影子银行是否应该监管

在经济学界曾经出现过将银行监管扩展至非银行金融机构的要求，并且在 20 世纪 60 年代初期达到高潮，但之后不久，这一要求便逐渐地消失了。其主要原因是：60 年代中央银行对商业银行储蓄存款利率上限的规定被停止了，法定准备金率也有所降低。于是到 60 年代末，商业银行完全恢复了相对于其他发行准货币的那些金融机构的地位。

杰格迪什·汉达指出，不一定要对非银行金融机构施加控制。他的理由是：必须根据增加货币供给变动强度以达到对利率和支出影响的可替代手段，来衡量这种控制的成本。非银行金融机构存在和发展的结果，虽然会导致经济中流动性的变动，从而弱化货币政策的各种影响，但是，中央银行变动法定准备金率等，事实上是无成本的（只需要纸张、油墨和印刷成本）。因此，对非银行金融机构的控制成本高于非银行金融机构对货币政策影响的弱化。不过，汉达强调必须注意这些机构的存在及其行为。[①]

（二）影子银行监管的必要性

影子银行的潜在风险是现实存在的，如果金融监管机构对此没有足够的警惕，影子银行的潜在风险不断累积，最终很可能会发生货币和金融危机。这从下面的案例中可以得到证明。

美国的梅里尔·林奇公司 1971 年开发的"短期金融资产投资信托"（MMF），随着利率自由化的到来，MMF 变成买卖自由并且与银行活期存

---

① ［加拿大］杰格迪什·汉达：《货币经济学》，郭庆旺等译，中国人民大学出版社 2005 年版，第 292 页。

款账户通过电脑连接自由转账的金融产品。1977 年，MMF 的总额仅为 39 亿美元左右；到 1982 年年底，猛增至 2300 亿美元。1977 年，该公司又将 MMF 发展成为另一种复合金融商品"现金管理账户"（CMA）。CMA 的存款余额既能得到 MMF 的高利率，又可以通过该账户凭卡购物、开支票、证券买卖等，其用途十分广泛。这种金融产品最终使银行存款大量流入证券公司。

在商业银行的存款大量流入证券公司的情况下，储蓄机构的经营陷入困境。自 1982 年起，美国的商业银行与储蓄和贷款协会的倒闭数急剧增加。其中，1988 年，联邦储备贷款保险公司加盟银行的倒闭数为 205 件，倒闭率达到 6.95%，超过了大萧条时期 1930 年的银行倒闭率（5.7%）。而且，自 1988 年起，由于储蓄和贷款协会的经营恶化导致各地挤兑风潮此起彼伏。为此，布什政府于 1989 年 2 月 6 日颁布了《储蓄和贷款协会救济法案》（该法案于同年 8 月 9 日作为《金融机构改革救济执行法》正式生效）。[①]

《中华人民共和国国民经济和社会发展第十三个五年规划纲要》中提出，健全金融市场体系、改革金融监管框架等，都是金融体制改革的重要目标。要实现金融体制改革的目标，既要加快改革的步伐，又要保证金融市场的安全稳定。因此，对那些没有置于金融监管的以及监管相对宽松的影子银行业务应该加倍关注，避免这些业务干扰了金融体制改革的基本方向。

三　对银行理财业务如何监管

尽管对银行理财这类表外业务是不是影子银行存在着争议，但是，可以撇开这些争议，就其如何监管问题做一些探讨。理由是：银行理财产品发行量大、投资者数量众多，银行理财产品市场能否健康可持续发展，不仅影响银行表外业务的收益，而且对于维护广大投资者的利益，以及金融

[①] ［日］宫崎义一：《泡沫经济的经济对策——复合萧条论》，陆华生译，中国人民大学出版社 2000 年版，第 14—16 页。

市场的稳定都具有重要意义。

(一) 理财产品发行的违规现象

某些商业银行对购买理财产品的客户做出虚假高预期收益率的承诺，是银行理财产品市场最常见的违规现象。由于投资的核心问题是收益率，因此，理财产品应该满足社会公众投资的获利需求。但是，如果是通过虚假承诺更高的年化收益率发行理财产品，就必然会影响产品信誉和市场健康可持续发展。

年化收益率分为预期年化收益率和实际年化收益率。某些银行或工作人员并没有将两者之间的差异及时和准确地告知投资者，而是在发行理财产品时宣传更多的往往是预期年化收益率。于是，在银行理财产品的发行风生水起的最初几年，不少理财产品的实际年化收益率与预期年化收益率出现了很大的差距。表1是2009年实际年化收益率超过−15%的部分理财产品。

表1　　　　　　　2009年实际年化收益率超过−15%的部分理财产品

理财产品名称	所属银行	实际年化收益率（％）
"创盈7号" 平安基金宝信托理财计划	华夏银行	−43.72
非凡理财FOF "基金精选" T79计划	民生银行	−30.84
盈丰0708基金优选人民币理财计划	平安银行	−25.27
得利宝天蓝精选基金1号	交通银行	−17.25
盈丰0712基金优选人民币理财计划	平安银行	−15.30
2年期盈丰0708基金优选人民币理财计划	平安银行	−15.09

资料来源：普益财富银行理财市场年度报告和普益财富银行理财数据库。

银行理财产品发行中高预期收益率的虚假承诺，尽管只是许多违规现象的形式之一，但是，当实际年化收益率与发行者承诺的预期年化收益率出现较大反差时，让那些寄托着高收益率希望的投资者大失所望，许多投资者因此曾经在一段时间内远离了银行理财产品的投资。

例如，根据《盈丰0712基金优选产品说明》，曾经承诺预期年收益率为6%—25%，并且上不封顶。2007年年底发行的盈丰0712基金优选系列包括盈丰0708基金优选、盈丰0712基金优选和安盈0808基金优选三个产品。截至2011年7月31日的净值分别为0.6995元、0.6638元和

0.7745 元，亏损幅度分别为 30.05%、33.62% 和 22.55%。表 2 是 2009—2012 年银行理财产品的有关统计数据。

表 2 2009—2012 年银行理财产品的有关统计数据

发行时间	2009 年	2010 年	2011 年	2012 年
发行数量	5998 款	10591 款	22441 款	28239 款
发行金额	—	7.05 万亿元	16.99 万亿元	24.71 万亿元
部分银行理财产品的收益率	在到期的全部理财产品中，有 75 款理财产品的收益率为 0，有 45 款理财产品的收益率为负	实际年化收益率：恒生银行仅 10 款 10% 以上，多数为负；渣打银行在 0—35.36%	理财产品 QDII 共 241 款，正收益的 28 款，所有 QDII 的平均实际年化收益率为 -12.99%	预期年化收益率：城市商业银行最高，股份制银行居中，国有控股商业银行最低

资料来源：普益财富银行理财市场年度报告和普益财富银行理财数据库。

普益财富《银行理财能力排名报告（2013 年度）》的数据显示，2013 年度，银行理财产品的发行继续保持高速增长，发行数量为 56827 款，发行规模约为 56.43 万亿元，与 2012 年度相比，增长 85.87%。

在 2013 年以后，虽然银行理财产品亏损的品种减少，但理财业务中依然存在许多问题。2013 年 4 月，中国银行业监督管理委员会概括出银行理财业务存在的五类主要问题：一是有些商业银行对理财没有明确的发展定位，并没有作为代客理财的工具；二是产品销售不规范，存在着误导消费者和误导销售的行为；三是基金、券商、保险等成为规避银信合作监管的新渠道；四是部分银行存在着不规范的资金池业务，将不同期限的多只理财产品同时对应多笔资产，无法做到每只理财产品的单独规范和管理；五是信息披露不充分，特别是理财资金的投向披露不充分。

（二）银行理财业务的监管法规

中国的金融监管机构对银行理财业务始终持有监管的立场。自 2005 年颁布《商业银行个人理财业务管理暂行办法》以来，几乎每年都有监管银行理财业务的政策措施出台，并且监管的力度不断加强。

就监管法规的数量而言，以 2016 年发布的《商业银行理财业务监督管理办法（征求意见稿）》为界，中国银行业监督管理委员会共出台 29

个相关文件对银行理财业务进行监管。2016 年发布的《商业银行理财业务监督管理办法（征求意见稿）》要求，废止 2005—2013 年的 10 个关于商业银行个人理财业务的文件，表明监管的要求和规范不断更新和调整。

可以将金融监管银行理财业务的一系列政策措施，归纳为提示性、限制性和严令禁止三大类。

第一类是提示性的政策措施。比如，《关于人人贷有关风险提示的通知》（2011 年），提示人人贷（P2P）具有大量的潜在风险，要求监管部门和银行采取措施，做好风险预警监测与防范工作。在《商业银行理财产品销售管理办法》（2011 年）中，要求商业银行销售理财产品，应当充分揭示风险，保护客户合法权益，不得对客户进行误导销售；要求提醒客户，测算收益不等于实际收益。

第二类是限制性的政策措施。比如，《关于规范银信理财合作业务有关事项的通知》（2010 年），要求融资类合作理财业务采取严格数量控制，对信托公司融资类银信理财合作业务实行余额比例管理，融资类业务的余额占银信理财合作业务余额的比例不得高于 30%；融资类银信合作①产品不得设计成开放式；投资类银信理财合作业务，其资金原则上不得投资于非上市公司股权等。

第三类是严令禁止的政策措施。比如，《商业银行个人理财业务管理暂行办法》（2005 年），规定商业银行不得利用理财业务变相高息揽储；《关于调整商业银行代客境外理财业务境外投资范围的通知》（2007 年）要求，不得投资于商品类衍生产品、对冲基金、国际公认评级机构评级 BBB 级以下的证券。

对理财业务监管的政策措施，在规范理财产品市场和纠正金融机构的经营行为等方面是有效的。例如，在 2010 年 8 月中国银行业监督管理委员会发布《关于规范银信理财合作业务有关事项的通知》以后，信贷类理财产品的发行量就迅速下降。2011 年 2 月，仅有 16 款该类理财产品发行，全年发行信贷类理财产品 385 款，仅占全年理财产品发行数量的 2%。

---

① 银信合作，是指为了绕过中央银行限制商业银行放贷的政策，商业银行采用与信托公司合作的方式，通过信托公司来发放贷款。

2011 年，针对近几年来银行理财产品市场存在的问题，监管机构不断出台规范市场的措施。其中，对银信合作、票据类产品、委托贷款等相关业务做出规范，并且严格规定理财资金的投向。最终使利用理财资金投资的范围缩小，于是债券与货币市场类理财产品的发行，逐渐向着投资安全和低风险的方向发展，该类理财产品占全年的发行量超过 50%。

（三）银行理财业务的监管方式

尽管对理财业务监管是有效的，但是，理财产品市场上的违规操作和高预期收益率的虚假承诺等现象并没有彻底根除，这就需要分析如何在执行已有的政策措施的基础上，进一步增强监管银行理财业务的效率和效果。

对银行理财业务的监管，将采取强化保本型理财产品、放松非保本型理财产品的方式。前者是将投资风险更多地交给银行或发行者，后者是投资风险更多地由投资者来承担。因为投资的两个重要特征是收益和风险，所以，这种监管方式的主要目的是，让保本型理财产品的投资者能够获得正收益，但并不表明投资者不需要承担投资风险。而非保本型理财产品需要投资者具有更强的风险意识，而银行或发行者也不能推卸自己对投资者应负的责任。可见，保本型和非保本型理财产品的重要区别，是获得收益和承担风险侧重点的不同。

银行理财产品市场规模的总趋势是不断扩张的。据中国银行业监督管理委员会的统计，2006 年，银行理财产品的发行量只有 1100 多款，2007—2008 年，分别达到 3052 款和 4400 多款。2009 年以后，每年甚至每个季度的发行量基本上是以万余款计算。

银行理财产品市场规模的扩张，发行量的不断扩大，不仅使投资风险在加大，而且收益率在不断递减甚至亏损加剧。普益财富的《2016 年银行理财市场年度报告》显示，截至 2016 年 12 月 31 日，共有 459 家商业银行发行了 123758 款人民币预期收益型产品，同比增长 36.32%，但银行理财产品整体收益率明显下滑。

在《商业银行理财产品销售管理办法》中，尽管提出了包括风险提示、禁止"违规承诺收益或者承担损失"等 70 多条要求，但在该办法颁布后的两年内，理财产品发行过程中的某些违规现象有增无减。这说明，对理财产品销售活动实施监督管理具有很大难度。其中的重要原因是对不断扩张的理财产品市场的监管，难以覆盖所有的理财产品以及各个环节。这样，即使是在付出很高监管成本的情况下，也不能达到预期的效果。因此，将理财产品分类监管，有助于降低监管成本，并且提高监管的效率和效果。

强化保本型理财产品的监管，以保守型或风险厌恶型的投资者为主要发行对象，重点是对银行的信用管理，设立相应的法规，处罚那些高预期收益率的虚假承诺以及各种违规行为。与此同时，当监管的重点放在保本型理财产品的正收益时，将倒逼银行控制此类产品的发行数量，使那些边际收益低于边际成本的产品趋向于正收益，实现对投资者"保本"的承诺。

放松非保本型理财产品的监管，将该类理财产品的决策权交给发行者和投资者。银行或发行者在严格风险提示的基础上，以冒险型（或风险偏好型）投资者为主要发行对象。市场经济能够教会投资者如何共担和分散风险，尤其是如何让投资者成为风险规避者。

何为风险规避者？例如，利用扔硬币赌博。硬币的正面或反面分别可赢或可输 1000 美元。这种赌博的期望值为零（输赢的概率均为 0.5）。期望值为零的赌博是公平的赌博，而拒绝公平的赌博，就是风险规避者。因此，风险规避者既会避免那些使不确定性增加而又不能提高收入期望的行为。[①]

一般来说，冒险型投资者相对于保守型投资者的数量要少得多。如果理财产品市场中的风险规避者越多，非保本型理财产品的投资者就会相对减少。那么，非保本型理财产品的发行量就会减少，收益率为负值的就可能转为正值。可见，强化保本型理财产品和放松非保本型理财产品的监管方式，将促使银行理财产品市场均衡机制的形成，见表3。

表3 银行理财产品市场均衡机制的形成

产品类型	监管方式与目标	理财产品市场的变化	结果
保本型	强化金融监管，确保产品的正收益	银行依据资金的投向，决定理财产品发行量	市场均衡机制形成，并促进市场健康可持续发展
非保本型	放松金融监管，培养"风险规避者"	风险规避者可能增加，冒险型投资者会减少	

---

① ［美］保罗·萨缪尔森、威廉·诺德豪斯：《经济学》第十八版，萧琛主译，人民邮电出版社2008年版，第182页。

　　无论是保本型理财产品还是非保本型理财产品，银行都要及时进行风险提示和真实的收益披露，严禁向市场和投资者提供虚假信息。这既需要监管机构的适时监管，又需要理财产品发行银行的自律。只有双方共同作用，才能确保理财产品市场的健康发展。

　　需要指出的是，2017 年 11 月，中国人民银行会同中国银行业监督管理委员等部门起草的《关于规范金融机构资产管理业务的指导意见（征求意见稿)》指出，资产管理业务是金融机构的表外业务，金融机构开展资产管理业务时不得承诺保本保收益。出现兑付困难时，金融机构不得以任何形式垫资兑付。由此可见，作为表外业务的银行理财产品的投资风险要由投资者独立判断和承担，而金融机构不得刚性兑付（刚性兑付是指银行理财产品到期后，金融机构必须兑付给投资者的本金和收益)，否则将受到相应的处罚。

（执笔人：刘秀光　吴铁雄　康艺之）

利率理论研究演变路径的文献综述

一　引言

自从货币出现以来，围绕着利率问题有许多议题。例如，利率是如何被决定的？利率的变动只是关系到货币的回报率，还是能够对宏观经济产生影响？中央银行直接控制的基准利率与金融体系中的其他各种利率之间有什么关系？总之，利率是货币经济学中一个充满争论的领域，而且从某种意义上说，这也许是关键的问题。[①]

梳理利率理论研究的演变路径，可以将古典学派的利率理论视为利率理论研究的源头。而由于古典学派的利率理论主要探讨利率的产生和本质问题，例如，古典学派经济学家认为，利率是由货币体系以外的真实力量，如物质资本的供求决定的，货币变化对真实经济没有持久影响。因此，古典学派的利率理论以真实分析[②]为特征，属于微观利率理论的范畴。

20世纪30年代，伴随着现代宏观经济学的创立，利率理论就成为宏观经济学的组成部分。因此，宏观经济学范畴的利率理论属于宏观利率理论。宏观利率理论研究的重点是利率对宏观经济变量如投资、储蓄、价格水平、就业等的影响。或者，以货币分析为特征的利率理论，重点研究利

---

① ［加拿大］约翰·史密森：《货币经济学前沿：论争与反思》，柳永明等译，上海财经大学出版社2004年版，第8页。

② 熊彼特（1954）在其《经济分析史》中，对真实分析和货币分析做了区分。真实分析，是指经济过程中的现象可以用真实商品与劳务的物物交换进行分析；货币分析，是指就业与产出都是以货币计量的。

率对宏观经济运行的影响。

工业化国家和许多发展中国家，为了化解金融危机，提高金融资源的配置效率。在20世纪80年代前后开始，延续至90年代的金融自由化浪潮中，利率自由化是金融自由化的重要组成部分。在中国的金融体制改革进程中，自2003年开始了利率市场化改革，这些改革已经成为当代货币经济学的重要研究内容。

在学术思想包括利率理论的历史演进中，"反对上一代人的学术观点，是学术界的惩罚结构所造成的必然结果"。[①] 虽然"反对"是对上一代人或同时代人的学术观点的否定，但是，这种否定并非全盘否定，而是否定中有肯定。"惩罚"也并不是恶意的，而是基于不同学术观点之间的争论，这成为学术思想不断创新与发展的推动力量。

二　微观利率理论研究的演变

凯恩斯在其《就业、利息和货币通论》中指出，古典学派的利率理论是哺育人们的一种经济思想，然而，把它准确地陈述出来却是困难的，要想在现代古典学派的权威著作中找到明确的论述也是困难的。凯恩斯的这一观点可能有他自己思考问题的角度，就古典学派的利率理论研究而言，其内容还是相当丰富的。

微观利率理论主要来自古典经济学家的贡献。从利率理论研究的历史轨迹看，威廉·配第在其《赋税论》（1662年）等著作中都提出过利息是"货币租金"，以及利率水平是由货币供求决定的观点；达德利·诺思在其《贸易论》（1691年）中，第一次提出了利率的高低取决于借贷资本的供求量，而不是货币的供求量。

微观利率理论的代表性著作，主要有约翰·洛克的《论减低利息和提高货币价值的影响》（1691年）、约瑟夫·马西的《论决定自然利息率的原因》（1750年）、大卫·休谟的《论利息》（1752年）、威克塞尔的

---

① ［加拿大］约翰·史密森：《货币经济学前沿：论争与反思》，柳永明等译，上海财经大学出版社2004年版，第37页。

《利息与价格》（1898 年）、费希尔的《利率》（1907 年）、欧文·费雪的《资本和收入的性质》（1906 年）和《利息理论》（1907 年）。其中，由于费雪在利率及其货币理论方面的贡献，被称为利率理论之父。

从以下概述有代表性的观点中，可以了解微观利率理论研究的演变历程。

巴蒂斯特·萨伊认为，利息是使用一个有价值物品所付的价格或租金，是借贷货币的风险报酬。利率的上升并不是单纯由资本的短缺决定，一个重要原因是由资本用途增多引起的。资本的用途越多，对资本的使用越有利，因此，资本需求就越大，利率就越高。[①]

约翰·穆勒认为，利率取决于贷款的需求与供给。利率是使贷款的需求与贷款的供给相等的一种比率。这一比率使某些人愿按此比率借入的数额与某些人愿按此比率贷出的数额恰好相等。穆勒指出，利率与流通中的货币的数量或价值没有必然的联系。因为作为媒介的货币数量无论大小，只会影响价格，而不会影响利率。当通货贬值时，也"无从影响利率"。因为通货贬值确实使货币对商品的购买力下降，但却没有使其对货币的购买力下降。[②]

马歇尔的利率理论是对古典利率理论的综合。马歇尔的利率定义与其将心理因素作为分析的重要基础有关。他将影响人类行为的心理动机分为追求满足和避免牺牲两类。马歇尔认为，资本的利息是享受物质资源的等待所含有的牺牲之报酬，因为如果没有报酬，很少人会大量储蓄。为了将来而牺牲现在的愉快，对这种牺牲经济学家称为节欲。财富的积累一般是享乐的延期或等待的结果。[③]

马歇尔的利率定义对货币经济学的利率理论产生了极其深远的影响。不过，凯恩斯并不赞成马歇尔的利率定义，他认为，利率不可能是储蓄的报酬或称为等待的报酬，利率是在一个特定期间内放弃流动性的报酬。[④]

威克塞尔首创了将货币与实际经济相互结合起来的货币经济理论。哈

---

① ［法］萨伊：《政治经济学概论》，陈福生等译，商务印书馆 1963 年版，第 387—394 页。
② ［英］约翰·穆勒：《政治经济学原理及其在社会哲学上的若干应用》，赵荣潜等译，商务印书馆 1991 年版，第 190—200 页。
③ ［英］马歇尔：《经济学原理》，朱志泰等译，商务印书馆 1964 年版，第 248—249 页。
④ ［英］凯恩斯：《就业、利息和货币通论》，高鸿业译，商务印书馆 1999 年版，第 169—170 页。

耶克赞扬威克塞尔的理论，并将古典两分法"终于确定地融而为一"。威克塞尔的利率理论包括"自然利息率"和"累积过程"理论，他的"自然利息率"命题，在过去两个世纪或更久以来，一直都是货币经济学中一个长久不衰的主题。① 威克塞尔的分析，促进了现代宏观经济分析的形成，并且是凯恩斯宏观经济分析的先行者，尽管在凯恩斯对货币需求的分析方面看不到威克塞尔的贡献。

欧文·费雪率先意识到真实利率和名义利率的差别，但这一概念直到20世纪70年代才真正完全被经济学界所接受，名义利率而非真实利率被认为对经济决策的制定具有重要作用。但威克塞尔等经济学家使用的"真实利率"和"货币利率"并不一定具有今天的意思。②

古典学派货币经济学理论最杰出的成果之一当属货币数量论。费雪在1911年出版的《货币的购买力：其决定因素及其与信贷、利息和危机的关系》中提出了著名的"交易方程式"：

$$MV = PY$$

式中，M 为名义货币供给，V 为货币的流通速度，P 为物价总指数，Y 为真实国民收入。

费雪认为，在货币的流通速度与社会商品和劳务的总量不变的条件下，价格水平的变动随着流通中货币数量的变动而变动，并且成正比例关系。

但是，对于货币数量论的货币增长与价格水平的关系，许多凯恩斯主义和后凯恩斯主义经济学家则认为，在一个信用经济中，MV = PY 中的因果关系是从右到左，而不是从左到右，也就是 PY = MV。因为不论由何种原因引起的名义总收入的增加，总会带来对银行体系融资需求的增长，而这些增长的融资需求大部分是在现行利率上提供的。③

① ［加拿大］约翰·史密森：《货币经济学前沿：论争与反思》，柳永明等译，上海财经大学出版社2004年版，第83页。
② 同上书，第85页。
③ 同上书，第51页。

三 宏观利率理论研究的演变

20 世纪 30 年代，"凯恩斯革命"的重要成果是提出了"货币化生产"的概念。货币化生产的一般思想表明，市场经济体制本质上也是一种货币体制①，而为取得生产所必需的货币性资源而付出的代价即利率尤其重要。因为货币的利率似乎在设定就业水平的限度中扮演一个相当特殊的角色，它设定了一个若要创造出新的就业，资本资产的边际效率所必须达到的标准。②

凯恩斯的利率理论最重要的贡献，是将利率引入宏观经济分析中，坚信市场经济体制中的政府能够利用利率杠杆来调控与影响宏观经济的走势。凯恩斯强调，中央银行所要求的利率（再贴现率）可以看作是不兑换的通货及中央银行体系中的关键。凯恩斯认为，利率是一种货币现象，从而开启了利率理论的"货币分析"；同时，坚信利率有调节储蓄与投资的巨大作用。③

经济学界通常将凯恩斯的利率理论称为"外生货币"的流动性偏好利率理论，其理由是，利率由对某一既定数量的货币与其他可替代金融资产（债券）存量的需求决定。而这一需求反过来又取决于各种流动性动机。决定利率的另一个因素是货币数量，它与流动性偏好一起决定利率的水平，其公式为：

$$M = L(r)$$

式中，M 为货币量，L 为流动性偏好，r 为利率。其中，流动性偏好是一种"潜在的力量或函数关系的倾向，而这一潜在的力量或函数关系的倾向可以决定在利息率为既定数值时的公众想要持有的货币数量"。公

---

① ［加拿大］约翰·史密森：《货币经济学前沿：论争与反思》，柳永明等译，上海财经大学出版社 2004 年版，第 3 页。

② ［英］凯恩斯：《就业、利息和货币通论》，高鸿业译，商务印书馆 1999 年版，第 139—150 页。

③ ［英］凯恩斯：《货币论》上卷，何瑞英译，商务印书馆 1997 年版，第 167—187 页。

式表明："货币数量在何处并以何种方式来进入经济体制之中。"[①]

自凯恩斯革命以来（1979—1982 年的货币主义实验除外），尤其是 20 世纪 80 年代以后，大多数工业化国家的中央银行通过货币市场来实现短期利率的目标，以此执行其货币政策。美联储制定利率政策所采用的方法或规则[②]：

$$i(t) = \theta_0 + \theta_1[\pi(t-1) - \pi^*] + \theta_2[y(t-1) - yN(t-1)] + \pi(t-1)$$

按照这一规则，当滞后的通货膨胀率 $\pi(t-1)$ 将超过某一设定的目标 π^* 时，或者认为经济过快增长时。也就是说，如果滞后的产出 $y(t-1)$ 在当时假定的"生产能力"的水平 $yN(t-1)$ 之上时，中央银行会提高短期实际利率，θ_0 可以解释为均衡的真实利率。

20 世纪 30 年代，由罗伯逊在其《货币理论文集》（1940 年）中首次提出可贷放资金理论并进行了图解分析，后经俄林等经济学家的倡导，并由勒纳将这一理论公式化。该理论在利率决定问题上同凯恩斯一样，把货币因素和实质因素结合起来，并试图完善古典学派的储蓄投资理论和凯恩斯的流动性偏好利率理论。

米尔顿·弗里德曼在对货币数量论的"重新表述"中，将真实货币余额的需求函数定义为[③]：

$$M/P = f[rb, re, (1/P)(dP/dt); \omega; Y; u]$$

式中，rb 为债券的名义收益率，re 为股票的名义收益率，ω 为人力财富与非人力财富的比率，u 为反映兴趣与偏好的一个变量。

凯恩斯主义认为，因为存在着流动性偏好，货币流通速度是相当不稳定的。而弗里德曼的"重新表述"认为，货币流通速度是可以确定的。这样，通过改写货币流通速度的表达方式可得到方程[④]：

$$M/P = L(i, Y), Li < 0, LY > 0$$

式中，i 为名义利率，因此，货币需求与名义利率负相关，而与实际国民收入正相关。货币数量可以由中央银行外生地决定，货币数量的改变

---

① ［英］凯恩斯：《就业、利息和货币通论》，高鸿业译，商务印书馆 1999 年版，第 171 页。

② ［加拿大］约翰·史密森：《货币经济学前沿：论争与反思》，柳永明等译，上海财经大学出版社 2004 年版，第 88 页。

③ 同上书，第 41 页。

④ 同上。

最终影响着名义价格。根据这一分析，便产生了货币主义货币政策的单一规则或固定规则。

弗里德曼分析利率对货币需求的影响时，认为货币需求主要取决于持久性收入和利率。因此，弗里德曼的实际货币余额需求函数为：

$$m_t^d = m^d(\omega_t, \ r_t)$$

式中，m^d 为货币余额需求；ω_t 等于现在和将来收入的贴现值，是人力财富和非人力财富的总和；r_t 为 t 时期的利率。

弗里德曼通过统计资料分析得出的结论是：利率每增加或减少 1%，货币需求仅减少或增加 0.15%，表明利率对货币需求的影响很小，或者货币需求对利率是缺乏弹性的。但是，这一论断已经受到广泛怀疑，近年来，越来越难以被接受。①

不少经济学家还对货币主义进行了批评，例如，美国经济学家卡尔·布伦纳和阿伦·H. 梅尔特泽说，弗里德曼为了消除利率、财政变量和债券存量变动的短期影响而对理论做的种种假定，是没有实际论据支持的。然而，事实证明，在遇到经济和金融秩序发生急剧波动时，控制货币供给量可能是一个理想的选择，这在许多国家的政策实践中都得到了证明。②

20 世纪 70 年代初，罗纳德·麦金农和爱德华·肖的金融抑制论和金融深化论被认为是利率自由化的主要理论。麦金农在其《经济发展中的货币与资本》（1973 年）一书中分析了金融抑制的危害，以及要实现经济迅速增长，必须实现金融自由化的主张；爱德华·肖在其《经济发展中的金融深化》（1973 年）一书中提出了金融深化论，从不同角度得出了与麦金农相似的结论。经济理论界把他们的理论合称为麦金农—肖模型。

麦金农认为，发展中国家普遍存在着金融抑制现象，金融抑制的基本特征是低的实际利率水平（经常为负值）和有选择的信贷分配。而过低的实际利率水平是导致经济行为扭曲、经济不发达的根源。麦金农建立的

---

① ［美］保罗·萨缪尔森、威廉·诺德豪斯：《经济学》第十七版，萧琛主译，人民邮电出版社 2004 年版，第 574 页。

② 刘秀光：《利息率运行机制论》，福建人民出版社 2006 年版，第 113 页。

发展中国家的货币需求函数为：①

$$(M/P)D = L(y, I/y, d - p^*)$$

式中，$(M/P)D$ 为实际货币需求余额；y 为名义收入；I/y 为投资占收入之比，也就是实物资本平均收益率；d 为各类存款名义利率的加权平均数；p^* 为预期通货膨胀率；$d - p^*$ 为实际存款利率或货币的实际收益率。

虽然有证明"麦金农—肖"金融自由化模型正确的实证资料，比如，克劳斯·施米特·赫贝尔、路易斯·塞文和安德鲁斯·索洛马诺（Klaus Schmidt Hebbel，Luis Serven and Andres Solomano，1994）根据智利的数据，得出了利率自由化确实提高了投资效率，促进了经济增长，进而引起储蓄率上升的结论。

但是，与"麦金农—肖"金融自由化模型不同的观点也不少。例如，Cho 和 Khatkhate（1989）通过对 5 个亚洲国家的数据，研究进行的研究结果表明，没有发现储蓄效应；Gupta（1987）研究了 22 个亚洲和拉美国家的数据，研究证明不存在利率上升储蓄增加的现象。相反，美国自 20 世纪 80 年代放松管制之后，储蓄率却呈现出下降的趋势。Tamin Bayoumi（1993）指出，英国在 80 年代金融自由化以后，个人储蓄率下降了 2.3%。

（执笔人：刘秀光　吴铁雄　康艺之）

---

① ［美］罗纳德·I. 麦金农：《经济发展中的货币与资本》，卢聪译，上海三联书店 1988 年版，第 66 页。

货币定义模糊性与货币本位的选择

一 引言

在货币经济学中，恰当的货币定义是讨论最持久的一个问题。[①] 货币定义不仅与货币供给和货币需求的统计有关，而且影响着货币政策的制定和实施，以及货币政策对宏观经济调控的效力。

对货币定义的主流做法是利用其交易媒介、价值储藏手段和记账单位三个职能来定义的，这就是货币的三位一体式定义。尽管采用这种定义方法使人们对货币的认识显得简明清晰，但是，金融创新尤其是互联网金融的出现，使银行支付体系呈现出"无现金化"的趋势，从而导致三位一体中货币三个职能的分离。

许多国家的金融制度从分业经营演变为混业经营以后，也使货币的三个职能之间的界限模糊不清了。正如希克斯所说的那样，在一个充满银行、保险公司、货币市场及证券交易的世界中，货币已经完全不同于这些机构出现以前我们所说的货币了。[②]

研究货币定义的演化，实质上就是研究金融创新和技术进步条件下货币本位的选择问题，也就是在现代经济体系中究竟哪一种货币变量能够将货币的基本职能和实施货币政策的着力点集于一体。

在货币定义不断演化的进程中，西方货币经济学家提出了相互矛盾的

---

① ［加拿大］杰格迪什·汉达：《货币经济学》，郭庆旺等译，中国人民大学出版社2005年版，第191页。

② ［加拿大］约翰·史密森：《货币经济学前沿：论争与反思》，柳永明等译，上海财经大学出版社2004年版，第15页。

观点：一方面认为，尽管计算机技术导致无现金的社会和虚拟货币的出现，但无现金的社会和虚拟货币并不是"无货币"的。[①] 因此，这些形式上的变化都不能改变货币在经济运行中的作用，以及传统货币政策的制定和实施。另一方面认为，设想在一个竞争性的、无管制的且不断发生技术进步的金融环境中，存在着多种可供选择的交易媒介，那么将不再有明确的货币供给这一概念，实行传统的货币政策的前提条件也将不复存在。[②]

总之，在上述看似相互矛盾的观点中隐含的议题是，货币在现代市场经济中的作用有没有发生实质性的改变？中央银行对货币变量的调整是否能够影响宏观经济的运行？

货币定义的演化确实改变了传统的货币定义，使货币定义呈现出模糊性特征，而货币定义的模糊性有可能导致中央银行在实施货币政策时遇到选择哪一种货币变量的困难。因此，在面对这个需要金融创新以及金融创新高潮此起彼伏的时代，在货币定义模糊性的特征中，分析实行传统货币政策的前提条件是否存在的问题，进而把握实施货币政策的着力点。

二　货币定义的模糊性

货币定义随着银行业的发展，以及经济社会对金融服务的要求而不断改变，货币定义的不断改变，表现在货币形态的不断演化，使货币定义或货币形态呈现出模糊性特征。

19 世纪中叶的英国，因为商业银行的业务仍处于初创阶段，活期存款或支票账户存款的使用仅限于大企业和富人。所以，活期存款作为通货的不完全替代品，是否应当将其作为货币供给的一部分，曾经是经济学家和银行家共同面对的问题。而随着商业银行的发展和活期存款的普遍使用，在 20 世纪 40 年代末，英国、美国和加拿大等国，现金 + 活期存款的 M1 就成为公认的货币定义。

20 世纪 50 年代，活期存款开始支付利息，而储蓄存款的利率仍然有

---

① ［加拿大］约翰·史密森：《货币经济学前沿：论争与反思》，柳永明等译，上海财经大学出版社 2004 年版，第 27 页。

② 同上书，第 21 页。

上限的限制。这样，储蓄存款就越来越近似于活期存款，因此，出现了储蓄存款是否应当包括在货币定义中的争论。尤其是 50 年代中期以后，商业银行和非银行金融机构的储蓄存款迅速增长，这些金融机构的负债虽然不是直接的交易媒介，但却是活期存款的相近替代品，因此，M1 + 储蓄存款的 M2 作为货币定义就逐渐地被接受了。于是，20 世纪 60 年代初，绝大多数经济学家开始使用 M2 来测定货币供给。

20 世纪 70 年代以来，随着以工业化国家为先导的放松管制和金融创新，银行业出现了许多前所未有的变化。包括存款服务技术的改进，如自动柜员机 ATM、在家中通过电脑办理银行业务等；电子转账的出现，根据取款额收取的手续费就变得微乎其微了，每次交易的边际手续费趋于零，由此导致人们持有的通货数量越来越少；信用卡、借记卡等"智能卡"的使用与通货相比，既不存在"找零"问题，又比持有通货安全。因此，智能卡被广泛使用，而智能卡的广泛使用就会降低人们对通货的需求。

20 世纪 80 年代的金融自由化，由于金融部门的技术创新和产品创新，许多新的活期存款和储蓄存款的变体被创造出来，如可转让存单 CD、货币市场共同基金等。活期存款和储蓄存款之间的流动性差异变得越来越小甚至几乎完全消失，从而使 M2 甚至 M3 和 M4 等更宽的货币定义逐渐被采用。更为明显的现象是，这一时期创造出了大量的金融衍生工具，而金融衍生工具的大量出现，导致了虚拟经济领域的急剧扩张。

20 世纪 90 年代，许多国家的金融业从分业经营体制转变为混业经营体制，这不仅增加了金融机构之间的竞争，也改变了活期存款、储蓄存款和其他金融工具之间的替代程度。尤其是出现了越来越多的共同基金，银行的共同基金可以在短期通知后买卖，其中一些基金如货币市场基金基本没有风险，而且其利率比储蓄存款高。

三　货币政策的着力点

在货币定义呈现出模糊性特征的情况下，是否意味着货币政策的着力点也将变得模糊起来？实际上，货币政策的着力点并没有随着货币定义的不断改变而发生根本变化。

所谓货币政策的着力点，是指中央银行究竟依据货币体系中的哪一种货币变量，或者主要通过控制哪一种货币定义制定和实施其货币政策。由于基础货币是货币总供给量倍数扩张与收缩的基础，因此，在现代市场经济中，货币政策的着力点就是基础货币。而且，作为中央银行名义负债的基础货币，其性质和作用并没有因为货币定义呈现出模糊性特征而改变。

中央银行在不同经济时期制定和实施货币政策所依据的货币变量有明显的差别。19世纪，货币数量论的支持者如金块论者、通货学派等认为，在一个理想的货币体系中的，货币应该是只包括实物商品单位，如某种贵金属黄金或白银。

与传统的货币数量论强调黄金的可兑换性不同，货币主义并不赞成实物货币，其货币政策规则要依赖于对基础货币增长率的严格控制。但是，"在弗里德曼的思想演变中，最有趣的也许是哪种货币定义才最适合于货币政策规则。在一个使用信用货币的世界里，货币与准货币之间的任何界限都是随时变化的，而凭直觉来看，很可能正是货币的定义问题导致了货币主义思想付诸实践的困难"。[①]

20世纪80年代中期，弗里德曼面对金融创新带来的货币定义变化，他的一些主张也相应地发生了变化。例如，20世纪60年代初，弗里德曼曾经主张稳定货币增长率，并将货币定义倾向于M2。而在为美国联邦政府起草的宪法修正案《自由选择》（1980年）中，他所建议的货币政策规则却仅仅针对狭义的基础货币。

面对金融创新带来的金融体系的一系列变化，新货币经济学的经济学家设想，建立一种无管制的、技术高度精密的支付体系，这一支付体系就缺乏基础货币而言是无现金的。在这一支付体系中，不再需要货币政策，市场竞争的压力会使金融体系保持稳定；自由银行学派的经济学家则主张，不需要政府对通货与银行事务的干预，而要建立自由放任的金融体系，使用某种金属商品货币如黄金来担任最终的储备资产。

针对新货币经济学和自由银行学派的上述观点，约翰·史密森指出，

---

① ［加拿大］约翰·史密森：《货币经济学前沿：论争与反思》，柳永明等译，上海财经大学出版社2004年版，第47页。

依靠技术进步是否能够成功地消除最基本的货币问题仍然是值得怀疑的，而曾经在历史上有过显赫地位的贵金属来担任最终储备资产的陈腐观点也明显存在很多问题。①

有的货币经济学家在金融体系的变化面前表现出悲观情绪：更新传统的货币数量论，使其可以运用于信用货币经济，就如同运用于简单商品货币经济的设想，可能是值得称颂但却是不切实际的。现代金融体系显得太复杂，或变化太快，以致那些因素已无法对其做出充分的解释。②

20世纪后期，许多国家都采取了以货币主义处方为基础的货币政策。它们的失败并非在于没有成功地降低通货膨胀，而是在于，在金融创新与放松管制的潮流之下，要在真实世界中确定货币供给这一理论概念的对应物并对其实施控制，似乎变得越来越难了。③ 照此观点来看，在信用货币经济中，是不是就没有确定的、不受技术进步影响的货币变量作为货币政策的着力点呢？实际情况却并非如此，其主要理由表现在以下三个方面：

第一，在货币体系中，基础货币是源，而金融衍生工具是流，金融衍生工具是基础货币的派生物。作为中央银行的名义负债的基础货币，是通过政府法令确立的货币资产。在正常的经济社会环境中，中央银行会保证这种货币资产价值的稳定性以及满足其偿债承诺。

在信用经济中，即使存在着多种金融资产，但其中必然有一种金融资产在既定的社会背景下充当着最终的价值标准或记账单位，而这一种独一无二的金融资产就是基础货币，这也是保证现代信用经济存在的充分必要条件。因此，实行传统货币政策的前提条件依然存在。

第二，在信用货币时代，既然基础货币都是由中央银行或类似机构的名义负债构成的，那么，无论是金融业的放松管制、金融创新，还是金融业的技术进步都难以改变这一点。同时，基础货币是货币乘数机制的基础，货币供给扩张和收缩的基础来自基础货币的增减；银行资产负债表的扩张和收缩受到基础货币的制约，而基础货币要受到中央银行的控制。因此，中央银行对基础货币的影响仍然是决定性的。

① ［加拿大］约翰·史密森：《货币经济学前沿：论争与反思》，柳永明等译，上海财经大学出版社2004年版，第21—23页。
② 同上书，第54页。
③ 同上书，第165页。

对于上述结论，持有反对的观点称，在中央银行体系中，基础货币本身也是内生的。其根据在于，中央银行并不能拒绝满足贴现窗口对商业银行借入准备金的需求。否则，就意味着中央银行放弃对整个金融体系的流动性所担负的责任，以及行使最后贷款人的职能。但是，从商业银行通过贴现窗口借入准备金的数量来看，还不足以根本影响中央银行对基础货币的基本控制能力。更何况中央银行会根据宏观经济形势不断调整贴现率，借以影响商业银行的贴现行为。

第三，在将基础货币作为货币政策的着力点问题上，有以下两种操作方式：

一种操作方式，是旨在控制通货膨胀率消除经济的周期波动，就要依赖对基础货币的增长率加以控制，这种方式以货币主义为代表。货币主义认为，由于存在着从货币供给到总支出的直接和间接传导机制，因此，利用货币供给而不是利率就能更好地控制经济。货币主义将基础货币作为外生的货币政策变量，来直接控制基础货币的增长率，通过"最优货币数量"以实现最优的通货紧缩率（价格持续下降）。尽管货币主义的政策主张曾经受到指责，但是，货币主义处方确实控制了美国 20 世纪 70 年代那场熊熊燃烧的通货膨胀之火。

从许多国家货币政策操作程序的历程来看，1975 年以来，美联储以及德国、加拿大和瑞典的中央银行都将货币总量设定为目标。英国、法国的中央银行则分别从 1976 年、1997 年开始公布货币目标。即使在货币主义衰落以后的 20 世纪 80 年代，德意志银行和瑞士国家银行仍然继续以货币增长率的方式来制定货币政策。①

自 20 世纪 80 年代初开始，尽管许多国家的中央银行将控制货币总量转为控制短期利率，但这并不等于不需要监控货币总量。由于货币总量是经济运行状况的指示器，是中央银行制定和实施货币政策的一个重要参数，这种转变只是不再将货币总量作为中央银行的控制目标而已。

另一种操作方式，大体上以货币主义实验为界限，在此之前和之后，根据凯恩斯主义或后凯恩斯主义，以及环流学派、新货币法定论的内生货币理论，中央银行通过垄断基础货币的供给，从而控制短期利率，根据通

———————————

① 在最近十多年，仅有瑞士国家银行继续以货币增长率的方式来制定货币政策。

货膨胀率不断调整名义利率，而最终影响实际利率，就可以对宏观经济做出调整。

相对于货币主义僵硬的单一规则或固定规则，控制短期利率的方式是一种灵活的方式。与货币主义控制基础货币的增长率相比，控制短期利率的方式更适用于通货膨胀率的多变性和不确定性特征。

西方许多经济学家都认为，联邦基金利率是美联储最主要的货币政策手段，是最好的货币政策指示器。[①] 美联储对基础货币的垄断供给，赋予了它对联邦基准利率的控制权，而这种控制权为美联储货币政策的制定和实施提供了保障。

例如，当1997年亚洲金融危机扩散到拉美地区并对全球经济造成威胁时，美联储果断地在10周内连续三次降息，创造了美国历史上最快的降息速度，成功地化解了迫在眉睫的金融灾难。在2001—2002年间，针对经济衰退大幅度的一连串降息，联邦基金利率由6.5%降至1.75%。尤其是在美联储的所谓"格林斯潘时代"（1987年8月至2006年1月），成功地利用利率工具调控宏观经济，出现过美国历史上最长的经济增长期（此间，1990—1991年和2001年，有过轻微的经济衰退），经济增长率年均3%左右，平均失业率徘徊在5.5%左右。

中国人民银行针对比较严重的通货膨胀，为了加强银行体系的流动性管理，在灵活地开展公开市场操作的同时，2007年6次上调金融机构人民币存贷款基准利率，并配合10次上调存款准备金率，以及2007年以后不断实施的政策措施，股票市场中的泡沫不断被挤出，人们曾经担心中国经济将成为日本泡沫经济翻版的条件已经不复存在。而实体经济的发展形势良好，前6个月的经济增长率为10.4%，表现出稳定而快速增长的态势。

2015年，中国人民银行针对经济增长存在的下行压力，多次降低金融机构人民币贷款和存款基准利率，配合降低存款准备金率。在微观层面，是进一步降低社会融资成本；而在宏观层面，是为"稳增长、调结构"提供更好的货币环境。

---

① ［美］卡尔·E. 瓦什：《货币理论与政策》，彭兴韵等译，中国人民大学出版社2001年版，第15页。

在华尔街金融海啸爆发以后的 2008 年 10 月 8 日，世界主要国家的中央银行包括美联储、欧洲中央银行、中国人民银行几乎同时宣布降息，以遏制国际金融危机对宏观经济的影响。这说明，通过调整基准利率以解决宏观经济问题仍然是各国中央银行的共识。尽管有不少人对降息的有效性提出过质疑，但是，从长期来看，当经济衰退需要刺激经济增长时，降息的做法仍不失为最重要的货币政策工具。

综上可见，尽管金融创新和金融体系的变革导致货币定义呈现出模糊性特征，但基础货币在货币体系中的基础性地位依旧是清晰的。中央银行垄断基础货币的供给绝不能因为货币定义模糊性而动摇，货币政策的着力点仍然是基础货币，社会公众应该对负责任的中央银行树立信心并给予信任，尤其是在面临经济周期波动的时期。

（执笔人：刘秀光　吴铁雄　康艺之）

对经济浸泡在流动性中的重新认识

一　引言

凯恩斯在其《就业、利息和货币通论》中提出了流动性偏好概念，以及流动性偏好函数或储藏货币的倾向。在经济学界一般认为，凯恩斯的流动性偏好，是指人们对货币资产的偏好，也就是对货币的需求，而流动性是指经济体系中的货币或货币存量。

凯恩斯认为，投机性货币需求函数以及与此相联系的流动性偏好函数是不稳定的。由于投机性货币需求是货币总需求的重要组成部分，因此，货币总需求也是不稳定的。这就给经济中的总需求、产出和价格水平带来很大的不确定性，进而导致影响投资者预期变化的货币政策具有相当大的风险性。据此，凯恩斯更支持使用财政政策而不是货币政策作为稳定宏观经济的政策。

1959 年英国议会委员会的《拉德克里夫报告》支持了凯恩斯的上述观点。该报告指出，货币是一种流动性资产或金融资产，与商业信用和中短期债券相比，由于货币供给只是流动性资产总供给中很小的一部分，如果对货币供给加以限制，只会导致其他金融资产对货币的替代，而对总需求不会产生重要的影响。于是，经济就"浸泡在流动性中"。不过，20 世纪 60 年代之前，《拉德克里夫报告》的观点并没有被货币分析和经验研究所证实。[①]

---

① ［加拿大］杰格迪什·汉达：《货币经济学》，郭庆旺等译，中国人民大学出版社 2005 年版，第 56 页。

　　重新认识经济"浸泡在流动性中"。主要从货币定义扩展、金融工具创新和虚拟经济膨胀三个方面，对《拉德克里夫报告》所说的经济"浸泡在流动性中"的观点在新的经济形势下重新认识，从中得出的基本看法是，20世纪70年代以来，由于货币定义的扩展，较宽的货币总量把货币概念与流动性概念融为一体①，金融工具创新使货币的替代品急剧增加，导致虚拟经济领域过度膨胀，虚拟经济正在吞噬实体经济②，金融资产的增值使其与实体经济的距离越来越远，我们将其称为现代意义上的经济"浸泡在流动性中"。

　　解读经济"浸泡在流动性中"的现代意义，有助于在金融成为现代经济核心的背景下，正确认识流动性资产总供给的变动对金融市场稳定性的影响，以及对经济增长的作用，从而为制定和实施货币政策提供依据。需要指出的是，尽管流动性过剩与经济"浸泡在流动性中"（简称"浸泡现象"，下同）的含义并不一致，但两者的成因与表现也有某些相似之处。

　　所谓流动性过剩，是指相对于货币需求而言货币投放量过多，这些多余的货币供给没有用于消费和投资，于是导致经济过热或者通货膨胀。出现流动性过剩有多种原因，如持续的国际贸易顺差、货币供给量过多、基准利率保持在低水平等。例如，2007年前后，美国、日本和欧盟等世界主要经济体持续实施低利率政策，跨国资本流动日趋活跃，使得世界范围内流动性过剩问题日益严重。

二　货币定义扩展是"浸泡现象"的基础

　　《拉德克里夫报告》所说的"浸泡现象"没有被证实，基本原因是货币定义的狭窄，以及货币与其他金融资产之间替代关系存在的障碍。在20世纪六七十年代以前的相当长的时期内，活期存款不能作为支付手段，并且受到了多方面的管制。例如，银行不能为其支付利息或者只支付比储

---

　　① ［加拿大］杰格迪什·汉达：《货币经济学》，郭庆旺等译，中国人民大学出版社2005年版，第192页。
　　② 朱绍文：《日本"泡沫经济"的破裂及其教训》，《日本市场经济》1993年第1期。

蓄账户低得多的利息，并且保留一定数量的准备金。因此，根据货币的职能来定义货币，执行支付手段的职能意味着只有通货才是货币。这样，由于通货在货币总供给中所占比重很小，并且难以与其他金融资产之间相互替代。

虽然自凯恩斯革命以来，西方发达国家的商业银行试图规避活期存款不支付利息的金融管制，于是活期存款的替代品——支付利息的无风险金融资产被创造出来。但是，由于政府对金融业的严厉管制等原因，"各类研究都认为这些资产是活期存款的非常相近但并不完全的替代品"。[1] 因此，经济不会出现"浸泡现象"。

20世纪70年代以来，西方发达国家经济社会发展的需要促进了金融发展，而金融发展的重要标志是货币定义扩展。当货币定义扩展以后，"流动性"的含义变得更为宽泛了，其含义不仅包括《拉德克里夫报告》时期的货币，而且扩展至几乎所有的金融资产，这就为"浸泡现象"的出现打下了基础。重要的根据是，货币定义要能对名义国民收入和其他相关宏观经济变量的变化提供解释和预测。于是，这一时期的观点是，比通货加活期存款（通货＋活期存款＝M1）更宽的货币定义能更好地解释相关的宏观经济变量。[2]

由于"浸泡现象"与通货存量和其他金融资产存量的比率有关，因此，研究影响该比率的因素有助于认识"浸泡现象"的出现。假设通货存量为C，活期存款以及其他金融资产存量为D，…，n，那么，通货存量和其他金融资产存量的比率为：

$C/(D, \cdots, n)$

$C/(D, \cdots, n)$ 不仅取决于是否支付利息，而且与银行业的管制程度、金融发达程度和名义国民收入有关。具体地说，政府对银行业的管制程度越强，金融越不发达，$C/(D, \cdots, n)$ 就越高。这是因为，政府对银行业的管制程度越强，执行支付手段职能的主要是通货；金融越不发达，例如，在金融不发达的农村地区，金融机构的分支机构少甚至没有，通货比活期存款以及其他金融资产更具有优越性，于是人们更多地持有通

---

① ［加拿大］杰格迪什·汉达：《货币经济学》，郭庆旺等译，中国人民大学出版社2005年版，第10页。

② 同上书，第11页。

货，C/（D，…，n）就必然很高；由于 C/（D，…，n）与名义国民收入同方向变动，支出的增长就要求增加通货的持有量，因此，该比率就较高。

总之，就金融产品创新、金融发达程度和收入增长而言，如果金融体制存在着阻碍金融产品创新的因素，金融产品创新的种类和数量将受到限制；在经济和金融欠发达地区，社会公众持有通货的比例远大于金融发达地区；经济增长带来了收入和储蓄的增加，如果增加的储蓄没有转化为消费和实体经济的投资，就会沉淀在金融储蓄机构和社会公众持有，以及进入虚拟经济领域。在上述情况下的 C/（D，…，n）就较高，于是将出现"浸泡现象"。

三　金融工具创新是"浸泡现象"的动力

金融工具创新的金融衍生工具，扩大了金融市场的规模，金融资产的多样化给投资者带来了新的投资机会和新的投资组合方式。进入 20 世纪 80 年代，金融创新出现的金融衍生工具种类已经超过 1200 种。1996—1997 年，有组织市场中金融衍生工具交易余额增长了 25 万亿美元，到 2000 年年底，金融衍生工具余额为 951990 亿美元，大大超过同期的国际信贷和证券融资余额的 188719 亿美元。[1] 在国内金融市场上，金融工具创新带来的大量金融衍生工具所产生的后果与国际金融市场有所不同。

首先，当货币政策的调整或者其他经济与非经济的原因导致某些金融资产的价格提高时，通货、活期存款和储蓄存款对增加的并且价格提高的金融资产具有不断降低的替代弹性。例如，当股票价格提高时，股票对通货将表现出更高的替代率。这种替代过程，就是金融资产形态的转换过程。

2007 年，中国股票市场的两次大规模调整，分别出现在 6 月和 11 月，而居民储蓄存款在这两个月前后的变化也非常明显。从 3 月开始，居民储蓄存款进入负增长，进而是居民储蓄流入股票市场买卖股票。但是，

---

① 黄金老：《金融自由化与金融脆弱性》，中国城市出版社 2001 年版，第 111 页。

由于股票市场大跌的"5·30"，以及之后股票市场的调整，使 6 月的居民储蓄激增 1678 亿元，在此之前流入股票市场的资金又向银行回流。而随着股票市场调整的结束，居民储蓄从 7 月开始再次流入股票市场，10 月居民储蓄存款下降了 5062 亿元。这样的下降幅度，在此前的数年都不曾出现过。

其次，其他金融资产的种类和数量越多，M1 甚至 M2 对其他金融资产的替代率就越低。20 世纪 90 年代，银行和其他类型的金融中介机构的混业经营，不仅增加了金融业的竞争，也改变了通货、活期存款、储蓄存款和其他金融工具之间的替代程度。

例如，银行共同基金的出现，可以通过银行购买债券和股票。银行存款和银行共同基金之间电子转账的出现，使经济单位为了交易并不需要持有大量通货、活期存款和储蓄存款，因而 M2 的数量也在一定程度上减少了。这一变化就是 M1 以及 M2 对其他金融资产的替代率递减趋势，而替代率递减趋势加速了"浸泡现象"的形成。

最后，货币流通速度的变化影响金融资产的替代关系。货币流通速度 $V = Y/M$，也就是名义收入或名义总需求与货币存量的比率。例如，1987 年，日本呈现出较低的货币流通速度，为 1.059。这与以往相比是"极为罕见的货币过剩现象"，这一现象此后仍然没有改变。1988 年为 1.043，1989 年为 1.034，1990 年为 1.01。没有转向名义总需求的过剩流动性就会用于土地和股票投机[1]，这就是"浸泡现象"的重要表现。

在开放经济以及弹性汇率条件下，各种通货的收益被认为是相等的，因此，是良好的替代物，但本币才是支付手段的"优先栖息地"。因为当外币不被接受为支付手段时，除特殊情况外，外币对本币的替代性很低或为零。[2] 但是，当本币升值、中央银行买入外币、抛出本币干预市场时，本币供给将迅速增加。

例如，日本在 1985 年 9 月《广场协议》签订以后不久，日本银行为了避免日元过快升值，通常以"抛售日元购买美元"的方式干预市场。

---

[1] ［日］宫崎义一：《泡沫经济的经济对策——复合萧条论》，陆华生译，中国人民大学出版社 2000 年版，第 101 页。

[2] ［加拿大］杰格迪什·汉达：《货币经济学》，郭庆旺等译，中国人民大学出版社 2005 年版，第 225 页。

其结果是，日本外汇储备急剧增加。日本银行 1987 年 3 月 31 日公布的购买美元干预市场的金额高达 43510 亿日元，是 1971 年的 2.5 倍，也是第二次世界大战后的最高纪录。[①]

日元资金大量流入国内的金融市场，日本银行虽然采取了用出售政府短期债券来吸收因干预市场释放出来的日元剩余资金，但是，这一措施是很有限的，结果造成货币供给量过剩，最终催生了泡沫经济的形成。其根源就是《广场协议》以后的日元升值，货币供给量猛增成了价格飞涨的原动力。[②]

四 虚拟经济膨胀是"浸泡现象"的表现

更宽的货币定义、金融工具的创新以及货币创造能力的提高，致使经济中的货币供给量不断增加。通过金融工具创新等增加的货币量，沿着两条路径对经济产生影响。

一条路径是实体经济领域。主流观点认为，货币供给量的增加在增加产出的同时，将促使价格水平上涨。从长期来看，增加的货币供给量，最终会反映到价格上，在长期货币是中性的。[③] 特拉维恩（1993）在讨论货币的标准理论时，恰当地将货币描述为"经济活动必不可少的而本质上又是中性的润滑剂"。[④] 因此，如果货币是中性的，经济就"浸泡在流动性中"。

另一条路径是虚拟经济领域。增加的货币供给量如果没有被实体经济所吸收，就势必进入虚拟经济领域，导致虚拟经济过度膨胀，具体表现为经济"浸泡在流动性中"。

对于实体经济和虚拟经济，更需要关注的是虚拟经济。因为伴随着

---

① ［日］宫崎义一：《泡沫经济的经济对策——复合萧条论》，陆华生译，中国人民大学出版社 2000 年版，第 98—99 页。

② 同上书，第 103 页。

③ ［美］保罗·萨缪尔森、威廉·诺德豪斯：《经济学》第十七版，萧琛主译，人民邮电出版社 2004 年版，第 451 页。

④ ［加拿大］约翰·史密森：《货币经济学前沿：论争与反思》，柳永明等译，上海财经大学出版社 2004 年版，第 19 页。

20 世纪七八十年代的金融创新，虚拟经济不断膨胀，对经济社会发展产生了新的影响。据统计，1986—1997 年，全球金融期货的交易余额从 6183 亿美元猛增至 122073 亿美元。其中，利率期货交易余额增长 19 倍。1987—1996 年，利率互换交易余额从 6829 亿美元增至 191709 亿美元，年增长率高达 300% 。①

根据国际结算银行的统计以及估算的数字，全球外汇市场每日的交易额，1973 年只有 200 亿美元，1986 年增至 2070 亿美元，1989 年为 5900 亿美元，1992 年为 8200 亿美元，1995 年为 11900 亿美元，1996 年为 13500 亿美元，1997 年为 15400 亿美元。到 2000 年年初，一年的国际流通资金高达 400 万亿美元，而满足各国国际贸易和国际投资所需的资金，仅仅需要 8 万亿美元。在剩余的资金中，有相当部分用来进行金融投机交易。

按照国际清算银行的统计，1994 年和 1995 年，每天汇兑市场的交易额高达 14000 亿美元，而与国际贸易相对应的交易额仅占 5%—8% 。全球资金市场仅仅两个星期的交易量，就超过全世界一年实际贸易和投资对资金的需求量，其余 50 个星期的交易活动纯粹是投机交易。彼得·德鲁克在其《发生变化了的世界经济》（1986 年）一文中指出，较之商品及劳务的交易，资本转移成了左右世界经济的原动力。

虚拟经济对经济社会发展的积极作用是不可否认的。虚拟经济对经济增长的贡献，主要表现在提高资源的配置效率和经济运行效率，以及虚拟经济产值的增加促进 GDP 的增长等方面。成思危在《2006 中国金融工具创新报告》的"总序"中指出，实体经济是经济中的硬件，虚拟经济是经济中的软件，它们是相互依存的。

虚拟经济中泡沫的扩张机制，可能对经济健康可持续发展产生许多不利影响，甚至会引发金融危机。1997 年 7 月东南亚爆发经济危机的国家，就是因为其实体经济比较脆弱，国际游资从攻击其货币体系开始，最终导致这些国家实体经济的破坏。这说明，只有健康发展的虚拟经济，才能对实体经济的发展提供资金支持。

如果虚拟经济过度膨胀，金融危机、股票市场和房地产泡沫就酝酿在

---

① 黄金老：《金融自由化与金融脆弱性》，中国城市出版社 2001 年版，第 111 页。

其中了。其主要原因在于，数额巨大的金融交易在由专业金融机构相互关系组成的封闭领域中进行，这些交易没有商品和实物投资相对应。于是，通过金融内部封闭领域的交易形成并不断膨胀的虚拟增值，距离实体经济越来越远，从而使"浸泡现象"日趋严重。

虚拟经济的发展程度可以从经济证券化率反映出来。通常认为，经济证券化率（股票总市值/GDP）是衡量一国或地区证券市场发展程度的重要指标。一国或地区的经济证券化率越高，意味着证券市场在该国或地区的经济体系中越重要。中国经济证券化率在 2005 年年底还不足 18%，而到 2007 年年底就接近 100%。与其他市场相比，2005 年年底，美国经济证券化率高达 130%，日本、韩国和印度等国约为 100%，东盟国家是 70%—80%。

经济证券化率的高低并不能完全表明一国或地区经济的健康与否，尤其是当股票市场出现非理性繁荣时，其经济证券化率指标更值得怀疑。日本 1989 年年末的股票市值高达 630 万亿日元，当年的 GDP 为 406 万亿日元，经济证券化率为 155%。而正是在 1989 年 12 月 29 日年终最后一场交易中，日经 225 种指数暴跌 48%，而这一天就是日本泡沫经济崩溃的"纪念日"。

2007 年 8 月 9 日，中国沪深股票市场的总市值曾经达到 21.15 万亿元，超过 2006 年 GDP 的 21.09 万亿元，经济证券化率也大于 100%。也正是在这一天，股票市场开始了一波股票价格上涨的行情，最高涨幅达到 513.6%。尽管 2007 年的经济增长率 14.2%，高于 2006 年的 12.7%，但是，也看不到股票价格上涨与经济增长率提高之间的联系。在 2015 年 5 月的一段时间内股票价格暴涨，而 2015 年 6.7% 的经济增长率低于 2014 年的 7.4%。

上述分析说明，经济状况与经济证券化率和股票市场的股票价格之间并无必然的联系。不过，经济社会发展要求货币政策密切注视现代意义上的经济"浸泡现象"，以保证货币定义扩展、金融工具创新和虚拟经济的规模不至于偏离实体经济稳定可持续发展的轨道。

（执笔人：刘秀光　吴铁雄　康艺之）

泡沫经济与加尔布雷思法则的关系

一 引言

美国经济学家加尔布雷思指出，自 17 世纪初郁金香泡沫以来，人类在历史上的某一个地方每隔 60—100 年就要遭受一次极大的泡沫。日本经济学家斋藤精一郎将这一现象称为"加尔布雷思法则"。从 1929 年 10 月 24 日纽约股票市场崩盘的"黑色星期四"，到大约 60 年后的 1990 年东京经济泡沫破灭，日本经济泡沫奇异地证明了加尔布雷思法则。①

泡沫经济及其崩溃一般能够从股票和房地产的价格中得到最直观的反映。美国的股票市场从 1982 年开始，连续五年上涨，涨幅将近 140%。1987 年 10 月 19 日股票市场的"黑色星期一"，6 个小时内跌去其价值的 22%。泡沫经济崩溃引发了金融恐慌和经济萧条。1929 年美国股票市场的崩盘，不仅给股票市场投下了几十年的阴影，同时也拉开了痛苦而漫长的 20 世纪 30 年代大萧条的序幕。②

日本股票市场和房地产市场的泡沫最终演变为从 1986 年 12 月至 1990 年 4 月的"泡沫经济时期"，日本经济遭受了历史上最大的泡沫破灭的袭击，导致日本经济 1991—2000 年的通货紧缩。1992—1994 年，日本 GDP 的实际增长率分别为 0.4%、0.5%、0.6%，1997 年甚至为 -0.1%，1998 年为 -1.9%。泡沫经济的崩溃，导致日本银行业出现巨额不良债权。据日本银行的推算，城市银行、长期信用银行、信托银行和地方银行

---

① ［日］斋藤精一郎：《现代金融导论》，王仲涛译，商务印书馆 2006 年版，第 26—27 页。
② ［美］保罗·萨缪尔森、威廉·诺德豪斯：《经济学》第十七版，萧琛主译，人民邮电出版社 2004 年版，第 429 页。

等合计不良债权额为 45 万亿—53 万亿日元。

日本银行的货币政策在严重的通货紧缩面前显得无能为力。例如，1998 年 9 月，日本银行为刺激经济，将隔夜拆借利率降至 0.25%，1999 年 2 月 12 日，更是开始实行零利率政策。但是，这些货币政策措施却难以使日本经济复苏。

2004—2007 年前后的一段时间内，关于中国的股票市场和房地产市场是否存在着泡沫，曾经引起过激烈的争论。抛开这些已经是"过去式"的争论，通过比较分析中日股票和房地产价格的波动，回答中国经济是否适用加尔布雷思法则，同时要"以史为镜"，从中得到一些新的启示。

二　日本与中国股票和房地产价格的波动

（一）日本股票和房地产价格的波动过程

进入 20 世纪 80 年代后半期以来，日本的股票市场价格就不断上涨。1985 年年末，日经平均股票价格为 13113 日元，不到两年的时间，1987 年 10 月涨至 2.6 万日元，股票价格上涨了 12887 点，涨幅约为 98.28%。1988 年年末，股票价格平均达到 3 万日元。1986—1989 年的市盈率分别为 47.3 倍、58.3 倍、58.4 倍和 70.6 倍。其间，1989 年 4 月曾一度高达 78 倍。

1987 年年末，日本的股票总市值占全世界股票总市值的 41.7%，其股票市场规模超过美国，成为世界第一，但是，日本当时的 GDP 只有美国的 60%。1989 年 12 月 29 日，东京交易所年终最后一次开盘的日经平均股票价格高达 38915 日元，相当于 1985 年年末的 3 倍，上涨了 25803 点，涨幅约为 196.79%。此时，股票总市值从 1985 年年底的 196 兆日元升至 630 兆日元，占同年 GDP 的比例由 60% 升至 160%[①]。

从 1989 年 5 月起，日本银行企图抑制股票市场的泡沫，将贴现率提高至 1990 年 8 月的 6%。但是，不断提高贴现率的货币政策反而加速了泡沫经济的破灭，股票市场从 1989 年年末的最高值迅速暴跌。到 1992 年

---

① 朱绍文:《日本"泡沫经济"的破裂及其教训》,《日本市场经济》1993 年第 1 期。

7月22日，猛跌至1.4兆日元，跌幅高达60%，基本上回到了1985年的水平。至此，股票指数比最高峰时下降了63%。[①] 日本经济泡沫破灭的规模在世界上是最大的、空前的。[②] 图1显示了1981—1992年日本（日经）股票市场价格走势。

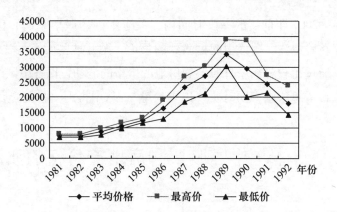

图1　1981—1992年日本（日经）股票市场价格走势

资料来源：日本银行经济统计年报（1992年）。

　　日本土地价格的暴涨出现在1985—1990年间。1987年1月，日本国税厅公布47个都道府县所在地的最高临街土地价格的平均值比1986年上涨了19.6%，是1986年上涨率9.1%的两倍多。如此高的上涨率，是自因"日本列岛改造计划热"而造成土地价格上升的1972—1973年以来没有过的。被称作"狂乱地价"的土地价格上涨率，已接近1971年的28%、1972年的24%和1973年的20%的上涨程度。1987年之后，最高临街土地价格上涨的态势仍然非常明显。1988年为23.7%，1989年为28.0%，1990年为28.7%，均超过（1987年的）狂乱地价。[③]

　　20世纪80年代中期以前，日本的房价收入比一直持续在比较合理的4—5倍。但是，在泡沫经济崩溃前的1990年，东京圈的房价收入比猛增

---

① 朱绍文：《日本"泡沫经济"的破裂及其教训》，《日本市场经济》1993年第1期。

② ［日］斋藤精一郎：《现代金融导论》，王仲涛译，商务印书馆2006年版，第43页。

③ ［日］宫崎义一：《泡沫经济的经济对策——复合萧条论》，陆华生译，中国人民大学出版社2000年版，第102页。

至 10 倍，而东京圈的核心地区则高达近 20 倍。

日本股票市场和房地产市场泡沫的直接表现就是价格水平的上涨，而价格水平的上涨源自货币供给量的增加。1985 年 9 月，《广场协议》迫使日元升值，日本政府为了减少日元升值给经济带来的损失，实施扩张的财政政策，以及采取降低利率、放松信贷等扩张的货币政策，于是造成了流动性过剩。结果是加快了向不动产的贷款速度和扩大贷款规模，以及大量资金投向证券市场。这就是日本所谓的疯狂时代。①

《广场协议》以后，贷款的变化和资金的流向，为日本泡沫经济的形成埋下了祸根。在下表所示的货币供给（M2 + CD，CD 为大额存单）增长率与名义 GDP 之比中，1986—1987 年，货币供给增长率是名义 GDP 的两倍，说明这一时期货币供给量的增长是泡沫经济形成的通货因素。

名义 GDP 增长率与货币供给增长率的变动　　　　　单位:%

年份	名义 GDP 增长率（A）	M2 + CD 增长率（B）	B/A
1985	6.4	8.4	131
1986	4.4	8.7	198
1987	4.0	10.4	212
1988	6.4	11.2	175
1989	7.1	9.9	139
1990	7.6	11.7	154

资料来源：生野重夫：《现代日本经济历程》，第 129 页。

当泡沫经济出现并接近破灭之时，日本政府对此作做了两个错误的判断：没有正确认识泡沫经济的规模；只要实施传统的经济政策就可以解决困难。在此情况下，当 1990 年 1 月东京股票市场的股票价格暴跌、1991 年秋达到顶峰的土地价格开始下跌，股票神话和土地神话已经崩溃之时，日本政府和经济界以及国民都错误地认为泡沫破灭只是"远处的雷声"，资产价格的下跌不过是孤立的股票价格和土地泡沫的调整。

---

① ［日］堺宪一：《战后日本经济》，夏占友等译，对外经济贸易大学出版社 2004 年版，第 151—152 页。

（二）中国股票和房地产价格的波动过程

1980—1991 年是中国证券市场的复苏和起步时期。2001 年 6 月以后的四年半时间，股票市场的行情低迷。2005 年，A 股市场在大部分时间内都处于较低的估值水平，2005 年 12 月初，G 股（股权分置改革试点股票）的平均市盈率降至 10 倍。

图 2 显示了 2005 年 10 月至 2007 年 8 月中国股票市场价格的波动过程。股票价格自 2006 年 10 月呈现急剧攀升的态势，2007 年 8 月 3 日，沪深两市股票总市值达到 20.31 万亿元，较 2006 年年末上涨 128.5%。2005 年 12 月 31 日，沪深两市股票总市值仅为 3.12 万亿元，不到两年的时间，沪深股票总市值就从 3 万亿元激增至 20 万亿元。

2007 年 8 月 9 日，沪深两市股票总市值达到 21.15 万亿元，超过 2006 年中国 21.09 万亿元的国内生产总值。10 月 11 日，沪市平均市盈率已接近 70 倍，而 2005 年 12 月 29 日收盘时，上证 A 股的市盈率仅为 16.32 倍，沪深两市 A 股的平均市盈率为 18.09 倍。

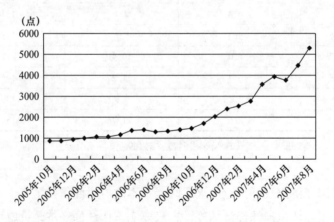

图 2　2005 年 10 月至 2007 年 8 月股票市场价格走势

资料来源：根据国家统计局公布的相关资料。

中国的房地产价格从 20 世纪 90 年代中期以来不断上涨，随后数年价格上涨的趋势更为显著。2004 年全国商品房平均销售价格，比 2003 年上涨约 15.2%，是 1996 年以来的最高涨幅。2004 年以后又继续上涨，涨幅为 14.4%。截至 2010 年 6 月，全国 70 个大中城市商品房的价格同比上涨 11.4%。早在 2005 年年初一些主要城市的房价收入比就远远在国际标准之上，并已达到或超过日本泡沫经济时期东京地区的房价收入比。[①]

三 中日相关经济问题的比较分析

2005 年前后，有一种看法认为，中国所面临的股票和房地产价格的形势，与日本泡沫经济形成时期的形势是相同的，因此，担心中国经济将成为日本泡沫经济的翻版。对此，有必要通过中日相关经济问题的比较分析，以厘清一些理论和实际问题。

（一）中日股票和房地产市场的相似性

其一，中（沪市）日股票市场的市盈率曾经分别为接近 70 倍、超过 70 倍的高市盈率，股票价格的涨幅也都是在不到两年的时间内分别暴涨为 66.70%、98.28%，而高市盈率和短期内的股票价格暴涨确实是股票市场泡沫的基本表现。

20 世纪 90 年代，日本的股票总市值超过了其国内生产总值的规模。中国 2007 年股票市场的规模，也超过了 2006 年中国的国内生产总值。这些指标既是经济证券化水平提高的表现，又是股票市场存在着泡沫的反映。

其二，日本曾经疯狂地信奉股票神话，全社会一时间热衷于股票的投资或投机。2007 年 5 月 28 日，中国的沪深两市账户总数突破 1 亿大关，也显示出全民炒股现象。股票价格急剧上涨的历史教训告诉人们，价格抬升源于希望和梦想，而非源于公司利润和股息分红的迅速升高，如果一种狂乱的情绪充斥市场，则可能导致投机泡沫和市场崩溃。[②] 在中国的股票市场中，这样的危险性确实曾经存在过。

其三，与日本类似，中国也是一个高储蓄率的国家，同样面临着储蓄向资本市场的快速流入，这种快速流入是形成股票市场泡沫的基本因素。2007 年 5 月的金融数据表明，当月居民储蓄减少了 2784 亿元，创下历史

---

① 韩振国：《商业银行危机与房地产泡沫破裂临界值的研究》，《首都经济贸易大学学报》2006 年第 5 期。

② ［美］保罗·萨缪尔森、威廉·诺德豪斯：《经济学》第十七版，萧琛主译，人民邮电出版社 2004 年版，第 429 页。

上最大降幅，居民存款主要流入了股票市场，而此时恰好是沪深两市账户总数突破 1 亿元大关的月份。

其四，日本在第二次世界大战以后的 40 多年间，创造了实现经济繁荣的"经济奇迹"。1960 年，日本的 GDP 总量仅占世界 GDP 的 3%，而 1986 年竟占世界 GDP 的 11.8%。中国经济自改革开放以来，保持着高速增长的趋势，其中，在 2002—2006 年的 5 年间，年均经济增长率为 10.4%，2007 年的经济增长率为 14.2%。但是，历史表明，泡沫经济往往就是在经济繁荣时期酝酿产生的。

其五，日本泡沫经济的形成和崩溃过程是伴随着日元升值的过程，尤其是《广场协议》的执行，使日元和美元以罕见的速度朝着日元升值、美元贬值的方向推进[1]；中国自 2005 年 7 月 21 日开始，人民币兑美元一次性升值 2%，而中国股票市场价格暴涨的局面，也恰恰是在人民币升值以后出现的。虽然这次人民币升值与股票市场价格暴涨之间的关系，并不能肯定它们之间存在因果关系，但至少在表面上看是一种因果关系。

日本在泡沫经济形成期间，没有及时解决泡沫经济的继续蔓延。而在泡沫经济崩溃以后，其经济又陷入长期的衰退。日本政府和日本银行虽然基本上是实施了空前未有的、竭尽全力的财政干预以及超金融政策，但是，股票市场和土地价格持续异常的长期低迷。[2]

例如，2001 年 2 月，日本银行将贴现率从 0.5% 降为 0.35%，希望利用贴现率政策鼓励商业银行向中央银行借款以应付日常的资金需求；日本银行放弃了控制隔夜拆借利率的传统政策，转向放松货币供给量的激进政策，企图以此推动消费者和企业增加支出，进而推动价格上涨。可是，这些手段在促进消费和投资支出方面作用甚微。

（二）中日金融制度的简单比较

一定时期的金融制度对于金融业乃至整个宏观经济的稳定可持续发展至关重要。日本经济学家斋藤精一郎认为，第二次世界大战后，日本的金融体制最引人注目的是其稳定性。[3] 稳定的金融结构被日本经济学界称作

---

① ［日］宫崎义一：《泡沫经济的经济对策——复合萧条论》，陆华生译，中国人民大学出版社 2000 年版，第 94 页。

② ［日］斋藤精一郎：《现代金融导论》，王仲涛译，商务印书馆 2006 年版，第 24 页。

③ 同上书，第 61 页。

"护航舰队方式"，这种方式的金融结构促进了日本经济的发展，而日本的泡沫经济正是产生于布雷顿森林体系解体之后的"无海图航海"时代。

自 20 世纪 80 年代初开始，日本的金融制度以放松管制为特征，进行了一系列改革，包括金融业务综合化、金融市场自由化。1981 年的新《银行法》是日本的金融体制从分业经营到混业经营转变的标志。该法律的实施为金融自由化初期银行业和证券业利用高利率商品过度竞争提供了合法性。1984 年又放弃了"金融锁国"体制，实现了日元自由兑换和资本自由化。这一时期的金融制度对货币政策的效力产生了许多不利影响。例如，混业经营体制导致银行之间、证券公司之间、银行与证券公司之间高利率商品的开发热不断升温，竞争日趋激烈，这也是泡沫经济形成的重要原因。

中国的金融体制正处于改革的进程中，尽管表面上看金融体系的效率和金融业的竞争程度仍然需要提高和增强，但是，资本账户在一定时期内实施管制这样的制度安排，可以比较有效地控制金融风险，尤其是能够阻止国际游资进入资本市场引发泡沫经济和金融危机。

日本的汇兑管理制度采用的"实际需求原则"，曾经严格限制了以投机为目的的期货交易。但是，这一原则在 1984 年 4 月取消以后，企业和投资家可以进行与实物交易无关的自由期货交易；1984 年 6 月，废除了旨在抑制海外投资资金的流入，将日本的国外银行吸收的外汇兑换成日元的"日元转换限制"政策。从此以后，日本的商业银行就可以不受数量的限制，将外汇自由地换成日元或者吸收欧洲日元，并将其运用于国内市场。到 1986 年，日元转换余额为 52000 亿日元，与 1984 年 5 月底的 2700 亿日元相比，增加了将近 20 倍。[①] 这些制度安排先后被取消或者废除，为日本泡沫经济的产生埋下了伏笔。[②] 利用"金融三角形"可以进一步说明取消金融交易壁垒的后果。

---

① ［日］宫崎义一：《泡沫经济的经济对策——复合萧条论》，陆华生译，中国人民大学出版社 2000 年版，第 91 页。

② ［日］堺宪一：《战后日本经济》，夏占友等译，对外经济贸易大学出版社 2004 年版，第 144 页。

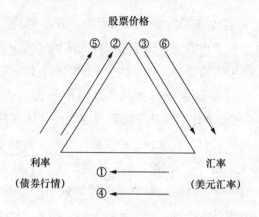

图3　金融三角形

资料来源：斋藤精一郎：《现代金融导论》，王仲涛译，商务印书馆2006年版，第53页。

　　金融三角形显示了金融全球化条件下汇率、利率和股票价格之间的关联性。金融三角形可以说明1987年美国"黑色星期一"的通货逻辑。"黑色星期一"之前，联邦德国为了防止通货膨胀而提高利率。由此导致美国和联邦德国之间的利差缩小，外汇市场向美元贬值变化。但是，美国是债务国，必然依靠资本流入减少债务。如果因美国和联邦德国之间的利差缩小，美国资本流出增加将导致美元贬值（如图中的①）；由于美元贬值，进口商品的物价上涨，并且通货膨胀的预期加强。债券市场利率将要提高的感觉增强，利率便上升（如图中的②）；股票市场抛售股票增加，股票价格下跌（如图中的③）。在此情况下，如果没有其他原因，金融市场会趋于平静。但是，如果以前流入美国的资本过大，股票下跌会使流出美国的资本加速，导致美元急剧贬值（如图中的④），利率进一步上升（如图中的⑤），股票价格暴跌（如图中的⑥）。

　　从金融三角形中可以看出，之所以存在"黑色星期一"的通货逻辑，其中的重要原因是金融全球化取消了金融交易的壁垒，金融管制的能力随之下降所致。

（三）比较中日股票和房地产价格攀升机制

　　股票价格和房地产价格的过度膨胀，是构成日本泡沫经济的两大主要因素，并且存在着正相关的关系。具体来说，日本股价暴涨的相当一部分是受土地价格暴涨所牵动的。股票投资的基础本来应该是公司的业绩，但是，由于信奉土地神话的风气盛行，投资者便从关注公司的业绩转向了公司所拥有的土地资产。

对那些拥有较多土地资产的公司，即使其生产经营的收益率为零，也会因公司拥有的土地价格上涨而增加公司股票的收益率，这就诱使投资者或投机者纷纷购买这些公司的股票，股票价格由此迅速上涨。与此相反，当1990年1月东京股票市场的股票价格开始暴跌时，1991年秋土地价格也开始下跌，于是土地神话就随之破灭了。

中国的股票价格和房地产价格短期内攀升，但相互之间不存在日本泡沫经济形成过程中表现出的关联性。导致股票价格上涨的因素，在不同的时期有所不同。例如，经济高速增长、人口红利效应、流动性过剩、股权分置改革后价格的释放效应，以及其他经济事件等。其中，对2005年的股票市场走势来说，最大的影响因素莫过于股权分置改革的展开。"权证随股权分置改革而重登历史舞台，并以其独特的TO交易制度获得了投机资金的青睐，充分激发了投资者的参与热情"。①

房地产价格短期内攀升与庞大的住房需求、收入水平的提高、人民币升值、金融支持等关系密切。其中，中国人民银行研究局的《中国房地产发展与金融支持》报告指出，2003年，全国房地产开发贷款6657.35亿元，同比增长49.1%，个人住房贷款11779.74亿元，同比增长42.46%。正是从2003年开始，中国的房地产价格特别是住房价格出现了不断上涨的态势。

自2003年以来，房地产价格不断上涨的态势被抑制且住房价格呈现出下降的趋势，是在2016年12月中央政治局会议提出的，建立符合国情、适应市场规律的房地产平稳健康发展长效机制，以及与之相配套的多项调控房地产市场的政策措施接连出台以后。

中国的股票价格和房地产价格短期内攀升是各自独立的，之所以没有出现日本股票价格暴涨受土地价格暴涨牵动的情况，城镇土地国家所有制是其重要原因。国有土地所有权不能进入房地产市场流转，公司或个人对土地只有使用权而没有所有权。因此，即使土地升值，公司或个人也不允

---

① 王国刚、何旭强：《中国股票市场：2005年回顾和2006年展望》，《财贸经济》2006年第4期。

许私自买卖。当然，土地升值可以提高商品房的价格。但这是商品房的价格提高的内生性因素，而不存在日本股票价格和房地产价格的攀升机制。

中国的商品房土地供应方式（政府出让土地给开发商用于商品房开发）是一种有偿用地制度。尽管这种供应方式也受到类似"土地财政"等的质疑，但是，如果各级地方政府能够准确地执行土地批租政策，则这种供应方式对抑制房地产泡沫是有效的。国土资源部根据调查得出的结论是，房地产价格上涨过快，不是由于土地供应不足，而是监管不力。开发商储备了大量政府已经供应的土地而没有开发建设，致使商品房供应不足，价格上涨。[1] 这一结论说明了中国的土地供应方式并不是决定房地产价格的因素。但是，不断提高的土地出让金，却是推动住房价格上涨的因素之一。[2]

综上所述，虽然中国 2007 年前后的股票市场和房地产市场与日本泡沫经济崩溃之前的情况有诸多相似之处，中国的股票价格和房地产价格也经常出现波动，但在化解经济中的泡沫方面，体现出中国政府宏观调控政策的有效性。由此可以断言，中国并不适用加尔布雷思法则。不过，对经济中的泡沫始终保持清醒的认识，则是宏观经济政策不变的主题。

（执笔人：刘秀光 吴铁雄 康艺之）

---

[1] 宫玉泉：《土地供应政策与房地产市场》，《宏观经济研究》2005 年第 7 期。
[2] 刘秀光：《房地产市场的"宏观调控悖论"及其纠正》，《长白学刊》2010 年第 5 期。

解读货币竞争性发行的哈耶克命题

一 引言

在货币经济学中，有关货币的发行问题，存在着货币的国家化与货币的非国家化两种截然不同的观点。

有的从资源角度出发说明货币的国家化。例如，费希尔（1982）认为，国家要有自己的货币，是为了对资源的节约：国家不必靠赚取外汇来建立本国的货币供给，而可以通过消耗很少的资源来制造自己的货币。有的从铸币税方面赞成货币的国家化。认为政府在发行自己的货币时征收了铸币税，为财政预算提供资金。[①] 有的从政权的角度解释货币的国家化。例如，新货币法定论学派认为，货币是特殊国家的产物，国家具有以货币的形式征收赋税的权力，并且，政府有能力决定经济体系中的基础货币。

倡导货币非国家化的著作和作者，当属《货币的非国家化》以及其作者——1974 年诺贝尔经济学奖得主哈耶克。阿瑟·塞尔登在《货币的非国家化》第二版的序言中称，哈耶克的革命性建议是，用市场中的竞争性私人货币取代国家对货币供应的控制。[②] 哈耶克反对政府控制货币数量，并允许一种自由的货币体系，让各种货币之间相互竞争，通过各种货币之间的相互竞争，最终挑选出一种币值长期稳定的最佳货币。我们可以将哈耶克的这些观点，称为哈耶克命题。

---

① ［美］本杰明·M.弗里德曼、［英］弗兰克·H.哈恩主编：《货币经济学手册》第2卷，陈雨露等译，经济科学出版社 2002 年版，第 1260 页。

② ［英］弗里德里希·冯·哈耶克：《货币的非国家化》，姚中秋译，新星出版社 2007 年版，第 9 页。

　　如果单纯从货币职能的角度观察，本来货币与国家或主权似乎没有关系。例如，古代的耕牛和贝壳、西太平洋岛上的石头货币等，都是在历史上不同时期的货币，而这些货币是在人们的交换中自然产生的。在没有政府干涉的货币体系中，"经济将处于'自然的'货币体系状态之下"。①

　　当货币被看作是经济参与者之间的一种社会关系时，就出现了强调国家（政府或中央银行）对货币作用的理论观点，以货币法定论为代表，这种理论观点认为，货币是国家的货币，中央银行具有垄断货币发行的地位。国家在货币事务中的出现，意味着除国家依据市场的货币需求而供给货币以外，更为重要的是，货币体系和货币秩序要按照国家的意愿来构建。当一国的货币参与国际经济，尤其是成为国际储备货币（例如，美元、英镑、日元、欧元等）以后，无一例外地都带有其发行国的"国家化"色彩。

　　在解读哈耶克命题中需要探讨的问题是，非主流观点的哈耶克命题有什么启示？担当国际储备货币的货币，究竟应该是国家化还是非国家化的？是用主权信用货币还是非主权信用货币来担当国际储备货币，更有利于国际金融体系的稳定？

二　国内不同货币的竞争及其启示

（一）自由竞争难以出现"最具吸引力"的通货

　　自由银行学派主张消除政府对通货和银行事务的干预，建议在金融服务业保持自由放任，对金融市场实行自由化。② 哈耶克赞成自由银行业运动，并且与自由银行学派的主张有共同之处。他倡导国内发行不同的货币，通过竞争性通货发行银行之间的竞争，能够提供一种"最具吸引力"的通货，并且可以控制通货价值的稳定。③

---

　　① ［加拿大］约翰·史密森：《货币经济学前沿：论争与反思》，柳永明等译，上海财经大学出版社2004年版，第24页。

　　② 同上书，第22页。

　　③ ［英］弗里德里希·冯·哈耶克：《货币的非国家化》，姚中秋译，新星出版社2007年版，第65页。

　　在货币和银行发展的历史上，许多国家都曾经实行过自由银行政策。自由银行政策中的商业银行各自发行的银行券流通混乱，信用程度比较低下，因此，极易出现银行危机。例如，美国在 20 世纪 30 年代大萧条之前实行自由银行政策。获得银行执照不需要特殊的立法法案，银行自己若要发钞，仅需要在州监理署注册，并且在州监理署存入州或联邦政府债券。在实行自由银行政策时期，美国商业银行的数量激增，发行的银行券种类繁多。1811 年，美国仅有 88 家州银行，1840 年增至 901 家，1860 年达到 1562 家，不同种类的银行券超过 9000 种。[1]

　　各国频繁发生的银行危机，被认为与实行自由银行政策有很高的相关性。在此情况下，最终由政府垄断货币发行，货币的国家化由此而来。而哈耶克所称之最具吸引力的非国家化的通货，即使在实行自由银行政策时期的金融市场上也不曾真正出现过。

　　在现代市场经济体系中，货币的国家化之所以是必要的，最重要的原因是，货币是一国主权的表现。例如，政府有要求本国居民以自己的通货支付赋税的权力，有独立地制定和实施财政政策与货币政策调控宏观经济的必要，以及以自己的法律形式建立货币制度的能力。总之，"社会的货币与金融结构提供了一个指挥控制系统，有了它，社会政治力量就可以对经济实施引导与控制"。[2]

（二）优胜劣汰机制与竞争机制的作用

　　尽管哈耶克命题与现代市场经济体系中的事实有很大差距，然而，可以从哈耶克命题中阐发出许多新的思考。

　　首先，利用金融市场上的优胜劣汰机制，淘汰那些"劣质"金融产品。金融创新的过程使货币性资产的种类剧增，其数量不断扩大，这也是金融经济发展的必然趋势和重要标志。与此同时，金融市场上"鱼龙混杂"，也经常出现各种劣质金融产品，这就需要利用金融市场上的优胜劣汰机制将其淘汰出金融市场。

　　例如，上市公司股票里的"掺水股"，反映公司的虚假资产状况。20

　　① ［美］詹姆士·R. 巴茨、杰瑞德·卡普里奥、罗斯·莱文：《反思银行监管》，黄毅等译，中国金融出版社 2008 年版，第 224 页。
　　② ［美］本杰明·M. 弗里德曼、［英］弗兰克·H. 哈恩主编：《货币经济学手册》第 1 卷，陈雨露等译，经济科学出版社 2002 年版，第 168 页。

世纪 30 年代大萧条时期曾经盛行的"掺水股",被股票市场的检验所发现,最终被各国证券交易法禁止发行和交易;20 世纪 80 年代的垃圾债券,随着发行者虚假承诺的破灭和许多举债收购公司的倒闭,被踢出了金融市场。相比之下,在竞争的金融市场上,只有那些收益稳定的金融产品,或者真正发挥其本来功能的金融产品才能在市场上立足。

其次,利用金融市场上(与优胜劣汰机制有相同之处)的竞争机制,激励金融业提高服务水平和服务质量,保持并提升其特许经营权价值。在金融市场上,商业银行之间、商业银行与其他金融机构之间、其他金融机构之间存在着竞争关系。只有那些很好地利用竞争机制的激励作用,不断地优化自己的服务水平和服务质量的金融机构,才能长久地保持其特许经营权价值。而那些违反市场规则的金融机构,甚至有金融诈骗劣迹的金融机构,迟早会在市场竞争中被揭露出来,而破产倒闭就是市场对它们的惩罚。

三 国际上不同货币的竞争及其启示

(一)国际上不同货币的竞争极易产生霸权

哈耶克在其《货币的非国家化》第一章中以创建一种新型欧洲货币为例,说明发行超国家的国际性货币问题。但令哈耶克担心的是,超国家的国际性货币不可能完全剥夺政府所拥有的货币垄断权。并且,西欧各成员国与超国家的货币管理当局所追求的政策,不可能达成一致。而发行单一的国际性货币,如果管理不当,在很多方面比一个国家的货币更糟。①

哈耶克所说的发行超国家的国际性货币,应该是纯粹的非主权国际储备货币,是真正"非主权"或"超主权"的。否则,国际上不同货币的竞争极易产生霸权和带有霸权色彩的主导货币。在现实的没有监管的国际金融市场中,美元在竞争中之所以成为主要国际储备货币,并且占据了霸权和主导货币的地位,就是因为包含在美元中的主权特征所致。

---

① [英]弗里德里希·冯·哈耶克:《货币的非国家化》,姚中秋译,新星出版社 2007 年版,第 21 页。

事实说明，只要与带有主权特征的美元有某种关系，其结果都与其本意不相符合。例如，欧洲美元市场上的欧洲美元，意在削弱美元主权特征的影响；通过美元化的方式与美国结成货币联盟，是想从美元化中获得好处；为了让自己的本币汇率稳定，采取盯住美元的汇率制度。

由于美元包含的主权特征，上述安排的结果都不会真正实现预期的目标。

第一，离岸金融市场是旨在摆脱金融管制，实现国外借款人和贷款人之间的交易。在欧洲美元市场上的美元，虽然不受美国法规的管制，也不受美国银行利率结构的支配，但离岸金融市场的债权人，仍然是以美元所在的美联储所表明的价值标准为依据的。当这种价值标准降低时，离岸金融市场上欧洲美元的债权人将遭受损失。

第二，拉美地区的厄瓜多尔、巴拿马和萨尔瓦多等小国，通过美元化的方式与美国结成货币联盟。这意味着美元成为这些国家的法定货币，从而这些国家也就失去了自己的货币主权，以及由这些国家的法定货币带来的铸币税收入。总之，与美国结成货币联盟的成本，很可能超过这些小国从美元化中获得的好处。有人形容，这些国家的经济犹如随美国经济摇摆的"墙头草"。

第三，不少货币联盟在美元危机的冲击下纷纷解体，采取盯住美元的汇率制度屡遭投机打击，以及引入货币局制度的国家放弃这一制度等，都是与美元的关系分不开的。例如，1971 年布雷顿森林体系的崩溃，是由于美元危机和美国放弃兑换黄金的义务；20 世纪 90 年代的拉美货币危机、亚洲金融危机都曾经因其汇率制度盯住美元而遭投机打击；1991 年阿根廷引入货币局制度，按比索 1∶1 盯住美元。由于美元在 90 年代后期大幅度升值，导致阿根廷出现了严重的经济衰退。在比索被大规模的投机攻击下，最终不得不放弃盯住美元的货币局制度。

(二) 创造非主权国际储备货币的可能和前提

公元前 46 年，朱利叶斯·恺撒就建立了一个 12∶1 的双金属比例之上的罗马货币标准。这一货币标准延续了 12 个世纪以上，在罗马帝国所到之处，担负着单一记账单位的职能。像这样只担负着记账单位职能的货币，可以看作是与国家或主权没有关系的国际货币。在货币和货币制度演变的历史上，创造非主权性质的国际储备货币的这一先例表明，创造真正的非主权国际储备货币具有可能性。

与美元无关的货币联盟采用共同货币，可以看作是非主权国际储备货币的初级阶段。由于货币联盟采用共同货币消除了与货币兑换相关的交易成本，完全杜绝了未来汇率波动的不确定性风险，因此会提高经济效率。① 虽然加入货币联盟是有成本的，但货币联盟特别是完全的货币联盟的成员国通过取消本国货币，取消中央银行及其货币政策，实现区域经济一体化，提高了规模经济效益以及与"霸权国"相抗衡的能力。

创造真正的非主权国际储备货币具有可能性，而创造非主权国际储备货币的前提，是消除国际货币体系中的霸权。但是，"贯穿货币发展史的一个主题是，处于金融权力顶峰的国家总是拒绝货币改革，因为这会降低它的垄断力量。"②

1867 年的巴黎会议提出一个将世界货币与 5 个金法郎的价值相联系的方案，但在随后的几次国际会议上都没有获得英国的认可，因为英国是当时最重要的金融大国；在 1944 年的布雷顿森林会议上，由于美元已经取代英镑成为主导货币，美国在这次会议上放弃了自己提出的"怀特方案"，而将布雷顿森林体系构筑在黄金和美元的基础上。因为美国意识到一种世界货币的出现将以美元使用的减少为代价。于是，"美国接着使用它在这个会议上的支配性力量埋葬了世界货币的想法，把布雷顿森林体系构筑在黄金和美元的基础上"。③ 这两个金融事件，是处于金融权力顶峰的国家拒绝货币改革的典型案例。

国际货币体系中的集中化趋势，不仅不断强化带有霸权色彩的主导货币地位，而且在国际金融市场上，带有霸权色彩的主导货币经常企图左右国际金融市场的运作，从而造成国际金融秩序的动荡。

要避免上述情况的出现，基本途径是要建立超国家的货币当局，由其发行非主权国际储备货币，并且对国际金融市场和金融秩序实施监管。作为"各成员国中央银行的中央银行"的国际货币基金组织（IMF），理应

---

① ［比利时］保罗·德·格劳威：《货币联盟经济学》，汪洋译，中国财政经济出版社 2004 年版，第 51 页。
② ［美］罗伯特·A. 蒙代尔、保罗·J. 扎克：《货币稳定与经济增长》，张明译，中国金融出版社 2004 年版，第 21 页。
③ 同上书，第 22 页。

承担着超国家的货币当局的职能。但是，由于美国在 IMF 的影响，使得 IMF 常常偏离其基本职能。经济学家批评 IMF 是美国财政部的一片无花果叶子，因为它对于 IMF 的政策有着压倒性的发言权和影响力。① 可见，要创造非主权国际储备货币，首当其冲的是将 IMF 改革成为真正的"各成员国中央银行的中央银行"，才能进一步发行非主权国际储备货币，以及对国际金融体系的全面监管。

综上所述，从哈耶克命题得到的启示是：金融市场上的优胜劣汰机制和竞争机制，对于淘汰那些"劣质"的金融产品，保持并提升金融业的特许经营权价值，都是强有力的保障机制；创造一种非主权国际储备货币，并且改革 IMF 使其真正成为"各成员国中央银行的中央银行"，以维持国际金融体系中的平等，保证国际金融体系的稳健运行。

（执笔人：刘秀光　吴铁雄　康艺之）

① ［美］罗伯特·A. 蒙代尔、保罗·J. 扎克：《货币稳定与经济增长》，张明译，中国金融出版社 2004 年版，第 209 页。

如何实现国际储备货币中立化问题

一 引言

曾任美联储主席的保罗·沃尔克说过，一个全球经济需要一种全球货币。经济学家希望，一种世界货币要一视同仁地为大国和小国铺平活动场地。当 2008 年国际金融危机爆发之时，国际社会一方面谴责美元在这场危机中扮演的角色，另一方面又在寻找什么样的国际储备货币更有利于国际金融秩序的稳定。

2009 年 3 月，伦敦 G20 峰会前夕，中国人民银行行长发出的声音，以及中国人民银行的《2009 年中国金融稳定报告》都主张，"创造一种与主权国家脱钩，并能保持币值长期稳定的国际储备货币"，以避免一种主权信用货币作为国际储备货币的内在缺陷，从而解决金融危机暴露出的现行国际货币体系的一系列问题。这些主张一经提出，就立刻得到了国际社会的广泛认同和响应。

在世界货币体系中，长期以来，难以破解"特里芬难题"——保持美元币值稳定与满足世界经济增长所要求的美元供给之间的矛盾。1976 年签订的《牙买加协定》企图解决这一难题，但该协定不可能消除美元的国家属性，那么"特里芬难题"也就不能破解。因此，创造一种中立化的国际储备货币，既是国际金融和世界经济秩序所需要的，又是国际社会期盼已久的。

所谓国际储备货币的中立化，是指作为担当国际储备货币的货币，不存在国家属性或主权色彩，只是担当着货币的基本职能，并且是可以自由兑换的中立化的货币。因此，中立化的国际储备货币，就是一种超主权货币。

尽管国际储备货币中立化的实现，需要一个长期的过程，但只要国际社会的不懈努力，就会加快国际储备货币中立化的进程，最终实现国际储备货币中立化的目标。

在国际储备货币的中立化问题上，国际金融机构的中立化，以及国际金融体系霸权的消除这两个方面，是实现国际储备货币中立化的两个重要前提，也是国际金融体系稳定运行的关键因素。

二　国际金融机构中立化

为了促进国际经济合作，第二次世界大战以后建立了一些国际机构。其中，IMF 是管理国际货币体系的最重要国际机构之一，它是各成员国中央银行的中央银行。[①]

IMF 在处理金融危机事件时，曾经发挥了积极的作用。其中，在处理墨西哥债务危机和亚洲金融危机时，IMF 都曾经组织了救援。不过，IMF长期面临着许多没有解决的问题。

例如，IMF 在支持该组织的富国的要求与穷国的要求之间，以及在关注通货膨胀的欧洲国家和世界其他地区关心经济增长的国家之间如何谋求平衡问题；针对 20 世纪 90 年代发生的一系列金融危机事件，曾经有关于IMF 工作重点的争论。一种观点认为，IMF 应该着重于货币、财政和汇率政策以及银行改革。要更少从事贷款工作，更多地集中于金融危机的预防工作；最为重要的问题是，由于美国在 IMF 的影响，导致 IMF 常常偏离其基本职能。上述问题都会阻碍着 IMF 作为各成员国中央银行的中央银行职能的发挥，这就迫切需要对 IMF 实施货币改革在内的一系列改革。

2009 年 9 月召开的 G20 匹兹堡金融峰会，是国际金融危机爆发后的一次重要会议，会议做出了 21 世纪需要全球经济合作的历史性决定。其中，IMF 改革治理结构是会议取得的最重要成果之一，根据金融峰会的决

---

① ［美］保罗·萨缪尔森、威廉·诺德豪斯：《经济学》第十七版，萧琛主译，人民邮电出版社 2004 年版，第 502 页。

议，发达国家将把在 IMF 的部分配额转移给发展中国家，发展中国家的配额将从 43% 提高至 48%。

时任 IMF 总裁的斯特劳斯·卡恩说，IMF 被赋予了新角色。但问题是，这些"新角色"并不足以保证 IMF 坚持中立，尤其是摆脱美国对 IMF 的政策存在的"压倒性的发言权和影响力"。那么，究竟如何改变这一现状呢？

第一，将各成员国在 IMF 中认缴资金的份额，与其投票权、借款权尤其是投票权相区分。改革 IMF 现存的按照成员国认缴资金份额，来决定投票权、借款权的类似股份公司的性质。

因为 IMF 的主要职能，是向国际收支出现问题或在金融市场上遭受投机者攻击的国家提供临时贷款，所以，各成员国在国家主权层面上应该是平等的。各成员国应该是 IMF——"中央银行"管理之下的"商业银行"，而不是政治舞台上的国家或政府。因此，IMF 要保障各成员国投票权的平等，从而拒绝大国借其认缴资金的份额来操纵 IMF。

在经济发展方面，尽管存在着发达国家和发展中国家的区别，但在世界经济一体化的条件下，发达国家的经济增长，离不开发展中国家的劳动力和原材料等经济资源，以及广大的消费和投资市场。因此，发达国家有支持发展中国家发展经济的责任和义务。

第二，IMF 既然是各成员国中央银行的中央银行，那么，IMF 的目标就如同一国国内中央银行所要追求的货币政策最终目标：保障各成员国的经济增长、较高的就业水平、有序的金融市场秩序、合理稳定的价格水平等。总之，IMF 应该是"金融联合国"，是一个纯粹的经济组织，而不是争夺权力的政治团体。

第三，在现实的国际货币体系中，存在着一个竞争性的货币体系。如果对国际货币体系中的竞争不加限制，那么，这一体系中的集中化趋势，会不断强化美元在其中的主导地位。这就要求 IMF 建立起保证国际货币体系的有限竞争，防止进一步加剧垄断和霸权的机制，从而逐渐削弱以致消除美元在国际货币体系中的主导地位。

第四，国际货币体系多元化进程不断加快的趋势，是对国际储备货币最终实现中立化的有力支持。1999 年欧元的问世，被认为是国际货币体系多极化的诞生。不过，有观点称，欧元这样的共同货币的发展过程，

"是一种政治性驱动，而不是一个经济过程"。①

认为欧元的流通仅仅"是一种政治性驱动"的观点未必准确。这是因为，欧元流通在与美元流通相抗衡的意义上，可能是一种"政治性驱动"。但是，欧元的出现是为了欧元区经济的发展，并且因欧元的流通很可能使欧元区变为一个更为紧凑的经济实体。从这个意义上说，又是一个"经济过程"。

在欧元出现以前，欧盟的任何一个国家的货币都不可能与美元相抗衡，但欧元的出现成为美元的有力竞争者，并且已经成为世界第二大国际储备货币，从而削弱了美元的主导地位。

阿拉伯海湾国家合作委员会（海合会），在 2000 年 6 月决定将各成员国的货币同美元挂钩，并确定与美元的固定汇率。在 2009 年 12 月第三十届海合会首脑会议上，各国领导人经过讨论，曾经同意按照欧元的模式来统一该地区各国的货币，从而为泛阿拉伯地区货币联盟的发展开辟新的道路。可见，这些探索是来自欧元的流通所提供的示范和借鉴。

三　国际金融体系霸权的消除

在世界经济一体化的背景下，国际贸易和国际投资的自由化与便利化，客观上要求国际经济中的商品体系和金融体系两大体系的平衡。而要实现这种平衡，在国际金融体系中就不能存在带有主权色彩的"强势货币"和"弱势货币"的差别。也就是所有货币的主权地位都应该是平等的，不同货币都可以按照合理的汇率完全可兑换，每一种货币的收益率也都是合理的。

在现实中，世界经济常常受到一个由国际金融体系之间的关系所构成的霸权体系的支配。在这种环境中，某一国家的中央银行控制了其他国家的中央银行，并且就像制定国内货币政策那样有效地为整个世界的货币政策定下基调。这样，当一个强大国家的国内中央银行占据了中心地位时，

---

① ［加拿大］约翰·史密森：《货币经济学前沿：论争与反思》，柳永明等译，上海财经大学出版社 2004 年版，第 137 页。

其国内政策利益经常会与整个体系的利益要求发生冲突，有时还会引发灾难性的后果。①

如果要提及国际金融体系中的"强大国家"及其中央银行，人们将毫无疑问地指向美国和美联储。因为在历史上，多次国际金融危机都源自美国。至少从第一次世界大战开始，美国已经是国际贸易、国际资本和金融市场中的重要参与者。而就是这一参与者往往对金融危机的责任难逃干系。

例如，1920 年 6 月，美联储"精心策划的政策行动"，将贴现率提高至"历史上空前绝后"的水平，于是大规模的黄金输入美国，由此造成了源自美国的 1920—1921 年世界范围的经济萧条；1929 年股票市场暴跌，以及 1930 年后期的一系列银行倒闭事件等也主要发端于美国。②

在国际金融体系中，之所以出现霸权体系并且能够保持，其核心内容就是具有主导地位的国际储备货币——美元的存在，并且这一状况由来已久。在金本位时期，美国"持有黄金储备中非常大的比重，因此，它有能力引起世界性的波动"。③

布雷顿森林体系建立之后至 20 世纪 50 年代初，"美元和黄金一样好"。主要原因也是世界范围的黄金集中到美国，1948 年达到 70%。尽管美元占各国中央银行外汇储备的比例有下降的趋势，但是，美元作为国际储备货币的地位在短期内难以有根本改变。既然如此，美元在国际金融体系中的霸权地位就依然存在。

鉴于 20 世纪最后 30 多年被国际货币体系的缺乏、美元的角色和浮动汇率制度所导致的种种问题所占据④，国家之间不断探索使用超主权货币，或国际储备货币中立化的进程始终没有间断。例如，20 世纪 60 年代末，由于美元危机致使美元再也不能独立作为国际储备货币，而当时其他国家的货币又都不具备作为国际储备货币的条件时，特别提款权（SDR）

① ［加拿大］约翰·史密森：《货币经济学前沿：论争与反思》，柳永明等译，上海财经大学出版社 2004 年版，第 137—139 页。
② ［美］米尔顿·弗里德曼、安娜·J. 施瓦茨：《美国货币史——1867—1960》，巴曙松等译，北京大学出版社 2009 年版，第 255—256 页。
③ ［美］罗伯特·A. 蒙代尔、保罗·J. 扎克：《货币稳定与经济增长》，张明译，中国金融出版社 2004 年版，第 255 页。
④ 同上书，第 6 页。

就成为补充的储备货币或流通手段。SDR 因此被称为"一个世界货币的胚胎"。

在 2008 年国际金融危机爆发之前,创建一种超主权货币的主张就被重新提起。例如,2007 年年底,美国国际经济研究所所长弗雷德·伯格斯坦提出了"SDR 超主权货币"方案。

削弱国际金融体系中霸权的主流观点或主张,是削弱美元在国际储备货币中的份额。因为 SDR 具有超主权货币的特征,所以,人们纷纷建议扩大 SDR 的分配范围、拓宽 SDR 的使用范围等。尽管这些建议有其合理性,但仍然没有从根本上摆脱国际货币体系中"美元的角色"。那么,解决这一问题的基本方案或者基本方向是什么?

首先,既然 IMF 是"各成员国中央银行的中央银行",就要行使其"发行的银行"的职能。将 IMF 在一个"集资者"的基础上,增加国际信用货币"发行者"的职能。现在,作为集资者的 IMF,是将成员国按份额认缴的本币和黄金(在 1978 年《牙买加协议》生效以后,以黄金缴纳的部分改为 SDR 或可兑换货币)形成 SDR,并成为 IMF 的主要资金来源。

既然 IMF 是由代表各国信用的中央银行所组成的,那么,如果 IMF 代表各国中央银行发行国际信用货币,它就可以将现在执行信用货币部分职能的 SDR,赋予 SDR 作为信用货币的基本职能,使 SDR 从虚拟的纸黄金,变为实际的国际储备货币和国际信用货币,让 SDR 从一个"世界货币的胚胎"成长为国际货币体系的"支柱"。SDR 作为国际储备货币和国际信用货币,在国际贸易中就由 SDR 担任唯一的计价货币和结算货币。

其次,为什么 20 世纪 40 年代的凯恩斯方案和怀特方案没有得以通过与实施?其主要原因是,虽然凯恩斯方案要求建立一个世界性中央银行,并且发行国际货币"班柯"。但凯恩斯方案受到了黄金作为最终支付承诺的拖累,而具有可行性的怀特方案被美国自己所放弃,使将美元作为世界货币的企图得其所愿。

只有当 IMF 发行了实际的国际信用货币,完全切断国际储备货币与任何一个成员国的主权关系时,才能真正解决国际储备货币的中立化。虽然其进程"路漫漫其修远兮",但相信通过不懈的追求就一定能够到达目的地。

(执笔人:刘秀光　吴铁雄　康艺之)

"无海图航海"能否"重回金本位"

一 引言

1816 年，英国颁布《金本位制法案》，率先实行金本位制。在 1867 年巴黎国际通货会议上，与会各国就采用金本位制问题达成一致。此后，1871—1873 年，德国开始向金本位制过渡；美国自 1879 年开始美元与黄金的完全兑换，1900 年 3 月 14 日，《金本位制法案》获得通过，金本位制终于在美国取得了胜利①；1897 年，日本正式启动金本位制。

实行金本位制的各国，其货币单位规定了黄金含量，国际货币的兑换以黄金含量为基础。由于金本位制保证了国与国之间的汇率相对简单和稳定，在这个意义上说，有理由认为，"最好的货币体系还是金本位制"。

时任世界银行行长的罗伯特·佐利克 2010 年在英国《金融时报》上撰文称，发达经济体应该考虑重新实行"改良的全球金本位制"，建立一个包括美元、欧元、日元和英镑等货币在内的新的国际货币体系，还应考虑把黄金作为通货膨胀、通货紧缩和未来货币价值市场预期的全球参考点。媒体随即将佐利克的这一主张解读为"重回金本位"。

尽管佐利克在事后表示他并不是主张回归金本位制度，而是建议将黄金作为基本参考因素，来衡量世界不同货币之间的关系。但是，媒体对佐利克这一主张的解读说明，每当出现国际金融危机之时，都会出现是否"重回金本位"的声音。

---

① ［美］米尔顿·弗里德曼、安娜·J. 施瓦茨：《美国货币史——1867—1960》，巴曙松等译，北京大学出版社 2009 年版，第 78 页。

1931 年 9 月，英国放弃了金本位制。从此，世界货币体系逐渐演变为信用货币体系。而随着 20 世纪 70 年代初布雷顿森林体系的崩溃，实行自由浮动汇率制的经济体，开始了前国际清算银行总裁所说的"无海图航海"时代。在"无海图航海"时代，采用浮动汇率制的美国、欧洲和日本等一些大的经济区域，金融危机事件不断发生。

运行良好的国际经济需要有一个平稳运行的汇率制度。[①] 在国际金融危机爆发之后的"后危机时代"，面临着一个被人们议论又令世界困惑的问题："重回金本位"还是继续"无海图航海"？但是，不管选择"重回金本位"还是继续"无海图航海"，建立一个国际经济需要的平稳运行的汇率制度是最终目的。

二 束缚经济稳定繁荣的"紧身衣"

在金本位制条件下，黄金是最终偿付承诺的储备资产，因此能够保证整个货币体系的稳定运行。如果中央银行的票据以及整个货币体系中的基础货币过度发行，一般来说，都可以通过黄金的可兑换避免通货膨胀的出现。不过，如果某个时期黄金产量的大幅度增长，也会导致物价水平的上涨。例如，1897—1914 年世界范围内物价水平的上涨，最直接的原因是南非、阿拉斯加和科罗拉多发现了金矿。同时，黄金开采和冶炼技术的提高，也使黄金产量大幅度增长。

尽管通过黄金的可兑换能够避免通货膨胀，但是，通货紧缩却常常源自金本位制。例如，19 世纪八九十年代爆发了世界性的通货紧缩。1875—1896 年，物价水平年均上涨率，美国为 1.7%，英国为 0.8%，日本为 1.4%。[②] 这一时期的通货紧缩就是由于世界范围内黄金储备增长缓慢，而受黄金制约的货币供给量大幅度减少所致。"黄金构成了政策的严

---

① ［美］保罗·萨缪尔森、威廉·诺德豪斯：《经济学》第十七版，萧琛主译，人民邮电出版社 2004 年版，第 506 页。

② ［日］菊地悠二：《日元国际化——进程与展望》，陈建译，中国人民大学出版社 2002 年版，第 31 页。

重障碍"①，在需要改变货币供给的时候，货币政策往往受制于黄金。

黄金存量在各国之间的变动，直接影响着各国的宏观经济状况。如果一个国家黄金过多地流出，国内将产生通货紧缩以及对该国的金融体系造成危害。例如，1925 年英国曾经重建金本位制，1931 年 9 月最终将其放弃。其主要原因是，1925 年，英国以高估英镑的比价重建了金本位制。同时，英国想通过持续的国内通货紧缩压力来阻止黄金流出。虽然利用严格的措施，有效地减轻了通货紧缩压力，但取而代之的是普遍的经济萧条。② 黄金过多地流出的另一个严重后果是，国内货币存量的减少，加剧了银行的挤兑、银行歇业和破产等国内金融体系的危机。

与一个国家黄金过多地流出相反，如果一个国家的黄金过多地流入，将会导致国内货币存量的扩张和物价水平的上涨。1897 年，美国拥有世界黄金存量的 14%，到 1914 年，该比例增加到将近 25%。1897—1914年，美国的物价水平上涨了 40%—50%。③

如果黄金持续流入并过多地集中于一个国家，就极有可能危及世界经济的稳定。因为如果黄金过多地集中于一个国家，这个国家将依靠拥有的黄金而成为国际货币体系中的霸权国。1931 年，美国的黄金储备达到历史的最高水平，约占世界黄金储备总量的 40%，即美国"持有黄金储备中非常大的比重，因此它有能力引起世界性的波动"。④

布雷顿森林体系建立之后至 20 世纪 50 年代初，之所以"美元和黄金一样好"，就是因为世界范围的黄金大部分集中到了美国。其中，1948 年美国持有黄金的比例，曾经占世界黄金储备总量的 70%。

三 金融危机四伏的"无海图航海"

在 1971 年 8 月 15 日的"尼克松冲击"以后，美国开始实施自由浮动

---

① ［美］米尔顿·弗里德曼、安娜·J. 施瓦茨：《美国货币史——1867—1960》，巴曙松等译，北京大学出版社 2009 年版，第 286 页。

② 同上书，第 198 页。

③ 同上书，第 91—92 页。

④ 同上书，第 255 页。

汇率制。正如时任美国国际汇率和支付委员会主席的亨利·罗斯所说，浮动汇率能更好地为美国服务。[1] 1973 年 2 月，日本实行单独浮动汇率制，欧共体则实行集体浮动汇率制。至此，主要发达国家都实行了浮动汇率制，并开始了所谓的 "无海图航海"。

在 "无海图航海" 时代，黄金非货币化与自由浮动汇率制相结合，以及始于 20 世纪 80 年代初的金融自由化，导致黄金价格上涨和美元贬值，最终是世界范围的物价水平呈现持续上涨的趋势。例如，1944 年黄金的价格为 1 盎司 = 35 美元[2]，2010 年 11 月狂飙至 1 盎司 = 1300 美元以上；1973 年 10 月爆发石油危机之前的石油价格仅为每桶 3 美元，2010 年 11 月则突破每桶 80 美元。自 "尼克松冲击" 以来，"美元贬值是诱发世界性通货膨胀的主要原因这一点是不可怀疑的"。[3]

自从进入 "无海图航海" 时代，国际社会就始终没有停止审视 "无海图航海" 给国际货币体系安全稳定带来的危害。例如，石油危机爆发以后，人们就认识到，石油危机是 "由固定汇率制向浮动汇率制转变过程中新出现的金融危机"。[4] 即使是极力倡导 "无海图航海" 的美国，在 2008 年华尔街金融海啸之后，也不得不改革金融监管体制，重提强化金融监管。

四　如何构建平稳运行的汇率制度

既然金本位成为束缚经济稳定繁荣的 "紧身衣"，而 "无海图航海" 时代的金融危机又接连不断，因此不可能 "重回金本位"。既然如此，摆在世界面前当务之急的任务，就是如何构建平稳运行的汇率制度，保证国际货币体系或国际金融体系的安全稳定，从而促进世界经济的增长。

---

① [美] 马丁·迈耶：《美元的命运》，钟良等译，海南出版社、三环出版社 2000 年版，第 225 页。
② 美国《黄金储备法案》（1934 年）规定了买卖黄金的固定价格为每盎司 35 美元。
③ [日] 菊地悠二：《日元国际化——进程与展望》，陈建译，中国人民大学出版社 2002 年版，第 87 页。
④ 同上。

（一）建立新的国际规则约束美元

建立新的国际规则约束泛滥成灾的美元，是汇率制度平稳运行的基本前提。萨缪尔森曾经强调建立信用机制的重要性，他认为，建立一个体系，使各国不能轻易改变其汇率，就能够提高信用程度。[①] 在国际货币体系中，需要建立与之相适应的国际信用机制，而这种信用机制的核心就体现在约束美元的国际规则中。

美元在当今的国际货币体系中占据主导地位，因此有浓重的霸权色彩。虽然美元占各国和地区外汇储备的比例在不断下降，但是，美元的主导地位在短期内不会有根本改变。这就难以对美元在世界范围的泛滥进行约束，而如果不能约束美元的泛滥，国际货币体系中的霸权色彩就将依然存在，也就不会有平稳运行的汇率制度。因此，要建立真正平稳运行的汇率制度，在没有出现替代美元的超主权货币的条件下，需要约束住泛滥成灾的美元，使其最大限度地淡化主权，弱化霸权色彩。

世界各国曾经就共同的利益，在国际金融和国际贸易两个领域的协商与合作，不同程度地取得过成效。例如，国际贸易看似达尔文描述的那种得失争斗，但20世纪后半叶，许多国家参与建成了能够加速增长和增进公平的国际经济规制[②]，如布雷顿森林体系和世界贸易组织规则的建立。利用布雷顿森林体系在协调和监督各国的汇率政策与调节国际收支、避免出现类似20世纪30年代货币竞相贬值等方面都起了积极的作用，使"各国之间的汇率变动将按照一种合作的方式去进行"。[③] 利用世界贸易组织规则解决了许多贸易争端甚至激烈的贸易战。

既然在历史上遇到国际金融和国际贸易难题的时候，都可以通过建立国际规则不同程度地得以解决，那么，制定一种使用并约束美元的国际规则，既是必要的也是可行的。这种国际规则不仅有利于世界经济秩序，而且对美国经济也是无害的。

如何约束泛滥成灾的美元？在实行盯住汇率制、联系汇率制等代表性的汇率制度中，都离不开将美元作为"锚"的约束。因此，作为国际储

---

① ［美］保罗·萨缪尔森、威廉·诺德豪斯：《经济学》第十七版，萧琛主译，人民邮电出版社2004年版，第503页。

② 同上书，第491页。

③ 同上书，第503页。

备货币的美元，同样需要有一个"锚"来对其约束。在信用货币体系中，真正能够约束美元的"锚"，就不可能是黄金这样的硬通货，而只能是国际规则。

就建立约束美元的国际规则而言，一方面，国际金融机构要真正承担起促进国际经济合作、解决国际社会共同面临的经济社会问题的责任。欲达此目的，就必须消除国际金融机构内存在的霸权，使成员国之间体现平等互利与合作协商的关系。

国际社会之所以对美元失去了信任和信心，主要是因为美元的不负责任扰乱了国际金融市场的汇率秩序。而美元能够在世界经济活动中肆意横行，与美国通过控股、安排领导人等手段，控制世界银行、国际货币基金组织、国际清算银行等国际金融机构有密切关系，国际金融机构的许多经营决策因此经常体现着美国政府的意图。

另一方面，通过各国和地区的谈判协商，共同签署合约或协定，根据相关国际组织统计的世界经济增长率和国际贸易量，确定美元向世界范围的发行量，以及美元对主要货币的基准汇率水平。各国和地区根据共同签署的合约或协定，有义务管理与干预汇率，使汇率的波动保持在相对合理的水平。这样，美联储向世界范围发行美元就不再是其独断行为，而是受到国际合约或协定约束的行为。从而让美元真正担当起国际储备货币计价和结算的职能，而不是凭借美元的世界基础货币地位，利用美元纸币不断地剥夺着其他国家的真实资源。

（二）保证国际信用机制运行的手段

实行有管理的浮动汇率制，是保证国际信用机制运行的主要手段。经济学家约瑟夫·熊彼特曾经发现一个令人迷惑的具有讽刺性的事实：一些支持自由市场经济的自由主义者不愿意让市场决定外汇的价格。萨缪尔森就此指出，是什么原因使经济学家在倾向于自由市场的同时，愿意让外汇市场成为一个例外呢？[①]

与固定汇率制相比，自由浮动汇率制容易引发国际金融市场的频繁波动，而固定汇率制存在着过高干预市场的经济成本。因此，克服自由浮动

---

① ［美］保罗·萨缪尔森、威廉·诺德豪斯：《经济学》第十七版，萧琛主译，人民邮电出版社 2004 年版，第 508 页。

汇率制和固定汇率制各自的内在缺陷，就需要在两种汇率制度之间选择一个折中的汇率制度——有管理的浮动汇率制。

建立国际信用机制所要求的有管理的浮动汇率制，不同于布雷顿森林体系可调整的固定汇率制所要求的需要盯住美元和黄金。同时，布雷顿森林体系是"在美国经济霸权下维持了1/4个世纪"。[①] 也正是因为这些内在缺陷的存在，为布雷顿森林体系遭遇的失败埋下了隐患。

国际信用机制所要求的有管理的浮动汇率制，体现了国际社会的"合作行动"。国际社会曾经通过"合作行动"制止了世界战争，战胜过天花等世界性疾病。相信依靠国际社会的"合作行动"，一定能够维持国际货币体系的安全稳定。实际上，1945年签署的IMF的最初协议，允许和要求成员国控制资本流动，在之后的几十年间，许多国家也维持了对资本流动的控制。早在1974年，IMF就提倡在成员国之间实行有管理的浮动汇率。从此，鼓励并管理弹性汇率就成为IMF政策的宗旨，这一宗旨只是后来发生了转变。可以相信，如果国际社会能够在如何建立国际信用机制问题上，就既有管理的浮动汇率制的积极作用达成共识，共同维护国际货币体系安全稳定的目标就有可能实现。

（执笔人：刘秀光　吴铁雄　康艺之）

---

① ［日］菊地悠二：《日元国际化——进程与展望》，陈建译，中国人民大学出版社2002年版，第81页。

黄金价格波动及其影响因素分析

一　引言

1971 年 8 月，美国政府宣布停止各国中央银行向美国按官方价格兑换黄金；1976 年 1 月，《牙买加协定》正式宣布废除黄金的官方价格，取消货币的含金量，各成员国的中央银行必须按照市场价格从事黄金交易。至此，曾是"世界货币之王"的黄金，终于恢复了其本来面目。在此背景下，"以信用货币为主要流通手段的现代货币体系始终难以避免信用货币本身无法避免的脆弱性"。[1]

尽管黄金失去了世界货币的地位，但作为贵金属之首，黄金依然具备商品与货币的双重属性。不仅如此，黄金还以其良好的规避风险功能和保值功能，在维护国家经济安全、金融稳定，以及国防安全中发挥着重要的作用。[2] 于是，每当世界经济出现风险的时刻，各国中央银行往往会利用黄金来"对冲"风险。

二　黄金价格研究的有关文献

黄金在发挥多种功能的同时，其价格也在不断地波动。由于黄金价格的波动会影响黄金功能的发挥，所以，人们必然关注黄金价格的波动，而

---

① 金蕾：《国际黄金价格和美元汇率走势研究》，《国际金融研究》2011 年第 5 期。
② 杨楠、柳预才：《基于分形分析的国际金价波动长记忆性识别与预测研究》，《数理统计与管理》2013 年第 5 期。

研究黄金价格波动相关问题的文献也很丰富。

拉里和法比奥（Larry and Fabio，1999）采用应用理论模型和实证研究的方法，推导出黄金价格波动的主要因素在于主要货币之间的汇率变动。[①] 特伦斯·米尔斯（Terence Mills，1999）针对1971—2002年伦敦黄金每日的定盘价波动数据，使用DFA方法，得出黄金价格波动具备显著的"尖峰厚尾"的非正态分布特征的结论。[②] H. C. Li 等（2003）以NY-MEX黄金价格数据为研究对象进行分析，并同时使用神经网络模型及其遗传算法，发现黄金价格波动存在短期自相关性。[③]

郑秀田（2009）以国内黄金市场上黄金价格的波动规律为研究对象，建立了GARCH模型，发现国内黄金价格日收益率存在波动聚集特性，其市场波动更容易受外部冲击，从而长期被相关因素所左右。[④] 温博慧等（2009）认为，集聚性和持续性普遍存在于国内外的黄金价格波动规律之中，与国内相比，国外的这种现象更为明显。[⑤]

格拉汉姆·史密斯（Graham Smith，2001）采用了美国的4种黄金价格和6种股票价格指数的数据，通过实证分析，得出了黄金价格与道琼斯股票指数之间存在负相关关系的结论，并且通过格兰杰因果检验，发现股票指数对黄金价格具有单向的影响。[⑥]

Capie 等（2005）分析了黄金价格与汇率的相关性，发现黄金价格暴涨与美元汇率、英镑汇率和日元汇率之间存在负相关关系。[⑦] 莱文和赖特（Levin and Wright，2006）采用协整检验法，发现长期内黄金价格与通货

---

① Larry, A. and Fabio, S., "The price of gold and the exchange rate", *Journal of International Money and Finance*, No. 15, 1999, pp. 879 – 897.

② Terence C. Mills, "Statistical analysis of daily gold price data", *Economics Bulletin*, No. 338, 1999, pp. 559 – 566.

③ Sam Mirmirani and H. C. LI, "Gold Price, Neural Networks and Genetic Algorithm", *Computational Economics*, No. 23, 2004, pp. 193 – 200.

④ 郑秀田：《基于 GARCH 模型的我国黄金市场波动特征研究》，《中国物价》2009 年第 10 期。

⑤ 温博慧、罗正清：《国内外黄金价格的波动性与互动关系研究》，《理论研究》2009 年第 6 期。

⑥ Graham Smith, "The Price of Gold and Stock Price Indices for the United States", *The World Gold Council*, 2001.

⑦ Forrset Capies, Terence C. Mills and Geoffrey Wooda, "Gold as a hedge againsat the dollar", *International Financial Markets, Institutions and Money*, Vol. 15, No. 4, 2005, pp. 343 – 352.

膨胀呈正相关关系；在短期内，美元汇率和利率水平反向推动黄金价格波动，而物价水平对黄金价格有助涨和助跌的作用。① 格拉汉姆·史密斯（2011）研究发现，以股票为代表的其他金融资产与黄金的价格变动趋势相反，两者之间存在明显的替代关系。②

冯辉和张蜀林（2012）选取1981—2011年的数据，分4个区间考察黄金期货价格决定要素，结合两变量与面板数据回归分析，得出长期内 GDP、美元指数、利率、美国经济状况是影响黄金价格的决定要素。③ 周舞舞（2013）选取1998—2007年黄金的平均价格，结合 OLS 模型和 GARCH 模型的分析，得出在长期内石油价格、通货膨胀率和美元指数对黄金价格影响较为显著，其他影响因素只是在特定时间段内显著的结论。④

丁浩和王家明（2015）集合运用协整分析、格兰杰因果分析、VEC 模型、脉冲响应和方差分解，证明原油价格与 CPI、黄金价格与 CPI 之间均存在双向引导关系。较之原油价格，黄金价格对 CPI 的影响偏弱。⑤ 李斯丹（2015）的研究发现，黄金供给量和需求量的改变对黄金价格影响微弱，美元指数和原油价格则是长期影响黄金价格波动的主要因素；黄金价格在长期内确实有"对冲"通货膨胀的作用，但是，在短期内这一作用并未得到明显证实。⑥

三 黄金价格历史波动的轨迹与特征

（一）20 世纪 60 年代以来黄金价格的总体波动

20 世纪 70 年代以前，黄金价格比较稳定。70 年代初，黄金价格仅围

① Levin, E. J. and Wright, R. E., "Short – run and long – run determinants of the price of gold", *World Gold Council Research Study*, Vol. 32, No. 2, 2006, pp. 57 – 66.

② Smith, G., "The price of gold and stock price index for the United States", London: World Gold Council, 2011.

③ 冯辉、张蜀林：《国际黄金期货价格决定要素的实证分析》，《中国管理科学》2012 年第 11 期。

④ 周舞舞：《黄金价格影响因素的实证分析》，《生产力研究》2013 年第 5 期。

⑤ 丁浩、王家明：《原油价格、黄金价格与 CPI 的相关性研究》，《价格理论与实践》2015 年第 1 期。

⑥ 李斯丹：《黄金价格影响因素的实证研究》，《统计与决策》2015 年第 8 期。

绕 30 美元/盎司上下窄幅波动。80 年代初，黄金价格开始急剧上升，最高时上涨至接近 700 美元/盎司。2011 年 9 月，现货黄金创下了 1920.94 美元/盎司的纪录。2012 年 2 月末，美国黄金期货主力合约价格盘中报 1767.90 美元/盎司。

自 2013 年黄金价格持续下跌的趋势一直延续至 2015 年才有所减缓并开始回升。2016 年上半年，黄金价格回升明显。纽约期货交易所的黄金价格从 1060 美元/盎司涨至 1300 美元/盎司，上半年超预期的涨幅达到 25%，但进入下半年，黄金价格由涨转为下跌。2017 年，黄金价格进入新一轮的上涨过程，并在 2017 年 9 月出现了 1356 美元/盎司的近两年最高价格。黄金价格的上述大致波动过程如图 1 所示。

（二）20 世纪 70 年代以来黄金价格波动的分析

20 世纪 70 年代初，迎来了黄金非货币化时代。虽然此时美元已成为世界货币体系的中心货币，但在浮动汇率制与信用货币制度之下，美元的价值不稳定和长期趋向贬值，是国际社会所普遍担忧的问题。

作为曾经的实物货币以及后来的货币之"锚"，黄金的真实价值相对美元更受国际社会的认可。为此，世界各国中央银行仍然保留了高达 3.5 万吨的黄金储备。尽管进入黄金非货币化时代，但黄金在实际经济生活中并没有完全退出，并且仍然以商品性黄金和金融性黄金存在于世界金融市场。

20 世纪 80 年代后期，伴随着美国的"新经济"，美元不断升值，而黄金价格在 1981 年开始下跌，其价格低迷的表现持续了长达 20 年。此间，黄金价格的低迷直接影响世界黄金的总储备量。例如，1990 年为 35575 吨，1998 年减至 33441 吨。于是，各国以美元为代表的外汇储备日渐增加，美元取代黄金成为国际储备的重要组成部分。

进入 21 世纪以来，以 2000 年互联网为代表的"新经济"泡沫破灭为起点，拉开了世界经济低迷与不稳定的序幕。此后，国际金融危机以及欧洲主权债务危机的爆发，以美元为代表的主要世界货币都处于贬值状态。针对这些变化，各国政府重新利用黄金来"对冲"风险。于是，黄金价格呈现出上涨的趋势。2001—2011 年，国际黄金价格由 300 美元/盎司涨至 1400 美元/盎司，10 年间增长 3 倍之多。2012 年以后，随着世界经济逐步复苏，世界主要经济体也开始放弃量化宽松的货币政策，利用

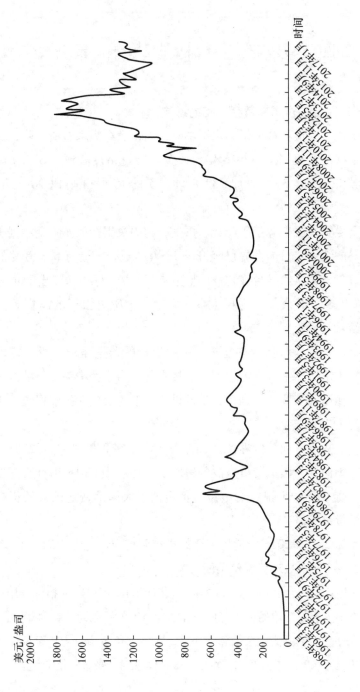

图 1　黄金价格趋势（1968—2017 年）

黄金"对冲"风险的需求由此而降低,黄金价格也回归其内在价值。

四 影响黄金价格波动的因素分析

(一) 黄金的供求对黄金价格的影响

近十年来,世界黄金供给水平不断提高,黄金需求有所下降,这是黄金价格下跌的主要因素。2016 年,黄金供给量超过需求量 307.4 吨,其中,供给量比 2015 年增加 233.8 吨,黄金需求量则比 2015 年减少 14.3 吨。

黄金供给主要来源于矿产金、再生金和中央银行的净售金。据美国地质勘探局的统计,目前世界已经开采 17 万吨黄金,尚有 5.6 万吨的黄金储量。每年黄金供给维持在 4200 吨左右,其中,每年新产出的黄金占年供给的 62%[①],其余部分为再生金。而近年来中央银行的净售黄金为负数,供给量较少。

黄金需求主要包括常规需求、中央银行的购金需求和投资需求。其中,常规需求以珠宝首饰需求和工业技术需求为主;中央银行的购金需求以中国、印度和俄罗斯等国家为主;投资需求主要包含投资保值需求和规避风险的需求。

在常规需求方面,世界黄金首饰需求稳定在 2400 吨左右,但受印度等黄金首饰消费大国消费量减少的影响,2016 年比 2015 年有所降低。自 2011 年开始,受中央银行购金量与黄金消费大国消费量削减的影响,黄金的需求量逐年减少。

表 1 为 2012—2016 年世界黄金的供给和需求情况。

(二) 美元指数对黄金价格的影响

美元指数是综合反映美元在国际外汇市场的汇率情况的指标,用以衡量美元对"一篮子"货币的汇率变化的程度。因为美元作为主要国际储备货币,世界贸易约有 70% 由美元来结算。并且,在国际黄金市场上,黄金以美元计价。所以,观察美元指数变化,可以有效地实现对于黄金价格变化的观察。

---

① 许文新:《金融市场学》,高等教育出版社 2016 年版,第 208 页。

表1　　　　　　　　2012—2016 年世界黄金的供给和需求情况　　　　　单位：吨

年份		2012	2013	2014	2015	2016
总供给	矿山生产	2911.5	3072.8	3149.7	3221.0	3260.1
	生产商套期保值	−45.3	−28.0	104.9	13.4	31.1
	黄金回收	1691.5	1262.6	1188.8	1119.7	1296.7
	合　计	4557.6	4307.4	4443.4	4354.1	4587.9
总需求	珠宝	2131.2	2722.0	2518.1	2447.9	1989.8
	工业技术	381.3	355.9	348.7	332.0	323.4
	金条与金币投资	1303.5	1715.7	1045.2	1066.7	1043.2
	ETF 和相关产品	306.6	−914.3	−182.9	−128.3	534.2
	中央银行净买入	569.3	623.8	583.9	576.5	389.8
	合　计	4691.9	4503.1	4312.9	4294.8	4280.5
	供需差额	−134.3	−195.7	130.5	59.3	307.4

资料来源：世界黄金协会：https：//www.gold.org/data/gold-supply-and-demand。

　　20 世纪 70 年代以来，美元指数与黄金价格存在较强的负相关关系，直至 2008 年国际金融危机前后，两者出现过短暂的交汇，但是，自 2009 年开始，美元指数与黄金价格的变化趋势再度发生背离（见图 2）。

　　美元指数与黄金价格存在负相关关系的原因是，当美国经济形势良好，美元相对坚挺时，黄金的价值储藏功能便会受到削弱。反之，如果美国经济低迷，黄金保值的功能便会得到体现。因此，在其他条件不变的情况下，当美元指数大幅度下跌时，黄金价格便会上涨；当美元指数上涨时，黄金价格就会下跌。

　　（三）股票价格指数对黄金价格的影响

　　股票市场和黄金市场是当前资产组合进行投资的两种重要渠道。通过观察股票价格的变动，有助于判断一国经济运行的整体状况。因此，股票价格指数常被称为经济的"晴雨表"。由于股票与黄金的替代关系，当经济运行良好时，资金会选择在股票市场中获利，因此，大量资金会从黄金市场撤离，进入股票市场，导致黄金价格下降。反之，当经济状况不佳时，往往伴随着股票市场的低迷，此时大量资金从股票市场撤出，进入黄金市场，以实现投资者的规避风险和资产保值的需求，最终推动黄金价格上涨。

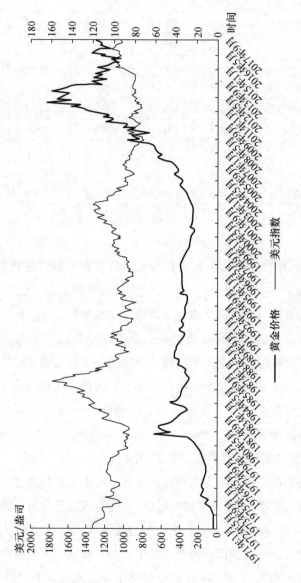

图 2　黄金价格与美元走势（1971—2017 年）

在美国的股票指数中，道琼斯指数最能全面反映美国股票市场的波动，也是直接衡量美国经济发展状况的市场指标。因此，通过比较历史数据，以 1996 年 7 月、2008 年 3 月和 2014 年 1 月为分界点，可以看出黄金价格的波动与道琼斯指数呈现出相反的走势（见图 3）。

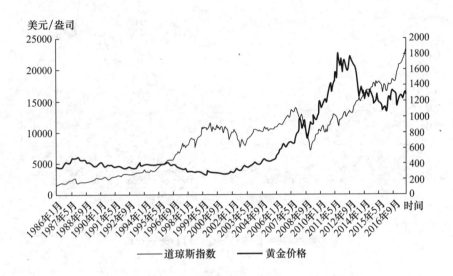

图 3　黄金价格与股票价格走势（1986—2017 年）

当道琼斯指数较高时，股票市场看涨，投资者趋向于把资金放到股票市场，保证资产增值；当道琼斯指数较低时，股票市场低迷，投资者往往偏好选择具有高保值属性的黄金，于是资金从股票市场流向黄金市场。

（四）原油价格对黄金价格的影响

石油（是原油经过加工的产品）因其在社会发展中占有极其重要的地位，被誉为液体黄金。而黄金和石油均是重要的战略资源和经济资源，但是，两者都容易受地区重大地缘政治冲击的影响。因此，大量研究表明，石油价格与黄金价格之间存在高度的相关关系。

石油价格升高必定引发通货膨胀。由于石油价格升高往往会导致成本推进型的通货膨胀，致使世界主要货币的信用水平降低，投资者对黄金的需求增加，从而促使其价格上涨；石油价格变动也往往伴随着地缘政治事件冲击。当世界发生重大地域冲突事件时，会造成世界主要货币的信用水平降低，以及战略资源的供给不稳定，导致资金从货币市场和资本市场撤出，转入商品市场。黄金价格与原油价格的走势如图 4 所示。

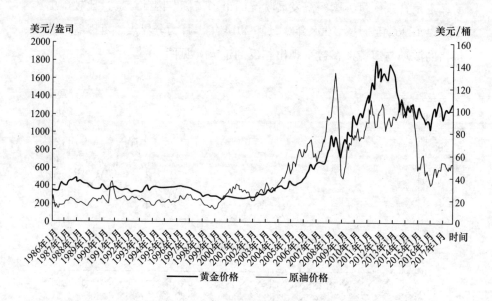

图 4 黄金价格与原油价格走势（1986—2017 年）

黄金价格与原油价格的波动趋势在中长期内是基本一致的，只是黄金
价格波动相对于原油价格的波动显得滞后。张清朵等（2016）的研究表
明，国际原油价格波动传导至黄金市场的时间较短，对黄金价格变化影响
较大。而国际黄金价格的波动传导至原油市场的时间稍长，对原油价格波
动的影响相对较小。[①]

（五）联邦基金利率对黄金价格的影响

调整联邦基金利率，是美联储对美国经济实施宏观调控的重要手段。
近年来，联邦基金利率成为影响黄金价格波动的重要因素。

历史数据表明，联邦基金利率与黄金价格走势呈负相关关系。如果美
联储为了刺激经济增长而降低联邦基金利率，则美元相对走弱，促使经济
增长并可能出现通货膨胀。此时，黄金作为抵御通货膨胀的工具，使黄金
价格上涨。反之，如果美联储旨在防止经济过热而提高联邦基金利率，就

---

① 张清朵、杨坤、熊学文：《国际原油与黄金价格的风险传染关系研究》，《西南交通大学
学报》2016 年第 2 期。

会使美元相对走强。随着经济增长速度放缓，黄金价格便又会逐渐恢复至正常水平（见图5）。

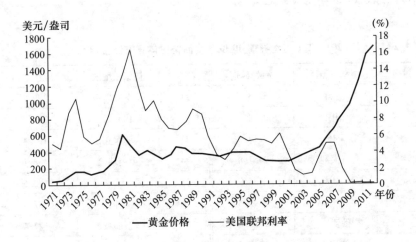

图5　黄金价格与原油价格走势（1971—2011年）

（六）官方黄金储备变化对黄金价格的影响

中央银行的黄金储备，以及黄金的减持和购买，是影响黄金供给和需求和导致黄金价格变化的重要因素。历史上曾经出现过黄金储备大国减持，引发黄金价格波动的案例。

例如，20世纪70年代，布雷顿森林体系崩溃以后，美国、德国、法国和意大利等黄金储备大国，纷纷大量减持黄金储备，由此引发了1974—1976年的黄金价格下跌。此后，由于不断出现的美元危机，致使各国政府大幅度增加黄金储备，1977—1980年，黄金价格再度上涨。

虽然为了防止各国竞相抛售黄金而造成黄金价格大幅度下跌，西方国家中央银行卖出黄金的行为需要遵守（于2009年、2004年和2009年分别签署的）中央银行黄金协议，但黄金的买入行为并不受约束。[1]

各国中央银行持有的黄金储备一直处于不断变化之中。2008年国际金融危机前，总体上是减持黄金，截至2008年，世界黄金总储量为3.01万吨。国际金融危机后又不断增加黄金储备，截至2015年第二季度，黄

---

[1]　张启迪：《全球黄金价格的影响因素及未来趋势》，《南方金融》2017年第4期。

金储备已经升至 3.27 万吨。[①] 期间，黄金价格因各国中央银行的抛售减持和净买入，其价格波动较为明显。目前，各国中央银行持有的黄金储备总量已经超过 3 万吨（见表 2）。

表 2　　　　　2017 年 1 月世界前 40 位黄金储备主体官方储备情况

排名	国家或地区	储量（吨）	排名	国家或地区	储量（吨）
1	美国	8133.5	21	哈萨克斯坦	279.0
2	德国	3374.1	22	比利时	227.4
3	IMF	2814.0	23	菲律宾	196.4
4	意大利	2451.8	24	委内瑞拉	188.1
5	法国	2435.9	25	阿尔及利亚	173.6
6	中国	1842.6	26	泰国	152.4
7	俄罗斯	1715.8	27	新加坡	127.4
8	瑞士	1040.0	28	瑞典	125.7
9	日本	765.2	29	南非	125.3
10	荷兰	612.5	30	墨西哥	120.1
11	印度	557.8	31	利比亚	116.6
12	欧洲央行	504.8	32	希腊	112.9
13	中国台湾	456.1	33	韩国	104.4
14	土耳其	423.6	34	罗马尼亚	103.7
15	葡萄牙	382.5	35	国际清算银行	103.0
16	沙特阿拉伯	322.9	36	波兰	103.0
17	英国	310.3	37	伊拉克	89.8
18	黎巴嫩	286.8	38	澳大利亚	79.9
19	西班牙	281.6	39	印度尼西亚	79.3
20	奥地利	280.0	40	科威特	79.0

资料来源：世界黄金协会：http：//www. gold. org/government_ affairs/gold_ reserves/。

综上所述，研究黄金价格的波动对于稳定金融市场、防范金融风险等都具有重要意义。如果黄金价格波动过大，就会引起投资者过度恐慌。因

---

① 李羚：《国际储备调整问题研究——基于美元对金价波动贡献度视角》，《西南金融》2016 年第 2 期。

此，关注黄金价格的变化，有利于规避价格风险。

黄金供给和需求结构、美元价格指数、美元利率水平、原油价格水平、通货膨胀水平、地缘政治因素、中央银行的抛售减持和净买入等，都是影响黄金价格的因素。对上述因素的深入分析，建立价格波动的预警机制，进而实现对黄金价格变动的正确预测。

（执笔人：刘秀光　吴铁雄　康艺之）

重现的“金融萧条”与“信用迷失”

一　引言

日本经济学家宫崎义一将美国始于 1990 年第四季度和日本自 1991 年开始的经济萧条，称为以金融部门为主导的“复合萧条”。他认为，复合萧条是金融自由化的归宿，并指出，如果强调以金融部门为主导的一面，或许可以将这种萧条称为金融萧条。[①]

20 世纪 70 年代中期至 90 年代末，是世界多数国家和地区经历的金融自由化时期。尽管世界银行是金融自由化的积极倡导者，但是，世界银行也承认，由于有了金融自由化，银行业保险健全的程度下降了。在世界银行使用的 53 个样本国家中，78% 的银行危机发生于金融自由化期间。世界银行针对 90 年代末大多数亚洲、欧洲和南美洲国家和地区出现的货币和金融危机指出，这次危机与十年以来各国进行的金融自由化过程是密不可分的。[②]

维持银行业稳定经营的基本条件是：谨慎监管、有限竞争和行业自律。然而，金融自由化的过程恰恰是放松这些条件的过程。金融自由化实现了利率自由化、资本自由化和混业经营三大变革。这些变革在提高效率的同时，也催生了银行业的许多风险。与此同时，政府对金融业放松管制，也加剧了金融业的竞争。金融业竞争的不断加剧导致金融业在追求利

[①]　［日］宫崎义一：《泡沫经济的经济对策——复合萧条论》，陆华生译，中国人民大学出版社 2000 年版，第 17 页。

[②]　世界银行编：《金融自由化——距离多远？多快实现？》，王永兰译，中国财政经济出版社 2003 年版，第 65—80 页。

润的时候，忽略了自己的社会责任，淡漠了行业自律意识。如果对 20 世纪 90 年代的金融萧条与 2008 年的国际金融危机进行比较，可以将国际金融危机的原因归结为信用迷失。

二　金融萧条的两个重要特征

20 世纪 90 年代的金融萧条有两个重要特征。

第一个特征是银行萧条的出现先于实体经济萧条。例如，美国的储蓄机构和商业银行的萧条现象从 1988 年开始变得明显起来，而美国实体经济出现负增长则是在 1990 年第四季度以后。此间相距两年的间隔，说明首先出现银行萧条，然后再影响到实体经济。[①]

第二个特征是"信用危境"或称信贷紧缩。根据日本《经济咨询委员会年度报告》（1992 年）的规定，信用危境是指信用供给被控制在一般的市场利率与投资收益相抵的范围以下之情况。简言之，信用危境是由于银行提高贷款标准导致过分控制银行贷款的紧缩，而正是贷款的紧缩致使实体经济陷入萧条。[②]

自 2008 年开始的国际金融危机，引发了全球性经济危机。由于这次经济危机也是由金融部门引发的危机，因此也是一种金融萧条。并且，这次经济危机符合宫崎义一所称之金融萧条的第一个重要特征，也就是银行萧条先于实体经济萧条。

2008 年上半年，世界经济的增长延续了 2007 年第四季度以来放慢的态势，但实体经济并没有出现显著的萧条迹象，特别是在美国次贷危机发生之前的五年内，经济全球化的速度在进一步加快，全球经济呈现出高增长和低物价的良好局面。据有关统计资料，1998—2002 年，世界 GDP 年均增长 3.4%，物价水平年均上涨 4.4%；2003—2007 年，世界 GDP 年均增长 4.9%，物价水平年均上涨只有 3.6%。[③]

---

① ［日］宫崎义一：《泡沫经济的经济对策——复合萧条论》，陆华生译，中国人民大学出版社 2000 年版，第 25—26 页。

② 同上书，第 78—79 页。

③ 夏斌：《从全球通胀到金融危机》，《中国金融》2009 年第 3 期。

然而，2008 年国际金融危机以来的金融萧条，不是源自信用危境，而是银行业在经营中信用迷失的结果。因此，厘清信用迷失的具体表现形式，有助于揭示这次金融萧条的根本原因。

三　信用迷失的具体表现形式

银行业的信用迷失第一个方面的表现，是银行业务严重偏离了真实借贷的信用过度扩张。这种信用的过度扩张，促使银行业潜在的风险最终必然爆发金融危机。

2001 年美国经济陷入衰退，为了刺激经济的复苏，美联储连续 13 次降息。而降息诱使华尔街的金融机构利用金融衍生工具借以扩大信用，于是商业银行改变了谨慎发放贷款的传统，对没有还款能力的人发放不需要首付款的住房按揭贷款，这类按揭贷款就是所谓的次级贷款，该类放款数额由 2000 年的 2000 亿美元，激增至 2006 年的 1.5 万亿美元左右。

发放次贷的那些商业银行将这些贷款作为抵押，打包发行房屋贷款抵押债券（MBS），借以筹资再次发放按揭贷款。在此基础上，一些评级机构对不同的 MBS 进行信用评估，分等级后再发行各种类型的证券用于筹资，也就是再次进行贷款抵押。

以上类型的贷款不但链条冗长，而且链条上的绝大部分已经不是真实借贷。同时，这类贷款数额也是巨大的，其规模在 2006 年就达到 60 多亿美元。在此期间，美联储除连续降息之外，在 2004 年还放松了对高杠杆率的限制，于是信用倍数被不断地放大。

由上述的分析清楚地看出，美国的金融业在金融创新和放松监管的过程中，伴随着信用过度扩张，从而出现了严重偏离真实借贷的信用迷失。

在运行良好的信用货币体系中，除本位货币（一个国家的基本通货和法定的计价结算货币）以外的所有金融资产，包括众多的金融衍生工具之所以被接受，或者人们乐意投资于金融衍生工具，是因为这些投资工具的价值是由本位货币来度量的，并且人们相信最终能够兑换成本位货币。

如果在金融过度创新和金融衍生工具滥用的情况下，金融衍生工具就越来越远离本位货币。并且,严重偏离真实信贷冗长的信用链条,使得金融衍生工具最终兑换成本位货币的风险越来越大。当信用链条的一个或几个环节断裂时,整个货币体系就一定会遭遇灭顶之灾。

银行业的信用迷失第二个方面的表现,是某些商业银行忽略了社会责任,实施金融诈骗,这是信用迷失最恶劣的表现。如果银行业片面地追求利润最大化,就必然忽略了其承担的社会责任。一般来说,要纠正这些偏向,只能依靠货币当局对银行行为进行连贯的监督,并实行具体限制。但是,如果银行本身的行业自律意识淡漠,在计算机和通信革命时代,规避这些监督和限制的许多方面是十分容易的。因此,世界银行认为,金融自由化导致要恢复20世纪50年代银行全盛时代那样的控制是不可能的。[①]不少商业银行之所以变成了"问题银行",都是忽略其承担的社会责任,片面地追求利润最大化,丧失了行业自律意识的后果。

银行及其银行经理与股东、储户之间的委托—代理关系,是银行及其银行经理在职业道德方面出现问题的重要因素。如果对银行及银行经理代理行为的监督不力,代理人将会有很多机会谋取私利。正是在金融自由化过程中的放松管制和解除管制,致使货币当局对银行的监管不力,内在于委托—代理中的道德风险不断滋生,最终往往发展成为金融诈骗。

日本在1990—1991年间,由于大藏省和日本银行对商业银行的监管不力,证券和金融丑闻接二连三地发生。在2008年国际金融危机之前,华尔街不少金融机构也扮演了金融诈骗者的角色。例如,美国斯坦福金融集团的证券欺诈伎俩,已经在2009年7月大白于天下。斯坦福金融集团在销售80多亿美元的有价证券时,歪曲证券的安全性,做出不切实际的高回报承诺来欺骗投资者。

金融诈骗者之所以屡屡得逞,与评级机构无视职业操守成为金融诈骗者的帮凶也有很大关系。近一个多世纪以来,美国的穆迪、标准普尔和惠誉三大评级机构一直被看作是金融市场的看门人,它们的AAA评级已被视为安全投资的黄金标准,但是,正是这些评级机构往往扮演着不光彩的角色。

---

① 世界银行编:《金融自由化——距离多远? 多快实现?》,王永兰译,中国财政经济出版社2003年版,第22页。

　　穆迪公司的员工对于自己的工作曾经评论说，我们不像是在进行职业的评级分析，而更像是在把自己的灵魂出售给魔鬼来换取金钱。穆迪的高层管理者承认，他们将灵魂出卖给了魔鬼。穆迪公司的员工和高层管理者对自己工作的这些评价，明白无误地道出了这些评级机构与金融诈骗者之间的关系。三大评级机构通过收取高额评级费使其收入不断上涨，而经过它们评级的金融资产常常成为金融诈骗者的道具也是有力的证明。

（执笔人：刘秀光　吴铁雄　康艺之）

美元是如何给世界经济制造麻烦的

一 引言

美国《1792年铸币法》的通过，被认为是美元诞生的标志。自美元面世尤其是作为国际储备货币以来，有关美元对世界经济影响的问题就一直存在着争论。例如，法国前总统夏尔·戴高乐谴责美国享有"不正常的特权"，因为美元的储备货币地位使美国人可以用国家印刷厂印出的纸片来买外国的工厂。[①]

但是，曾任肯尼迪政府经济顾问委员会成员的耶鲁大学教授詹姆士·托宾不承认这样的事实。他认为，美国没有滥用国际货币发行的特权，没有向欧洲倾倒没有价值的废纸，从而造成他们的通货膨胀。不过，在美国的政界和经济学界，也有不少对美元批评的声音。其中，有代表性的是尼克松政府时期的财政部长约翰·康纳利，曾经就国际上对美元的指责坦承：我们的美元，你们的麻烦。

美元在行使一般货币职能和国际储备货币职能的过程中，确实给世界经济制造了许多麻烦。例如，20世纪60年代的货币扩张引发了美国国内的通货膨胀，其他国家为了维持原有的本币与美元的比率，也纷纷增加货币供给量。其结果是，其他国家同样遭遇了通货膨胀；90年代和进入21世纪以来，美联储过量的货币投放由此带来的通货膨胀，在刺激美国国内经济增长和经济复苏的同时，"股票、债券和房地产等，这些资产泡沫又

---

① ［美］马丁·迈耶：《美元的命运》，钟良等译，海南出版社、三环出版社2000年版，第138页。

被成功地'出口'到了欧洲和亚洲"。①

由于美元在不同的历史阶段,对世界经济的影响也存在着差异。因此,以布雷顿森林体系的建立为界,将美元在布雷顿森林体系前期、中期、后期不同时期的表现做一番梳理,有助于从中认识美元是如何给世界经济制造麻烦的。

二 美元违背金本位制规则的后果

1900 年 3 月 14 日《金本位制法案》获得通过,最终以法律形式确立了金本位制作为美国的货币制度。在布雷顿森林体系之前,除了世界大战期间和大萧条时期,美元都处于金本位制的框架内。

因为黄金是最终偿付承诺的资产,通过黄金的输出和输入能够实现国际收支的自动平衡,所以,金本位制被认为是一种稳定的货币制度。但是,为了自身的经济利益,美国并不总是严格遵守金本位制规则。

弗里德曼和施瓦茨针对 1929 年股票市场暴跌以及一系列银行倒闭事件指出,美国是事态的主导者而不是追随者。因为当其他国家发生上述经济事件时,这些国家的价格和收入水平相对于美国的价格和收入水平下降,美国将出现国际收支赤字。同时,这些国家的价格和收入水平的下降,导致黄金从美国流向国外。如果美国遵守金本位制规则——降低货币存量,从而降低美国的价格和收入水平。然而,在大萧条开始后的最初两年里,美国的黄金存量反而是上升的。这表明,"其他国家不得不进行调整来适应美国的货币政策"。②

美国总是仰仗其拥有的黄金储备破坏世界货币体系的稳定。1897 年,美国拥有世界黄金存量的 14%,1914 年该比例提高到将近 25%。③ 1931 年,美国的黄金储备达到历史的最高水平,约占世界黄金储备总量的 40%。④ 弗

---

① [美] 彼得·D. 希夫、约翰·唐斯:《美元大崩溃》,陈召强译,中信出版社 2008 年版,第 58 页。

② [美] 米尔顿·弗里德曼、安娜·J. 施瓦茨:《美国货币史——1867—1960》,巴曙松等译,北京大学出版社 2009 年版,第 497 页。

③ 同上书,第 255—256 页。

④ 同上书,第 92 页。

里德曼和施瓦茨认为，至少从第一次世界大战开始，美国就已经是国际贸易以及国际资本和金融市场中的重要参与者，它持有黄金储备，占世界黄金储备非常大的比重，因此，它有能力引起世界性的波动，而不仅仅是对这种波动做出回应。[1]

1934年1月30日，美国联邦政府通过的《黄金储备法案》，重新规定了买卖黄金每盎司35美元的固定价格，将美元的含金量降至原来重量的59.06%，并对美元进行了永久性贬值，美元比1933年贬值69%。在每盎司黄金兑35美元的条件下，增强了外国黄金在美国的购买力，于是美国出口增加，带来了巨额的贸易盈余。20世纪30年代，美国正是通过低估美元币值而积累了大量黄金外汇，这时的美国正如马丁·迈耶所说，是"国际丛林中凶野的离群象"。[2]

可见，在布雷顿森林体系建立之前，美国虽然拥有世界黄金总量更大的份额，但并不严格遵守金本位制规则，反而利用美元对国际贸易体系和世界货币体系施加影响，通过给世界经济制造麻烦而为自己谋取利益。

三 世界经济陷入"美元本位陷阱"

1944年布雷顿森林体系的建立，美元从此作为国际储备货币登上世界经济的舞台。在布雷顿森林体系的安排下，美元的责任主要有两个方面：一是保证按照官定价格兑换黄金；二是提供足够的国际清偿手段。但是，正如麦金农在其《受困于国际美元本位》一文中所指出的那样，由于美元是世界主要货币，美国国内贫乏的家庭储蓄加之政府无限制地向世界其他国家借入美元，形成了"美元本位陷阱"。[3]

在布雷顿森林体系的制度安排中，将国际收支不平衡的调整交由贸易赤字国来承担。当一国出现贸易赤字时，该国必须通过紧缩本国经济，在

---

[1] [美]米尔顿·弗里德曼、安娜·J. 施瓦茨：《美国货币史—1867—1960》，巴曙松等译，北京大学出版社2009年版，第281页。

[2] [美]马丁·迈耶：《美元的命运》，钟良等译，海南出版社、三环出版社2000年版，第39页。

[3] [美]多米尼克·萨尔瓦多等：《欧元、美元和国际货币体系》，贺瑛等译，复旦大学出版社2007年版，第68—78页。

提高利率水平的同时，使本币贬值以增加出口，以及减少政府支出和减少进口。

国家之间如果同意一国货币贬值，外国政府和中央银行就会向货币贬值国提供贷款，但是，只有美国不会要求外国政府和中央银行为其提供贷款。因为外国政府和中央银行只要愿意持有美元，以及增加美元或美元资产的持有数量，其实质就是对美国提供了贷款。这样，美国的贸易对象国同时又成为其融资国。在这一链条中，美国的贸易对象国用其对美贸易顺差获得的美元去购买美元资产，而美国借此弥补因贸易逆差带来的经济失衡。对此，曾任法国总统的夏尔·戴高乐一针见血地指出，美国的贸易赤字是"不流眼泪的赤字"。

在一国国际收支与其他国家政策的关系方面，美国的国际收支是其他国家政策的函数。具体来说，如果其他国家希望增加美元储备，它们可以让自己的货币贬值、吸收外国资本或者降低通货膨胀率；如果其他国家希望减少美元储备，则可以让自己的货币升值、输出资本或者容忍通货膨胀。对美国的国际收支而言，其他国家总是处在被动的地位。

美国经济学家詹姆士·托宾直截了当地说，关于我们的国际收支问题，主要的事情应当由别人来做，这不需要我们自己来解决。[1] 由于美元是国际储备货币，其他国家可以用美元来清偿债务，而美国几乎没有外汇储备，它又不愿意用黄金来清偿债务（美国巨额的债务也难以用黄金完全清偿）。因此，"美元不可能用来在市场上支持美元"。[2] 约翰·康纳利的继任者，曾任美国财政部长的乔治·舒尔茨信奉的教条是，美国没有义务维持美元的国际价值。实际上，美国的历任财政部长都在或明或暗地奉行这一教条。

四 肆意泛滥的美元殃及世界经济

虽然布雷顿森林体系中的美元是主要国际储备货币，但是，经济学家

---

[1] ［美］马丁·迈耶：《美元的命运》，钟良等译，海南出版社、三环出版社2000年版，第130页。

[2] 同上书，第195页。

在美元强势时期就坚信，"复兴也蕴含着自我毁灭的种子"。① 罗伯特·特里芬在其《黄金与美元危机——自由兑换的未来》（1960 年）一书中就曾经预言布雷顿森林体系的崩溃。1971 年 7 月，美元这头野兽开始没精打采地走向伯利恒。②③

"尼克松冲击"宣告了布雷顿森林体系时代的终结。1971 年 12 月，西方十国（实际上由美国、英国、法国、德国、意大利、加拿大、日本、比利时、荷兰、瑞典和瑞士 11 国组成）签订的《史密森协定》，企图在布雷顿森林体系崩溃以后通过调整美元价格，重新建立一个新的准布雷顿森林体系。该协定允许围绕各国商定的"中心汇率"波动 2.25%，其他国家的货币依据《史密森协定》升值而美元贬值。这样，美国从中得到的好处是其国际收支改善 80 亿—90 亿美元，而其他国家却往往受损。

例如，《史密森协定》签订以后，英国的通货膨胀率不断上升，国际收支赤字也不断增加。《史密森协定》规定的 1 英镑兑 2.55 美元的汇率，使英国在两周内损失了 1/3 的储备资产；当初联邦德国为了买入美元，发行了大量的马克，于是给经济带来了极大的通货膨胀压力。《史密森协定》在支撑了不足 15 个月后宣告终结的原因，理所当然要归咎于美元在该协定安排下的贬值。

布雷顿森林体系崩溃以后，美国依然放任贸易赤字和财政赤字两大经济顽疾的存在。它这样做的理由，归纳起来，无非有两个：

第一个理由，如同《美元大崩溃》的作者在该书前言中所说，华尔街的观点是，贸易赤字是经济健康发展的一个标志。这一观点认为，美国购买商品和服务向国外支付美元，得到美元的国家将购买美国的政府债券和其他资产。尽管美国出现贸易赤字，但是，经过这一转换就出现了资本账户的盈余。早在 1978 年，美元正处于过剩状态。此间，美国的贸易赤字累计高达 700 多亿美元，使外国持有大量的美元。根据罗伯特·特里芬的一项研究，1978 年 6 月，外国持有的美元为 3730 亿。25 年之后，世界

---

① ［美］保罗·萨缪尔森、威廉·诺德豪斯：《经济学》第十七版，萧琛主译，人民邮电出版社 2004 年版，第 503 页。

② 伯利恒是犹太教和基督教的圣地。

③ ［美］马丁·迈耶：《美元的命运》，钟良等译，海南出版社、三环出版社 2000 年版，第 173 页。

上还有不少在这一时期过剩的美元。"作为一种高通胀的货币，美元把它的不稳定性传播给了世界其他各国。"①

第二个理由，利用美元的过度投放，能够不断减轻美国的债务负担。美国财政部宣布，截至 2010 年 6 月 1 日，联邦政府的债务总规模突破 13 万亿美元，是美国历史上的最高纪录。据估计，美国债务占全年 GDP 的将近 90%。但是，根据相关测算，如果美国的年通货膨胀率达到 6%，只要经过 4 年，其国债余额占 GDP 比重就可以下降 20%。2016 年，美国政府债务总规模更是高达 19.97 万亿美元，约占全年 GDP 的 106%。政府债务是美国财政收入的 6 倍之多，这相当于平均每个美国人欠下了 6 万美元的债务。

美国放任贸易赤字和财政赤字长期存在，是由于美国政府的债务负担，可以通过美元的贬值转嫁给其他国家。而之所以能够如此，是因为"尼克松冲击"之后，原有的世界货币体系解体并且关闭了黄金窗口，"彻底解放了控制货币供给的美联储，因为金本位是它印刷货币的唯一障碍"。②

自 2008 年以来，美联储推出了至少三轮量化宽松政策。通过这一货币政策的安排，能够创造出超过万亿美元的储备，从而给世界经济注入了过量的美元。据统计，量化宽松政策使美联储的资产负债从 9000 亿美元，狂飙至 4.5 亿美元。美联储资产规模的急剧扩大，意味着向市场投放的美元总量就越大。于是，过量美元的投放，在改变美元汇率水平的同时，也使其他国家的美元资产大幅贬值。

中国人民银行《2010 年第四季度货币政策执行报告》的数据显示，2010 年，由于美元贬值以美元计价的中国进口和出口的商品价格分别上涨 13.7% 和 2.4%。可见，美国不但将通货膨胀输入给中国，而且随着美元的不断贬值，中国持有的美元资产的实际价值被蚕食，而美国的对外债务负担却在"悄悄"地减轻。

2015 年 12 月，美联储开始讨论资产负债"缩表"问题。2017 年 9 月

---

① ［美］马丁·迈耶：《美元的命运》，钟良等译，海南出版社、三环出版社 2000 年版，第 15 页。

② ［美］彼得·D. 希夫、约翰·唐斯：《美元大崩溃》，陈召强译，中信出版社 2008 年版，第 46 页。

宣布，10 月开始缩减其 4.5 万亿美元的资产负债表，每月缩减规模为 100 亿美元，逐步收紧其货币政策。美联储资产负债缩表，将带来美元升值而其他国家货币贬值和资金外流的压力，以及国际金融市场更多的不确定性。

美元在给世界制造麻烦的同时，也给自己带来了麻烦。弗里德曼和施瓦茨早就指出，如果美国的确引发了全球性的冲击，反过来，它毫无疑问会因为世界其他国家的反应而受到影响。当其他国家遭受了金融困境之时，美国反过来受到自身引发的一系列事件的反射性影响。[1] 华尔街金融海啸在给世界经济带来严重危害的同时，美国自己的金融体系也遭受重创，其经济也深陷衰退的泥沼之中。

如果要预测美元的命运，有的经济学家认为，现在"美元仍然提供着最主要的国际流动性和国际储备。政治学家所谓的霸权主义仍然是可行的原则"。[2] 不过，马丁·迈耶认为，未来的"美元不会再至高无上，不过它能够比较合理"。[3] 前者是可以肯定的，但后者却是值得怀疑的。

（执笔人：刘秀光　吴铁雄　康艺之）

---

[1] ［美］米尔顿·弗里德曼、安娜·J. 施瓦茨：《美国货币史——1867—1960》，巴曙松等译，北京大学出版社 2009 年版，第 255 页。

[2] ［美］马丁·迈耶：《美元的命运》，钟良等译，海南出版社、三环出版社 2000 年版，第 16 页。

[3] 同上书，第 315 页。

美元循环周转机制与国际金融危机

一　引言

在历史上每当出现国际金融危机时，便会引发要求改革国际金融体系的呼声。例如，20世纪八九十年代，许多经济学家针对不断发生的国际金融危机，提出各自的建议，呼吁建立一个超越国家的金融组织。库珀（1984）建议创建世界货币和世界中央银行；萨克斯（1995）建议建立国际破产法庭；考夫曼（1998）则建议创建国际金融规制者。

当2008年国际金融危机爆发以后，人们又纷纷议论建立新的国际金融体系问题。时任英国首相的布朗和法国总统萨科齐均发表言论认为，需要彻底改革全球金融体系，建立新布雷顿森林体系。但是，时任IMF总裁的斯特劳斯·卡恩并不赞成布朗和萨科齐的建议，他指出，我不相信可以设立这样一种具备红灯和绿灯且红绿灯有时还能在国家之间逐个变换的机制。

卡恩质疑建立新布雷顿森林体系的态度，可能是他对布雷顿森林体系的作用失望的反应。以美元为中心的布雷顿森林体系，虽然在一定程度上稳定了第二次世界大战以后的国际金融秩序，但是，"这样一个体系，无论是自身发展起来的，还是通过专门设计建立起来的，都会以某种显而易见的方式将国际金融权力集中起来，从而引发这样一个难题，即如何保证拥有权力的中央国际金融机构总是追求一个在全球水平上合理且稳定的货币政策"。①

---

①　［加拿大］约翰·史密森：《货币经济学前沿：论争与反思》，柳永明等译，上海财经大学出版社2004年版，第138页。

　　由于国际金融体系的核心是一种国际货币体系，而作为最主要国际货币的美元，它的发行和流通对国际金融体系的影响就需要认真分析。

　　美国是一种借款依赖型体制。① 政府实施的赤字财政政策、国民的超前消费方式和银行的金融支持，这三者构成了这种体制的全部内容。

　　在借款依赖型体制下，美国的国际贸易逆差和经常账户逆差能够维持，需要以美元不间断的循环周转运动为保证。而要保证美元不间断的循环周转运动，就必然要依赖其他国家的商品出口换取美元，其他国家又用换取的美元通过购买美国债券投资于美国，于是美元回流至美国。如此循环进行下去的过程，就是美元的循环周转机制。美元循环周转机制由三个相互联系的环节所构成：在世界范围发行美元、美元流通和金融自由化。

　　美元在世界范围的发行，使美元具有"美元本位制"功能和"世界基础货币"地位；美元在世界范围的流通得以利用美元纸币剥夺其他国家的真实资源，其他国家的货币将处在劣势地位，于是就产生了"美元殖民地"和"劣势货币"；金融自由化是维持美元循环周转机制运行的方式，是美国解决巨大贸易逆差和对外债务膨胀的基本手段。

二　"美元本位制"和"世界基础货币"

　　自布雷顿森林体系建立以来，美元实现了在世界范围的发行，这些发行在世界范围的美元就突破了国家界限。于是，在国际贸易、资金融通和国际支付中，美元就成为主要的国际货币，并作为世界金融领域的价值标准和最终支付手段，因而世界经济中的货币体制就是美元本位制。与此同时，美元也成为世界基础货币，美元利率和汇率的变动，势必左右着其他国家的货币利率和汇率的变动，这些国家的货币政策因此受制于美联储。

　　布雷顿森林体系的安排是用美元和黄金为各国货币建立一种平价，当一国的货币偏离其价值过远时，这一平价就可以被加以调整。"各国间持久的相对价格的差异，可以通过汇率的变动来加以调整和协调，而不必遭

---

　　① ［日］金子胜：《经济全球化与市场战略——市场原理主义的批判》，胡婧译，中国人民大学出版社 2002 年版，第 152 页。

受金本位下所必须经历的通货紧缩和失业的痛苦"。[①]

有违布雷顿森林体系安排初衷的是，美元在世界货币体系中的美元本位制功能和世界基础货币地位，使美联储成为在国际金融体系中拥有霸权地位的中央银行，实际上几乎成为世界范围的中央银行。美国总是利用其在布雷顿森林体系中的地位，以美国为中心，几乎完全基于它自己的理念和利益，来迫使其他国家改变币值为其经济政治利益服务。

例如，20世纪60年代，日本和联邦德国存在着大量对美贸易顺差。于是，美国要求日本和联邦德国调整其币值，并对进口商品课征10%的附加关税。于是，日本和联邦德国在美国的压力下，1971年和1973年两次被迫调整币值。

布雷顿森林体系崩溃之后，美元的官方平价机制不复存在。实行固定汇率制的国家与美元联系紧密，如盯住美元汇率。但是，由于这些国家的汇率是由美元汇率决定的，导致这些国家因美元升值而带来巨大的货币升值压力，甚至由此引发金融危机，阿根廷的遭遇就是一个例证。

自20世纪90年代早期开始，阿根廷比索与美元保持1:1的固定汇率，这种盯住制在90年代中后期因美元汇率急剧上涨，使比索的币值远远高于其实际价值，从而大大削弱了阿根廷出口产品的竞争力，随之而来的是国内高达20%以上的失业率。

以美元计价的阿根廷债务在比索贬值的情况下，以比索计量的外债水平猛增。经济学家估计，比索贬值后阿根廷债务与其GDP的比率从贬值前接近50%的水平升至100%。阿根廷因汇率危机爆发的金融危机演变成为社会危机，阿根廷的经济也陷入了持久的衰退之中。表1列出了除阿根廷以外盯住美元的主要国家和发生货币危机的时间。

在布雷顿森林体系崩溃之后，IMF建议采用弹性汇率制，并且，IMF和美国成为弹性汇率制的积极倡导者。由于弹性汇率制的实施，商品和资本国际流动非常迅速。20世纪70年代初，不少新兴工业国和转轨国家的汇率因此出现了严重波动，90年代更是出现了拉美和亚洲国家的外汇危机。弹性汇率制"为更经常或更严重的投机活动进出个别货币敞开了大

---

① ［美］保罗·萨缪尔森、威廉·诺德豪斯：《经济学》第十七版，萧琛主译，人民邮电出版社2004年版，第503页。

门，而这些活动又把新的不稳定因素引入了汇率"。①

表1　　　　　　　盯住美元的主要国家和发生货币危机的时间

国　　家	货币危机时间	国　　家	货币危机时间
墨西哥	1994 年	俄罗斯	1998 年
泰国	1997 年	巴西	1999 年
韩国	1997 年	土耳其	2001 年

资料来源：根据萨尔瓦多等《欧元、美元和国际货币体系》第 89 页的资料整理得到。

三　"美元殖民地"和"劣势货币"

美元在世界范围的流通是美元循环周转机制的核心。因为只有通过流通，才能获得美元投资或投机收益，而美元在世界范围流通的主要方式是出售美国债券。当其他国家购买了美国债券时，美国就积聚了大量的其他国家的净债权。这些通过其他国家的经常账户盈余积累起来的债权，则成为美国对其他国家真实资源的要求权。

美元循环周转机制使美国经济总是能够"左右逢源"：当其经济形势良好时，美国债券的收益率就高，而其他国家将更多地购买或持有美国债券，于是美国将回笼的美元用于消费和投资。例如，美国在 20 世纪 90 年代的"新经济"时期，出现了 123 个月的经济增长。而正是借助"新经济"，1998 年度财政收支转为盈余。利用得到的国外的巨额资本，然后又将大量美元再次投资于国外，由此引起了对冲基金等的投机行为，这成为扰乱国际金融市场的因素。②

当美国经济不景气时，美国债券的收益率就低，其他国家持有的美国债券的价值将缩水。在此情况下，美国利用美元纸币不断地剥夺着其他国

---

① ［加拿大］杰格迪什·汉达：《货币经济学》，郭庆旺等译，中国人民大学出版社 2005 年版，第 552 页。

② ［日］菊地悠二：《日元国际化——进程与展望》，陈建译，中国人民大学出版社 2002 年版，第 206 页。

家的真实资源，美国便将经济不景气的后果转嫁给了其他国家，而它自己却可能毫发无损。这一过程使其他国家的货币处在劣势地位，于是就产生了"美元殖民地"和"劣势货币"。

第二次世界大战以后，美国长期持有巨额国际贸易逆差和对外债务，表2显示了2001—2007年美国的国际贸易逆差和对外债务情况。与此前相比，近几年的国际贸易逆差有增无减。2015年和2016年的国际贸易逆差，分别为8031亿美元和7343亿美元。

表2　　　　　　2001—2007年美国的国际贸易逆差和对外债务情况 单位：亿美元

年　　份	2001	2002	2003	2004	2005	2006	2007
贸易逆差	3860	4627	5269	6274	7330	7920	7331
对外债务	22889	24043	22857	23558	18509	18493	17275

资料来源：美国经济分析局。

根据美国财政部的统计数据，截至2011年1月20日，美国政府债务总额已高达14.056万亿美元，约占GDP的100%，相当于每个公民负债约4.5万美元；截至2017年7月3日，美国政府债务总额为19.8万亿美元，约占GDP的104%，相当于每个公民负债约6万美元。

美国是如何利用美元循环周转机制来解决巨额的对外债务？因为美国外债就是其面额表示的数量，而且美元是世界主要储备货币。这两个条件决定着美国能够在任何时候通过发行美元或美国债券，而不必通过出口盈余挣得外汇来偿还其对外债务。

本币不是国际储备货币的那些国家，要偿还所欠美国债务的本息，就不得不通过赚取外汇收入或动用外汇储备。而这些国家通过国际贸易盈余获得外汇收入时，还要应对贸易条件、汇率和利率变化等多种风险，而这些风险因素对于欠美国债务的经济薄弱的国家来说是难以全面控制的。因此，这些国家常常因为偿债能力不足甚至无法偿还债务而陷入困境。

对于美国所欠别国的债务，它永远不会丧失其清偿能力。因为美国随时可以印刷美元，并且以美元为别国的商品来定值，以及用美元偿还所欠别国债务的本息。所以，美国的对外债务，实质是一种不需要偿还的名义负债。厘清了这一点，美国为什么肆无忌惮地发行美元和美元债券，其真实原因就自然大白于天下了。

美元循环周转机制中的链条不会轻易断裂。在国际方面,只有当出现类似 20 世纪 80 年代初拉美债务危机,以及在国内方面只有当出现类似全球最大的保险公司美国国际集团(AIG)面临破产威胁、美国第四大投资银行雷曼兄弟公司破产时,才能对美元循环周转机制产生某些不利影响。因此,美国政府总是处心积虑地维护这一机制的运作。

国际金融危机首先从美国国内的次贷危机开始,然后通过一系列连锁反应,次贷危机蔓延至美国的金融业,最终殃及国际金融秩序和国际金融危机的爆发,上述过程是美元循环周转机制链条暂时断裂的表现。但是,只要现行的国际货币体系没有根本改变,美元循环周转机制就将恢复运行。

通过回顾中国持有美国国债的几个数据,来说明持有美元资产的得失问题。美国财政部发布的月度报告显示,截至 2008 年 4 月末,中国持有美国国债余额为 5020 亿美元,是美国国债的第二大持有国;截至 2013 年 5 月末,中国持有的美国国债余额首次突破 1.3 万亿美元,成为持有美国国债最多的国家;截至 2017 年 4 月末,中国持有的美国国债余额为 1.09 万亿美元,为美国国债的第二大持有国。

中国持有美国国债数量的增减,有其政治和经济等多方面的权衡。但在购买美国债券时面临着两个难题:在政治方面,持有数量不菲的债券,不能在短时间内大量抛售,因为大量抛售可能被解读为中美之间政治关系的某些变化;在经济方面,如果大幅度减少甚至停止购买美国债券,选择其他国家金融资产的余地不大。最主要的问题是,如何化解持有美国债券贬值的风险,以及由此造成的经济损失。对于这个经济问题,可以使用 2008 年的部分数据来说明。

中国人民银行公布的数据显示,截至 2008 年 9 月,中国外汇储备余额已达 19056 亿美元。香港《文汇报》报道称,在这 1.9 万亿美元的外汇储备中,1.3 万亿美元为美国证券,约占外汇储备总额的 70%。如果美元大幅贬值,中国庞大的美元储备就不可避免地遭受巨额损失。

对于外汇储备损失的具体数额,中国人民大学经济研究所 2008 年 9 月 21 日公布的《2008 年第三季度宏观经济分析与预测报告》预计,外汇储备亏损已达 360 亿美元。按此推算,中国在美元储备方面的亏损将高达 252 亿美元。

中国的商业银行持有数百亿美元房利美和房地美的债券，尽管两家公司的债券有美国政府的担保，但是，在当时两家公司的巨大危机使其债券的价值急剧缩水。因为房利美和房地美的股票价格，分别从一年前的70美元和45美元，在2008年9月曾经狂跌至低于1美元。

四　维持美元循环周转机制运行的手段

美国解决巨大国际贸易逆差和对外债务膨胀的基本手段，是通过流入美国的资金进行再投资或投机来获得投资或投机收益，以此控制对外债务的增加，或者保持对外债务的链条不会断裂。

如果要保持美元在国际货币体系中世界基础货币的地位，让美元在世界范围流通，或美元资产被其他国家所持有，借以在世界范围筹集资金来弥补美国的财政赤字和国际贸易赤字。与此同时，美国的金融机构又能够将美元或美元资产投资或投机于其他国家，获得投资或投机收益。

美国要实现上述目的，就必须在世界范围内推行金融自由化，拆除各国金融体系的樊篱。由于金融自由化是维持美元循环周转机制运行的手段，美国自然就成为金融自由化的积极倡导者与先行者。20世纪70年代中期，美国在国内经济遭遇困境时开始金融自由化，然后向其他发达国家和一些发展中国家推行金融自由化。

例如，从20世纪80年代开始，当美国存在着对日本巨额国际贸易逆差时，就不断地向日本推行金融自由化。利用当时利率水平"日低美高"的条件，通过增加流入美国的资金弥补其巨额国际贸易逆差。[①]

1985年以后，巨额的对外债务使美国由债权国变成了债务国，并且成为世界最大的债务国。与此同时，日本成为美国债券的主要持有国家，并取代美国成为世界最大的债权国。

美国企业25%的贷款来自外国银行，其中，50%的贷款是由日本提供的。在美国的压力下，1984年日本实现资本自由化。美国的目的就是要通过自由化，将"资本流动"变为"资本替代"，也就是用美元资产替

---

① 刘秀光：《解析货币主权在汇率变动过程中的作用》，《怀化学院学报》2008年第2期。

代日元和其他国家的货币标价的资产。

　　20世纪80年代，拉美国家受美国新自由主义思潮的影响，普遍实行金融自由化和贸易自由化政策。此时，美英两国联手干预汇市，使美元大幅走强，美元指数从1980年7月的84.75点，升至1981年8月的112点。美元大幅走强以及利率的大幅提升，导致以美元为对外债务的拉美国家的偿债能力大为降低，致使1982年爆发了拉美债务危机。拉美地区的经济因此遭受了重创，1981—1990年拉美国家的经济年均增长率仅为1.0%，是强势美元夺走了拉美的10年。

　　　　　　　　　　　　　（执笔人：刘秀光　吴铁雄　康艺之）

操纵货币汇率实施的贸易保护主义

一　引言

自大卫·李嘉图（1817）的比较优势学说问世以来，自由贸易主义而不是贸易保护主义，能够推进对所有国家都是有利的国际分工，使每个国家都能扩大生产和消费的信念已经深入人心。众多主流经济学家都主张自由贸易主义，反对贸易保护主义。

英国主流经济学界有倡导世界主义和自由贸易主义的传统。例如，以亚当·斯密为代表的古典经济学提供了这样的思想：自然市场体系是国民财富增长的途径，由竞争性出价带来的以较低的价格进行商品贸易和交换，是维持自然市场体系的决定性因素。

古典经济学家除亚当·斯密和大卫·李嘉图之外，约翰·斯图亚特·穆勒、J. E. 凯尔恩斯等都是自由贸易主义的拥护者。尤其是穆勒的主要信徒凯尔恩斯，在对自由贸易学说的拥护上甚至比穆勒的态度更为坚决。他认为，自由贸易是英国所能采取的最佳政策，并且，其理论是一个无可争辩的科学经济学真理。[①] 当然，穆勒提出的最优关税理论，并没有得到现代主流经济学家的支持，因为当所有的国家都征收最优关税时，自由贸易的障碍会更大，很可能每个国家的经济福利都会下降。[②]

继承了古典经济学传统的新古典经济学家，如索罗尔德·罗杰斯、

---

① ［英］杰拉德·M. 库特：《英国历史经济学：1870—1926——经济史学科的兴起与新重商主义》，乔吉燕译，中国人民大学出版社 2010 年版，第 23 页。

② ［美］保罗·萨缪尔森、威廉·诺德豪斯：《经济学》第十七版，萧琛主译，人民邮电出版社 2004 年版，第 326 页。

G. R. 波特、托马斯·图克和威廉·纽马奇等，也都是自由贸易和自由竞争的坚决倡导者。其中，罗杰斯承认，贸易保护主义和旧殖民体系不仅为英国工业品提供了现成的市场，还为其提供了原料来源。并且，为资本的快速积累创造了条件。尽管如此，他仍然断定，英国的经济增长率在实行自由贸易时比实行保护主义时要高。因此，自由贸易政策的根本正确性是毋庸置疑的。[①]

新古典经济学家不仅从理论方面论证自由贸易的重要性，而且用实际行动来维护自由贸易体系。1903 年 8 月 15 日，马歇尔、埃奇沃思和庇古等 14 名经济学家在《泰晤士报》上发表了一篇教授宣言，反对约瑟夫·张伯伦的帝国特惠制提议。他们的措辞严厉，对所有企图改变英国自由贸易体系的言论予以严厉谴责。这些教授不仅声称自由贸易体系是适合英国特殊情况的最佳体系，而且认为，自由贸易理论是无懈可击的。[②]

二　保护主义经济逻辑的分析与批判

在反全球化潮流再度来袭，以及贸易保护主义抬头的背景下，有必要分析与批判贸易保护主义的经济逻辑。与贸易保护政策不同，贸易保护主义更倾向于一种思潮，并通过具体的贸易保护措施表现出来。[③] 尽管世界贸易组织规则对某些产业以及商品和服务也设置了"保护期"，但与贸易保护主义通过设置贸易壁垒来"保护"那些受国外竞争冲击的产业截然不同。研究国际贸易的历史以及考察现代国际贸易就会发现，不管贸易保护主义的手段是公开还是隐蔽，然而，贸易保护主义的"传统手段 + 现代手段"，构成了贸易保护主义的经济逻辑。

所谓贸易保护主义的传统手段，是指当自己的产品缺乏国际竞争力的时候，就利用关税和配额等实施贸易保护主义。这种贸易保护主义是与制

---

① ［英］杰拉德·M. 库特：《英国历史经济学：1870—1926——经济史学科的兴起与新重商主义》，乔吉燕译，中国人民大学出版社 2010 年版，第 81 页。

② 同上书，第 110 页。

③ 毛燕琼：《贸易保护主义的挑战与世界贸易组织体系的完善》，《世界经济研究》2009 年第 9 期。

造业的衰落相联系的。

中国是保护主义传统手段主要受害国。西方工业化国家经济转型的一个重要特征是"去工业化"。去工业化使其制造业就业的比重下降，服务业就业的比重上升。去工业化不仅使其制造业就业的比重下降，而且将导致其制造业的衰退，以及制造业"空心化"。例如，2013 年 7 月 18 日，曾经享有"汽车之城"美誉的底特律正式申请破产保护。

20 世纪 80 年代，美元升值伴随着美国的去工业化，美国汽车、钢铁、纺织在内的不少产业国际竞争力不断下降，制造业的规模逐渐萎缩。随着工厂接连不断地倒闭，制造业中心地区的失业率急剧攀升，底特律等美国的中西部地区就变成了"铁锈地带"。

在西方工业化国家去工业化时期，中国伴随着经济的高速增长，制造业也逐渐发展和强大起来。制造业作为中国劳动密集型的比较优势产业，并在此基础上发展成为名副其实的制造业大国。

韩国贸易协会国际贸易研究院 2015 年 3 月发布的《通过世界出口市场占有率第一的商品看外国出口竞争力》报告书称，在 2012 年的"全球出口市场占有率第一产品数量"的世界排名上，中国以 1485 种产品数位居第一。2012 年，"全球出口市场占有率第一产品数量"前三名依次为中国（1485 种）、德国（703 种）、美国（603 种）。由这些数据可以看出，中国出口产品数量大约是美国的 2.5 倍。这就不难想象，中国为什么成为贸易保护主义主要受害国的主要原因。

中华人民共和国商务部的数据显示，截至 2016 年年中，中国连续 21 年成为遭遇反倾销调查最多的国家，连续 10 年遭遇反补贴调查最多的国家，是贸易保护主义的最大受害国。家用电器、钢铁产品、光伏产品、化纤产品等频繁遭遇反倾销调查。例如，2015 年，中国遭遇来自 22 个国家和地区发起的贸易救济调查 85 起，涉案金额 80 亿美元。2009—2012 年，遭受贸易救济调查 328 起，涉案金额 531 亿美元。

中国面临日趋扩大化的贸易保护主义，中国政府的基本立场是针锋相对与积极应战，以争取国际贸易的公平待遇。一方面，需要建立健全政府主导的反倾销机制；另一方面，企业要履行以世界贸易组织规则为代表的国际贸易规则，不给别人留下反倾销调查等的"口实"。尤其要避免生产相同产品的企业之间，为了争夺国际市场的"内斗"。政府和企业团结起来，积极应诉反倾销。通过应诉和胜诉不仅能够保住自己的市场，而且取得在国际市场上的竞争优势。否则，将会助长贸易保护主义者的气焰。还有的研究资料表明，作为世界贸易大国的中国，应该与其他国家协力加强世界贸易组织的作用，以便处理新出现的贸易保护措施。①

亚当·斯密的《道德情操论》第一章《论同情》的开头就说，无论一个人多么自私，这个人的天赋中总是明显地存在着这样一些本性，这些本性使他关心别人的命运，把别人的幸福看成是自己的事情，虽然他除看到别人的幸福而感到高兴以外，一无所得。② 在竞争激烈的国际贸易市场，每个参与国际贸易的经济主体也许没有像亚当·斯密所说的那么高尚，但在国际贸易中做到互利双赢，这也是国际贸易的本质和基本目的。否则，只能是损人不利己。

例如，关税的设置将导致资源浪费在那些没有比较优势的商品的生产上，致使国内不能消费那些价格相对较低的进口商品。因此，对于（时任美国财政部部长）亚历山大·汉密尔顿在《关于制造业的报告》（1791年）中提出的保护幼稚产业的关税问题，穆勒和马歇尔等主张自由贸易的经济学家，都对此持有谨慎的支持态度。③

在大萧条时期的1930年，美国国会通过了臭名昭著的《斯穆特—霍利关税法》。美国政府试图利用该关税法来提高贸易壁垒，以牺牲别国的利益为代价，增加产品出口和就业水平。但是，美国筑起的贸易壁垒反而加剧了国内价格水平的上涨，致使经济状况雪上加霜。看来那些热衷于推行贸易保护主义者，已经忘记了美国关税史上的这一事件。

三　贸易保护主义的"现代手段"

（一）保护主义现代手段的典型案例

现代贸易保护主义，在传统手段的基础上，增添了迫使贸易对象国货

---

① 王小梅、秦学志、尚勤：《金融危机以来贸易保护主义对中国工业出口的影响研究》，《国际贸易问题》2014年第9期。

② ［英］亚当·斯密：《道德情操论》，蒋自强等译，商务印书馆1997年版，第1页。

③ ［美］保罗·萨缪尔森、威廉·诺德豪斯：《经济学》第十九版，萧琛主译，商务印书馆2013年版，第326—327页。

币升值的现代手段。所谓贸易保护主义的现代手段是与金融问题相联系的。当认为自己的国际收支状况不尽如人意时，就迫使贸易对象国的货币升值，而使贸易保护主义发起国的本币贬值，其本质是通过操纵货币汇率实施的贸易保护主义。

通过操纵货币汇率实施贸易保护主义的手段，导致贸易对象国的产品减少出口，扩大贸易保护主义发起国的产品出口。20 世纪 70—80 年代，以美国为首的西方国家迫使日元大幅度升值，就是实施贸易保护主义现代手段的典型案例。

在 20 世纪 60—80 年代美日之间的贸易摩擦中，美国与日本除签订诸如《美日纺织品协定》《进口最低限价制度》和《维持市场秩序协定》等之外，就是迫使日元大幅度升值。

美国和日本都是《史密森协定》的签字国。根据《史密森协定》，美国要求其他国家的货币对美元升值。其中，1 美元：308 日元，日元升值 16.88%；在美国策划的五国财政部长和中央银行行长会议上，通过了迫使日元进一步升值的《广场协议》。在《广场协议》达成后的 1988 年 1 月，1 美元：121.65 日元，比《广场协议》前的 1 美元：240 日元共升值了 96.7%，1995 年 4 月甚至达到 1 美元：80 日元的水平。

《史密森协定》和《广场协议》中一系列对日元汇率施压的措施，并未从根本上解决美国国际收支逆差问题。美国自 20 世纪 70 年代的石油危机以来，由长期贸易盈余转为贸易赤字。于是，不得不从国外借款以弥补激增的贸易赤字。有的经济学家就此嘲笑说，随着美国对外债务在 2000 年逼近其 GDP 的 20%，美国变得更像一个对外债务数额巨大的拉丁美洲国家，并成为世界上最大的债务国。[①]

（二）中国对保护主义现代手段的态度

世界经济进入 21 世纪以来，以美国为首的西方国家，为了遏制迅速崛起的中国发展，消除它们的某种焦虑感，于是，贸易保护主义现代手段故伎重演——施压人民币升值。虽然中国似乎要经历类似日本的遭遇，但与当时日本所采取的态度截然不同。中国不仅没有屈从于那些无端逼迫人

---

① ［美］E. 雷·坎特伯里：《经济学简史：处理沉闷科学的巧妙方法》第二版，陈叶盛译，中国人民大学出版社 2013 年版，第 243 页。

民币升值的贸易保护主义，而且在坚决维护自己的货币主权的同时，主动地、有步骤地进行人民币形成机制汇率改革。这种鲜明的态度和坚定的做法，主要目的是使人民币汇率更好地适应经济的发展和对外贸易的需要，同时，也是对贸易保护主义现代手段的直接回击。

最早提出人民币升值问题的国家是日本，而日本要求人民币升值，是企图利用人民币升值来阻止中国产品的国际竞争力，使日本走出自 20 世纪 80 年代以来的通货紧缩的泥潭。自 2002 年年末开始，日本就不断指责中国"输出通货紧缩"并喊出"中国威胁论"，以此要求人民币升值。

例如，2002 年 12 月，日本政府的官员在英国《金融时报》撰文声称，中国应承担起将人民币升值的责任。2003 年 2 月，另一名日本政府的官员则在七国集团（G7）会议上提交议案，要求通过与《广场协议》类似的文件来逼迫人民币升值。

2003 年，美国对中国的贸易赤字不降反增，于是便开始对人民币升值施压。2003 年 9 月，美国国会的一些参议员称，如果中国不改变现行的人民币汇率制度，他们就将在国会提出议案，认定中国为汇率操纵国。在之后数年里，美国的不少政客就总是拿汇率操纵国来当作要挟人民币升值的筹码。

2003 年 9 月中旬，欧盟也加入了对人民币升值施压的行列。欧盟财政部长提出，汇率不公平导致欧盟与中国的贸易不平衡，于是要求人民币重新估值。在此后的几年里，欧盟也总是不断要求人民币升值。

人民币汇率形成机制改革，在风雨满楼和重压之下，中国依然能够按照自己的安排进行改革。中国人民银行 2015 年 8 月发布的《2015 年第二季度中国货币政策执行报告》称，2005 年 7 月 21 日开始人民币汇率形成机制改革至 2015 年 6 月末，人民币对美元汇率累计升值 35.38%。根据国际清算银行的计算，上述时期内，人民币名义有效汇率升值 45.62%，实际有效汇率升值 55.73%。可见，在人民币汇率形成机制改革的问题上，中国也是一个对国际贸易体系负责任的大国。

综上所述，贸易保护主义的经济逻辑，违背了自由贸易主义的基本原则。面临日趋扩大化的贸易保护主义，基本立场应该是针锋相对与积极应战，以争取国际贸易的公平待遇。抛弃贸易保护主义，坚持自由贸易是国际贸易健康可持续发展的保证。

在全球经济相互依存的时代，自由贸易是各国之间经济联系的基石。在世界经济复苏乏力的形势面前，只有认同各国之间应该是人类命运共同体，才能实现互利共赢。如果总是在国际贸易中设置贸易壁垒，既破坏了国际贸易规则，又损人不利己。

（执笔人：刘秀光　吴铁雄　康艺之）

货币幻觉与住房价格的虚涨和实涨

一　引言

在围绕着住房价格是否上涨，以及在住房价格究竟是虚涨还是实涨的争论中，有观点认为，住房价格是源自"货币幻觉"① 的上涨。例如，美国经济学家罗伯特·J. 席勒认为，正是货币幻觉导致的错误逻辑催生了房地产泡沫。人们大都只记得几年前买房时的价格，却常常忘记了其他商品的价格，错误地认为住房价格比其他物价涨幅更大，从而夸大了房地产的投资潜力。

在 2009 年前后，当中国的住房价格出现明显上涨时，有一种观点认为，由于收入的迅速增长，货币价值发生了变化，如果剔除货币幻觉因素，住房价格的上涨有限，甚至是没有上涨。

上述观点的实质是，由于货币幻觉的存在，住房价格上涨只是表面现象，而住房的实际价格没有变化，也就是说，住房价格是虚涨而不是实涨。因此，可以将上述观点称为"住房价格虚涨论"。

近些年来，尽管政府连续制定和实施调控房地产市场的政策，住房价格也偶有下降的月份，但不同程度的上涨是总趋势。在住房价格不断上涨的事实面前，弄清住房价格上涨是否源自货币幻觉，以及住房价格的上涨是实涨还是虚涨，有利于政府制定和实施调控房地产市场的政策措施，也会起到正确引导居民对住房投资和消费的作用。

---

① 欧文·费雪（1928）提出的货币幻觉，是指人们只对货币的名义价值做出反应，而忽视货币表示的实际购买力的变化；或者人们只重视名义所得而忽略实际所得。

二 货币幻觉对住房价格上涨的影响

货币幻觉导致对住房价格判断的错误，并根据这种错误逻辑断言住房价格是虚涨而不是实涨。在货币幻觉中，对住房价格是虚涨的判断，是夸大了货币幻觉对价格影响的作用。主要理由是，货币幻觉对住房价格只有短暂的影响。当经济主体没有预料到货币增长率的提高将导致住房价格上涨时，确实会给住房价格带来一些货币幻觉的成分。

例如，住房的拥有者认为，自己的资产价值提高了，购房者则感觉到因住房价格上涨而需要支付的更多了。但是，住房者和购房者在短暂的时间段内，还来不及确认他们所面对的住房价值是实际价值还是名义价值，从而，住房的拥有者不清楚其住房的新增价值是正值还是负值，购房者购房所支付的与其收入比较以后是支出大于收入还是相反。

货币幻觉对某种商品价格的影响，持续的时间或时滞究竟有多久？1968 年，弗里德曼在当选美国经济学会会长时曾经发表致辞。他在谈及货币增长率的改变所带来的经济含义时指出，这种影响显然是"相当短暂"的。经济主体的预期最终会赶上来，任何来自货币性变化的真实影响都将会消散。弗里德曼的表述也符合他关于货币供给变动主要影响价格，而对实际产出只会产生微小而短暂影响的学术思想。

经济活动中"消散"货币幻觉的因素很多，尤其是在一个信息传播非常迅速的时代，信息的力量成为"消散"货币幻觉的显著因素。例如，理性的经济主体根据政府或其他机构公布的通货膨胀率、住房价格指数等经济数据，作为判断货币幻觉对住房价格的影响。也就是说，理性的经济主体在货币性因素变化引起住房价格上涨的时候，通过比较住房价格前后的变化，剔除货币幻觉造成的"虚涨"部分。

住房价格虚涨论遇到了一个所谓哈恩难题。哈恩难题，是指没有内在价值的货币——纸币，在与商品交换中为什么有正价值？如果货币没有内在价值，那么，用商品表示的货币价格就是零。住房价格虚涨论认为，由于货币增长率提高引发的住房价格上涨是虚涨。这种观点其实是否认了货币代表的资产的内在价值。而在现代信用货币体系中，货币能够作为财富的代表已经是确信无疑的。

总之，尽管货币幻觉在住房价格虚涨的短暂时间内，导致住房价格会出现短暂的虚涨效果，然而，由于理性的经济主体在信息传播的作用下，会很快将住房价格中的虚涨部分剔除。因此，住房价格上涨并非货币幻觉所催生，而真正催生住房价格上涨的是收入的增长低于住房价格的上涨、房地产用地的出让金、房地产公司的暴利等真实因素。

三 催生住房价格上涨的真实因素

研究货币幻觉与住房价格上涨，以及是虚涨还是实涨，这就涉及货币与商品价格的关系问题。经济理论对此要求将商品的实际价值和名义价值相区分，而对两者的区分难以解决的问题是："在实践中，即使是在一般性通货膨胀中，我们也不能肯定每个人的收入与每种商品的价格都会同时且以相同幅度进行精确调整。"[①] 除此之外，生产住房的成本因素也是造成住房价格实涨的重要原因。

（一）住房价格虚涨论成立的条件

住房价格虚涨论认为，如果剔除货币幻觉因素，住房价格上涨有限甚至没有上涨。该结论主要是根据收入增长与住房价格上涨同步而得出的，也就是说，只有在收入增长幅度超过住房价格上涨幅度的条件下，住房价格虚涨论才是成立的。但是，实际上收入增长与住房价格上涨往往是不同步的，并且，近十几年来，收入的增长幅度低于住房价格上涨的幅度，因此住房价格是实涨的。

2009 年前后是争论住房价格是虚涨还是实涨论的时期。国家统计局公布的数据显示，全国城镇单位在岗职工年平均工资（2009 年改为"全国城镇非私营单位在岗职工年平均工资"），2008 年、2009 年分别为29229 元、32736 元，同比名义增长分别为 17.2%、12%。国家统计局公布的数据显示，2010 年经济增长率为 10.3%，住房价格平均上涨幅度

---

① ［加拿大］约翰·史密森：《货币经济学前沿：论争与反思》，柳永明等译，上海财经大学出版社 2004 年版，第 155 页。

为 13.67%。

在成都召开的"2010 年经济政策解析及行业发展预测报告会"上，国务院发展研究中心宏观经济研究部部长余斌指出，2009 年 1—11 月的全国住房销售平均价格达到 4600 元/平方米，比 2008 年的平均价格上涨了 1000 元/平方米。按此计算，住房价格每平方米上涨将近 28%。可见，收入提高的比例远比不上住房价格上涨的比例，住房价格没有上涨的结论显然是难以站住脚的。

下表为 2011—2016 年全国城镇非私营单位在岗职工年平均工资和实际增长率情况。2011—2016 年的工资年平均实际增长率为 7.9%。虽然在某些时段的某些地区，其住房价格的上涨率会低于 7.9%。但总体而言，住房价格的上涨率仍然高于工资年平均实际增长率。

2011—2016 年全国城镇非私营单位在岗职工年平均工资和实际增长率情况

年　份	年平均工资（元）	实际增长率（%）	年　份	年平均工资（元）	实际增长率（%）
2011	42452	8.5	2014	56339	7.4
2012	46769	9.0	2015	63029	8.5
2013	51474	7.3	2016	67569	6.7

资料来源：国家统计局或人力资源和社会保障部。

例如，国家统计局公布的数据显示，2016 年共 14 个城市全年住房价格上涨超过 25%。其中，上海、南京、合肥、厦门和深圳 5 个城市的上涨幅度超过 40%。新建商品住房价格上涨超过 30% 的城市达到 11 个。

（二）影响住房价格实涨的重要成本因素

利用影响房价实涨的重要成本因素，来说明住房价格虚涨论难以成立。在这些成本因素中，并包含劳动力成本增长的因素。

第一个成本因素是房地产用地出让金。国土资源部 2010 年 2 月 2 日公布，2009 年，全国房地产用地出让金为 13391.8 亿元。国家统计局公布的数据显示，2008 年的 GDP 为 314045 亿元，2009 年经济增长率为 8.7%，约为 335353 亿元。照此计算，全国房地产用地出让金约占 2009 年 GDP 的 4%。

据中国指数研究院的统计，2009 年，成交总价排名前 10 名的住房用地平均成交金额为 75.76 亿元，而 2007 年为 51.93 亿元；2009 年楼面土地价格排名前 10 名的住房用地平均楼面土地价格为 26365 元/平方米，而 2007 年为 16234 元/平方米。与此同时，土地出让金的增长幅度的高低，往往与住房价格上涨的幅度呈正相关。2009 年年初，全国工商联公布的研究数据显示，土地成本占住房价格的比例为 58.2%。

巨额的土地出让金是否摊入住房价格，以及房地产公司的高利润甚至垄断利润又从何而来？难道这些影响住房价格的重要成本因素，依赖货币幻觉就可以消除？这些成本因素对于住房价格实涨的影响不言自明，而住房价格虚涨论是不能回避这些问题的。但是，如果承认了这些成本因素对于住房价格实涨的影响，那么，住房价格虚涨论也就不攻自破了。

第二个成本因素是房地产公司的暴利。从多家房地产公司公布的 2009 年销售业绩看出，部分公司净利润增幅超过 200%。据此预计，2009 年房地产行业整体业绩增长速度将超过 50%。

国家统计局 2009 年 12 月 25 日公布的第二次全国经济普查主要数据公报显示，2008 年，中国房地产企业营业利润为 3861.3 亿元，比 2004 年增长 290.4%。

2010 年 1 月 19 日，国家统计局公布的 2009 年全国房地产市场数据显示，无论是近 9.4 亿平方米的成交量，还是估算约 4695 元/平方米的平均价格水平，都创出了历史新高。全年住房价格的涨幅为 24%，平均上涨 813 元/平方米，也达到了前所未有的水平。

证明房地产通过其垄断行为获取超额利润的证据是"中国十大暴利行业"排名。在 2002 年第一版至 2004 年第三版的"中国十大暴利行业"排名榜上，房地产业连续三年蝉联第一名。2005 年，房地产业再度登上该排行榜，而 2006 年中国房地产业再次登上排名榜的榜首。2007—2009 年的"中国十大暴利行业"排名，房地产不是占据榜首就是排名前列。

总之，巨额的房地产用地出让金，以及房地产公司的暴利等，这些成本因素对于住房价格的实涨必然产生真实的影响。

（执笔人：刘秀光　吴铁雄　康艺之）

"驱赶效应"与产业结构调整

一 引言

经济学家约瑟夫·熊彼特的"马鞭"经济理论，解释了某种产业的过度发展与其他产业的关系。该理论认为，某种产业的过度发展，最终将导致其他成熟产业的消失，消失的产业就是"马鞭产业"——就像驱赶马车的马鞭。[①]

"马鞭"经济理论暗示，如果某一产业或产业内部的某一部分过度发展，产业结构乃至整个经济结构将会出现失衡，结构的失衡必然危及国民经济的健康可持续发展。例如，中国经济曾经的"以粮为纲"和"以钢为纲"时代，都是强化了某个产业而弱化了其他产业。其结果是，国民经济不仅发展速度缓慢，而且产业结构极端不平衡。

如果利用熊彼特的马鞭经济理论观察经济现实，将会发现，在中国的住房价格持续上涨的过程中，存在着一种"驱赶效应"。而这种驱赶效应是通过改变货币的流向，进而影响其他产业或领域的发展，对产业结构的平衡与调整将产生破坏和阻碍作用。

实现国民经济健康可持续发展的重要条件是，国民经济各产业之间、产业内部各种比例之间的协调，以及随着产业的兴衰变化对产业结构的不断调整。住房价格持续上涨所产生的驱赶效应，会对产业结构与调整产生破坏和阻碍作用，应该制定和实施相应的经济政策来纠正这种驱赶效应。

---

① ［美］彼得·D. 希夫、约翰·唐斯：《美元大崩溃》，陈召强译，中信出版社 2008 年版，第 12—13 页。

二 "驱赶效应"如何改变货币流向

房地产业爆发式扩张以及住房价格持续上涨，致使房地产的投资收益激增。于是，其他产业的货币受更高的投资收益所引诱，而被驱赶出来流向房地产，这就是驱赶效应改变货币流向的基本方式。

驱赶效应造成的后果有两个：

第一个后果是，房地产的高利润诱使房地产企业不断地追加投资，或者其他生产的企业转而涉足房地产；金融机构的发放贷款行为受高收益率的驱使，其发放贷款的取向必然青睐房地产。这样，当更多的货币注入房地产，在不断推高房地产泡沫的同时，被驱赶货币的那些产业，资金短缺而萎缩和衰退，从而导致产业结构失衡或更加失衡。

第二个后果是，驱赶效应将改变家庭或社会公众的投资、消费和储蓄结构。房地产在国民经济中的重要作用是其财富效应：当住房价格上涨时，住房的拥有者认为其财富增加了，于是他们将降低储蓄倾向而提高消费倾向。在此条件下，房地产的财富效应带来的消费增长有利于经济的增长。

房地产本身具有的财富效应，将鼓励家庭将其储蓄转为购买住房的投资或进行住房的投机。但是，由于住房价格的持续上涨，购买住房的家庭就意味着其实际储蓄相对减少，而家庭的消费支出也将相应减少。

以下两组数据，可以验证在住房价格持续上涨时的货币流向。用第一组数据来说明房地产开发商的投资和家庭购买住房的货币需求，以及金融机构在房地产的货币投放。

国家统计局的数据显示，2009 年，商业银行完成房地产开发投资36232 亿元，比 2008 年增长 16.1%。其中，国内贷款 11293 亿元，增长48.5%；中国人民银行的《2010 年金融机构贷款投向统计报告》称，2010 年，金融机构房地产贷款新增 2.02 万亿元，占全部新增贷款 7.95万亿元的25.4%，超过了 2009 年的这一比例。其中，个人购房贷款新增1.40 万亿元，年末余额同比增长 29.4%。

在 2009 年以后的数年内，上述各项比例基本没有改变。例如，2016

年6月末，房地产贷款余额23.94万亿元，同比增长24%，增量占同期各项贷款增量的38.9%。个人购房贷款余额16.55万亿元，同比增长30.9%，比其他各项贷款的增速高16.6个百分点。

第二组数据是从房地产商负债角度分析货币流向。中国银行业监督管理委员会的《商业银行房地产贷款风险管理指引》（2004年），要求房地产开发商自有资金的比例为35%。但长期以来，许多房地产商的负债率超过了这一比例。该委员会在2010年对60家大型房地产企业集团的调查显示，其平均资产负债率超过70%，有的企业甚至高达90%以上。

Wind资讯的统计数据显示，2014年，75家上市的房地产企业的总资产增加了3821亿元，合计增加负债2877.89亿元，平均资产负债率为74%；截至2016年6月末，房地产业的资产负债率升至81.33%，与2015年年末相比，上升3.87个百分点。

在一定时期内货币供给是既定的量，如果货币更多地流向房地产，那么，在其他产业中，不仅被熊彼特所称的成熟产业需要货币，那些急需发展的产业更需要货币的支持。

例如，中国是世界第二大经济体，但服务业的发展相对比较落后。早在2007年《国务院关于加快发展服务业的若干意见》就指出，服务业总体上供给不足，结构不合理，服务水平低，竞争力不强，对国民经济发展的贡献率不高，与经济社会加快发展、产业结构调整升级不相适应。

随着经济社会的迅速发展，服务业不仅在三个产业中所占的比重不断增加，而且服务业内部的结构也在急剧变化。顺应制造业服务化的趋势，国家统计局的《三次产业划分规定》（2003年）将房地产划为第三产业。

在房地产被纳入服务业以后，发展房地产可以认为符合发展服务业的要求。然而，作为服务业的房地产如果在一定时期内过度扩张，反而会加剧服务业的内部结构不合理。因此，在一定时期内，需要权衡房地产和其他产业的协调发展。由此可见，多年来，政府调控房地产市场的一系列政策措施，就不仅仅是为了调控住房价格本身，控制住房价格持续上涨避免驱赶效应，让货币的流向合理有序也是重要目的。

三 "驱赶效应"如何影响其他产业发展

工业化国家发展的历史经验证明，制造业在国民经济中具有十分重要的地位。凡是工业化强国，也都是制造业强国。这说明工业化和现代化的实现，都离不开制造业的强力支撑。因此，美国有"制造业是美国脊梁"的信条，而日本政府更将振兴制造业纳入国家的基本法。

《中华人民共和国国民经济和社会发展第十一个五年规划纲要》（2006年）明确提出，中国要实现由制造业大国向制造业强国的转变。2015年5月，国务院印发实现制造强国战略目标的《中国制造2025》。2016年4月，国务院公布的《装备制造业标准化和质量提升规划》，要求对接《中国制造2025》。

在工业化强国中，日本是由制造业大国向制造业强国转变的典型。早在日本明治初期，与初具近代工业规模的欧美国家相比，日本仍然处于手工业时代。第二次世界大战之前，日本的制造业生产率低，产品质量差。在出口的工业产品中，"日本制造"是劣质品的代名词。即使是经济高速增长的20世纪50年代末期的日本产品，城山三郎的短篇小说《日本制造》曾经这样描述：刻有"日本制造"就等于刻上了"次品"一样，99%卖不出去。[①]

20世纪50年代末60年代初，日本通过产业结构调整，成功地实现了重工业化。当日本的重工业在工业产值中的比重达到60%，超过了欧美发达国家水平的时候，其产品的国际竞争力也得以强化。与此同时，以钢铁和汽车等为中心的重工业化的发展，使"100年前明治政府梦寐以求的加工贸易立国获得了圆满的成功"，经过产业结构调整，便出现了所谓"惊人的日本"。至1970年，"工业国日本"的雏形得以奠定。[②] 实现产业结构这一重大变化，在金融支持方面，就是货币的投入和使用，而在

---

① ［日］堺宪一：《战后日本经济》，夏占友等译，对外经济贸易大学出版社2004年版，第19—21页。

② ［日］日本经济新闻社编：《东洋奇迹——日本经济奥秘剖析》，王革凡等译，经济日报出版社1993年版，第70—78页。

金融支持的背后，是以钢铁、石油化工和重型电机等为中心的设备投资。

中国要实现工业化和现代化，必然要完成从制造业大国到制造业强国的蜕变。而要实现这种蜕变，就一定要像发达国家那样拥有称雄世界的制造业。例如，日本依靠汽车制造业和电子产品等这些科技含量高的产业，实现了从数量经济向质量经济的转型；美国仰仗航天航空工业和生物工程等高科技行业，确保第二次世界大战以来在世界的领先地位。

房地产市场上住房价格的持续上涨，似乎让不少从事制造业的企业忘记了自己肩负将中国发展成为制造业强国的责任，也迷失了企业的发展方向。用案例来说明，制造业企业受住房价格持续上涨的引诱而转向房地产业，在此过程中驱赶效应对货币的分流作用。

地处珠三角的某市，在该地区的制造业中很有代表性。其制造业不仅有良好的基础，而且在该市的经济结构中占有重要的地位。像宏宇陶瓷公司、新中源陶瓷公司、新明珠陶瓷集团、美的集团、星星制冷设备公司、皇朝家私集团公司等，都是制造业领域的知名厂商并拥有著名品牌。

2005—2007 年间，发展基础良好的陶瓷、钢材、铝材等与房地产相关的大企业率先直接经营房地产。此后，由于住房价格持续上涨的趋势不减，该市制造业中的中小企业也纷纷进入房地产。

与中国的制造业相比，房地产业显然是一个体现人口红利的产业。但是应当承认，房地产并不是一个科技含量高的产业，而是一个靠货币推动型的产业。当不少制造业企业连同大量货币，大规模直接经营利润丰厚的房地产以后，它们抛弃了自己的主业或名牌产品。例如，三星锁业是华南地区最大的锁具生产企业，由制造锁具的主业转型去经营房地产。

该案例表明，原有的制造业企业转型房地产，某些制造业就存在着沦为马鞭产业的危险。与此同时，随着更多的企业携带着更多的货币涌入房地产，并且伴随着货币创造，房地产泡沫不断地被催生。例如，各地经常出现的"天价地王"不能说与此没有一定的关联；一些地区不顾实际需求过度扩张而制造的"空城"，已经为这些地区的房地产业敲响了警钟。

四 "驱赶效应"怎样阻碍产业结构调整

产业结构的不断调整和优化升级是改革开放以来中国经济发展的重要内容。例如，《中华人民共和国国民经济和社会发展第十一个五年规划纲要》强调，加快转变经济增长方式，提高自主创新能力；《中华人民共和国国民经济和社会发展第十二个五年规划纲要》指出，坚持把经济结构战略性调整作为加快转变经济发展方式的重要支撑。不过，驱赶效应很可能是产业结构调整的一种阻碍力量。

首先，驱赶效应成为不少产能过剩产业或行业的"保护伞"。在房地产爆发式扩张的过程中，巨额的货币流入该产业，于是对住房建设所需的原材料形成了很强的购买力，而正是这种购买力掩盖了产能过剩的真相。

例如，住房建设对钢铁和水泥等建筑材料的需求增加，使这些本来产能已经严重过剩的产业，其产能过剩现象不仅被掩盖起来，而且有的企业甚至继续盲目增加产能。钢铁和水泥这些行业本来就是属于高耗能和高污染的行业，早已被列入产业结构调整和优化升级的重点对象，但是，驱赶效应对这些产业的结构调整和优化升级起了阻碍作用。

其次，驱赶效应导致某些高新技术企业转型房地产业。例如，安徽省的一家大型公司，在1997年8月成立之初，生产经营范围主要是生物工程、精细化工、机电一体化和医药等。该公司1999年被中华人民共和国科学技术部认定为国家重点高新技术企业，2000年6月，在深圳证券交易所上市。2009年9月，通过并购重组转型为房地产为主、制药为辅的房地产公司。

该公司在并购重组转型房地产之前，在生产经营方面确实出现了一些困难和问题。但是，令人费解的是，如此规模的高新技术企业，为什么一旦遇到生产经营困难和问题就转型科技含量并不高的房地产，而不是利用自己的高新技术优势重振企业？

高新技术企业转型房地产业的另一个案例，是1980年5月成立坐落在深圳的某家曾经以生产家用电器著称的企业集团。该企业集团在经营业绩不理想的情况下，2010年，斥资3.42亿元经营与其本业毫不相干的房地产。有分析人士称，公司的销量、品牌影响力和盈利能力等全面下滑的主要原因，是在技术创新和产业链建设方面的不主动作为，企业总是迫于竞争压力而调整战略。如果这种分析是正确的，为什么该企业集团不是将资源用于这些方面的长期建设，而是热衷于短期内在房地产业的淘金？

本来，在经济社会发展的进程中，繁荣产业的衰亡与新兴产业的崛起，是市场经济体系中新陈代谢和优胜劣汰的正常反应。濒临衰亡的产业脱离本业而涉足新的产业，这种"脱离本业"的倾向是产业结构调整的客观要求。而新兴产业的不断崛起正是经济健康可持续发展的一种体现。

例如，日本自20世纪80年代开始，在日元升值的剧变环境中，日本产业界的名言是"结构调整"，企业都在致力于经营范围的调整，以及业务内容的多样化，产业界表现出比较普遍的脱离本业倾向。例如，新日铁公司为代表的钢铁业，东丽和帝人为代表的纤维工业、佳能和理光为代表的精密机械制造业、结构不良产业的造船公司等，由于结构调整纷纷涉足电子行业、新型材料、信息通信、软件开发和生物工程等领域。①

与日本那些脱离本业而转型成功的企业相比，如果企业的转型不是着眼于未来，将产业和产品结构调整到更有发展前景的行业，而是转向了当前利润丰厚、科技含量并不高的房地产业，放弃了它们原来的主营产品，而这些主营产品恰恰是国家产业政策鼓励和支持发展的对象，那么，这样的转型显然就是失败的。

在企业生产经营的历史记录中，不少兴盛一时的著名企业被市场经济所淘汰，是由于不顾长远发展，痴迷于眼前的利益而不思进取；许多原来名不见经传的企业，奋发图强成为举世闻名的大公司，审时度势，主动适应产业结构调整是重要原因。

（执笔人：刘秀光 吴铁雄 康艺之）

---

① ［日］日本经济新闻社编：《东洋奇迹——日本经济奥秘剖析》，王革凡等译，经济日报出版社1993年版，第45—48页。

治理产能持续过剩的货币政策选择

一　引言

产能过剩是指一定时期内社会的生产能力大于社会的消费能力，社会总供给大于社会总需求。在资源稀缺的经济社会中，如果某个行业或企业的产能严重过剩，该行业就必然缺乏竞争力。而当一个行业的竞争力不断下降之时，该行业就面临着被市场淘汰的危险。

宏观经济中出现严重的产能过剩，不仅导致经济增长乏力，而且将会出现增长型衰退。美国经济学家保罗·克鲁格曼指出，一个经济体在增长，但是，增长速度不足以赶上该经济体产能的扩展，于是闲置的机器和失业的工人越来越多，这就是增长型衰退。日本在1991年之后经历了长达10年的增长型衰退。①

中国经济中数个行业的产能过剩已经存在了十年有余，其程度也颇为严重，如果不解决这些行业的产能过剩问题，其中隐含的增长型衰退很可能演变为实际的增长型衰退。自2005年前后开始，中央政府就着力治理产能过剩问题。在2015年12月召开的中央经济工作会议上，部署2016年经济工作，在五大主要任务"去产能、去库存、去杠杆、降成本、补短板"中，将"去产能"放在了首要位置。

如果某个行业出现并不严重的产能过剩，市场经济体系中的调节机制将使过多的供给消失，总供给和总需求趋向于均衡状态。但是，在中国的

---

① ［美］保罗·克鲁格曼：《萧条经济学的回归和2008年经济危机》，刘波译，中信出版社2009年版，第62页。

宏观经济中，许多行业产能过剩现象不但"久治不愈"，而且愈加深重，并且表现出产能持续过剩的态势。

例如，以 2005 年《国务院关于发布实施〈促进产业结构调整暂行规定〉的决定》为指导，开始调整与治理产能过剩，并将钢铁业作为调整与治理的重点。但五年以后，钢铁业的产能过剩形势反而更加严峻。中国社会科学院的《产业蓝皮书：中国产业竞争力报告（2010）》称，2009年，中国的粗钢产量为 56800 万吨，是日本、俄罗斯、美国和印度粗钢产量之和的 2.2 倍。此时，中国这个"世界钢铁大国"就是钢铁产能严重过剩的代名词。

《国务院关于加快推进产能过剩行业结构调整的通知》（2006 年）曾经指出了造成产能过剩的原因：经济增长方式粗放、体制机制不完善、盲目投资、低水平扩张等。那么，除此之外，导致产能过剩"久治不愈"的原因是什么。从货币因素的角度分析这一问题，有可能得出更准确的答案。

二 产能持续过剩悖论

当某个行业的产能过剩时，其产品在市场上必然滞销。而当其产品滞销导致无法如期偿还商业银行的贷款时，该行业中的企业要么选择缩减生产，要么最终破产倒闭。但是，许多行业却出现了严重的产能持续过剩而企业生产依然照常进行的景象，而且许多企业在严重的产能持续过剩面前成为"不倒翁"，这就是所谓"产能持续过剩悖论"。沿着 2005—2009 年间产能过剩"越治理越过剩"的基本轨迹，来说明这个悖论。

早在 2005 年不少行业产能过剩就已经非常突出，据此，国家发展和改革委员会明确了钢铁、电解铝等 11 个产能过剩行业。下页表中显示的是 2005 年部分行业产能过剩的具体情况。

2009 年 9 月，国务院批转国家发展和改革委员会等部门《关于抑制部分行业产能过剩和重复建设引导产业健康发展若干意见的通知》指出，不少领域产能过剩、重复建设问题仍很突出，有的甚至还在加剧。特别需要关注的是，不仅钢铁和水泥等产能过剩的传统产业仍在盲目扩张，风电设备和多晶硅等新兴产业也出现了重复建设倾向。

2005 年部分行业产能过剩的具体情况

钢铁行业	电解铝行业	轿车行业	铁合金行业	焦炭行业	电石行业	水泥行业
产能为 4.7 亿吨，需求量约为 3.5 亿吨	闲置产能约为 260 万吨，60% 的生产企业亏损	产量为 295.84 万辆，企业利润约下降了 38.4%	产能大约为 2213 万吨。其中，闲置产能约为 60%	产量接近 3 亿吨，产品过剩的比例约为 24%	产量为 1600 万吨。其中，闲置产能约 50%	规模企业 5148 家。其中，亏损企业占 43.5%

钢铁行业的局面是供需关系严重失衡，其价格大幅度下滑，行业亏损严重。工业和信息化部 2009 年 5 月发布的《关于遏制钢铁行业产量过快增长的紧急通报》，试图扭转因产能过剩行业造成严重亏损的局面。此外，在这一阶段，水泥行业的状况是，水泥生产线全部建成后，其产能将达到 27 亿吨，而市场需求仅为 16 亿吨；传统煤化工重复建设严重，产能过剩 30%，其中，全国焦炭产量总计已达 3.53 亿吨，产能过剩导致生产焦炭的企业深度亏损。

国家统计局公布 2009 年第三季度的数据显示，在国家统计局监测的 24 个行业中，有 21 个行业存在不同程度的产能过剩。产能过剩的行业数量不但比 2005 年翻了一番，而且产能严重过剩的行业仍然与 2005 年基本相同。

针对 2009 年之前产能过剩的局面，中央政府力主改变产能过剩问题的决心是坚定不移的。一个重要的信号是《国务院关于加快培育和发展战略性新兴产业的决定》（2010 年）。要求通过加快培育和发展战略性新兴产业，推进产业结构升级和经济发展方式转变，提升自主发展能力和国际竞争力；2013 年国务院印发意在推进行业兼并重组的《关于化解产能严重过剩矛盾的指导意见》，也是解决产能过剩问题的重要措施。

利用一个简单的经济模型，说明产能持续过剩悖论是如何产生的。

假设企业为生产融资的形式是间接融资，商业银行向企业提供贷款以准备生产，那么，商业银行对企业的货币供给为：

$$M(t) = P(t)X(t)$$

式中，$M(t)$ 为从 (t) 时期开始，商业银行所贷出的货币量，$P(t)X(t)$ 是企业按价格 P 购买生产要素 X，而向商业银行的贷款量。

企业取得贷款以后就进入了生产领域。假设企业的最终产品 $Y(t)$ 由生产要素 X(t) 来生产。如果系数 A(t) 代表生产要素 X 的平均产品，可以得出：

$$Y(t) = A(t) X(t)$$

式中，$Y(t)$ 为从 t 时期开始的产品总量。当产品生产出来以后，就进入了流通领域，而每一单位产品将从 $(t+1)$ 开始出售。如果所有的产品还没有从实物形态转变为货币形态，企业的贷款就仍然处在流通领域并滞留在产品上。在此条件下，假设企业要维持简单再生产，就需要向商业银行申请与上一期相同的贷款 M(t)。

如果企业的产品实现了资本总公式 G—W—G′所表现出来的价值增殖，企业就可以如期偿还商业银行的贷款。这样，企业生产所需要的贷款就能够分两次获得（一次来自商业银行，另一次来自市场），但只需要对前一期的贷款进行偿还。

上述贷款和偿还贷款在时间上的交错，体现出经济活动中商业银行和企业之间的双赢效应：商业银行在保证贷款安全的基础上获得利息收入，企业维持生产的连续性并获得利润。商业银行和企业之间的这种双赢效应，也是维持企业正常生产的货币供给路径。

如果产能过剩导致一部分产品或者完全产品不能销售出去，对于企业来说，就产生了一种双重挤压效应：企业没有能力偿还前期的贷款，而商业银行对于企业新的贷款申请惜贷。在此情况下，维持企业正常生产的货币供给路径就要受阻甚至断裂。不过，现实的情况是，那些严重产能过剩企业的货币供给路径不但没有断裂，这样的企业反而在产能持续过剩面前成为"不倒翁"。

三 治理产能持续过剩的货币政策选择

（一）产能持续过剩与货币供给来源

在市场经济中，是利润在奖励或惩罚企业并引导市场机制。[①] 可见，利润是企业生存发展的根本所在。马克思也指出，从商品到货币是"惊

---

① ［美］保罗·萨缪尔森、威廉·诺德豪斯：《经济学》（第十七版），萧琛主译，人民邮电出版社 2004 年版，第 43 页。

险的跳跃",如果这个跳跃不成功,"摔坏"的将是生产者自己。不过,那些在产能持续过剩面前的"不倒翁"企业,究竟靠什么长期存在而不倒?可以肯定地说,在本质是货币体制的市场经济中,这样的企业能够存在而不被淘汰的条件就是不间断地得到货币供给。这样,找出这些企业得以生存的货币供给来源,或许是解决产能持续过剩的一剂处方。

在 2005 年 5 月国务院颁布《关于加快推进产能过剩行业结构调整的通知》,以及当年 12 月的中央经济工作会议,开始新一轮治理产能过剩以来,金融监管当局对产能过剩行业的货币供给问题更为关注。

中国银行业监督管理委员会公布的数据,截至 2005 年第二季度,商业银行不良贷款余额为 12759.4 亿元人民币。在这些不良贷款中,肯定有一部分来自那些产能过剩行业。因为如前所述,当产能过剩导致产品不能如期销售出去,企业就没有能力偿还前期的贷款,于是,商业银行的呆账和坏账就产生了。而如果企业能够继续生存,就只能蚕食前期的商业银行贷款,这将进一步增加商业银行的呆账和坏账。

在产能持续过剩的行业中,既有国有企业也有民营企业。在产能持续过剩的行业中,国有企业所占比例往往大于民营企业。根据民生证券研究院宏观组组长朱振鑫(2016)提供的非常翔实的资料证明了这种判断。

朱振鑫提供的资料显示,在钢铁和煤炭这两个产能过剩的重点行业,不论是年产量超过 1000 万吨的大型钢铁企业,还是年产量在几百吨的地方钢铁企业,国有企业在数量和产量上所占比例都很大。具体数据如下:

2015 年,全国的粗钢产量为 8.04 万吨。在年产量 1000 万吨以上的 30 家钢铁企业中,国有企业 23 家,占 70% 左右。国有企业的产量为 4.47 亿吨,占全国总产量的 60% 左右;在年产量排名前 100 的钢铁企业中,国有企业 60 家,占 60%。国有企业的产量约为 6.4 亿吨,全国粗钢总产量的 80% 左右。

2015 年,全国原煤产量 36.8 亿吨。其中,国有重点煤矿产量 18.7 亿吨,占 50.8%。国家安全生产监督管理总局的数据显示,2016 年,规模以上煤炭企业共有 6850 家。2014 年,国务院提出建设 14 个大型煤炭基地,共有 102 个矿区,主要被大型煤炭国有企业和地方国有企业所有。这 14 个大型基地的产量占全国总产量的 92.3% 左右。其中,9 家国有企业的产量均在亿吨级别,合计产量为 14.1 亿吨,占全国煤炭总产量的

38.2%。在 2014 年营业收入排名前 50 名的煤炭企业中，国有企业在数量上所占比例曾经接近 90%。

在列举了朱振鑫提供的资料之后，应该关注这些产能过剩的国有企业生产经营的货币来源。由于国有企业与国有商业银行的天然联系，产能过剩国有企业的货币主要来源于中国工商银行等五大国有商业银行（以及在资本市场的直接融资）。但是，五大国有商业银行的货币供给，是产能持续过剩行业货币来源的主渠道。

（二）治理产能持续过剩的货币政策工具

产能持续过剩是资源配置缺乏效率，而提高经济效率、促进宏观经济的稳定增长，是政府在市场经济中行使的基本职能。中央银行代表政府制定和实施调控宏观经济的职能，包括在治理产能过剩方面应有的作用。

中央银行在治理产能过剩问题上如何使用其货币政策工具，是一个值得研究的问题。在现阶段，遏制产能持续过剩的政策思路，重点是强化对产能持续过剩行业货币供给的信用控制。

首先，将产能持续过剩行业确定为"特定领域"，从而强化对产能持续过剩行业的信用控制。中央银行能够使用选择性货币政策工具，在耐用消费品的销售融资、证券交易的各种贷款，以及不动产等特定领域实施信用控制，对这些领域的经济活动加以调节和影响。

例如，美国联邦政府吸取 1929 年"黑色十月"的教训，在 1934 年制定了《证券交易法案》，美联储根据这一法案实施证券市场信用控制，平息了证券市场的剧烈波动；在 20 世纪 90 年代初期，中国由于社会资金大量涌入房地产，房地产的泡沫非常明显。中央银行为了化解房地产泡沫，采取了许多限制资金向房地产的过度流入，对抑制当时的房地产泡沫起了一定的作用。进入 2016 年，中央银行的这些政策措施，与政府的其他政策相配合，对抑制住房价格上涨的作用更为显著。

既然中央银行能够对上述特定领域实施信用控制，对这些领域的经济活动加以调节和影响。那么，对严重影响经济健康可持续发展的产能持续过剩问题，在一定时期内将产能持续过剩行业确定为"特定领域"也是准确和必要的。

在选择性货币政策工具中的选择性信用控制，影响的是特定的行业，而不是整个宏观经济。这种货币政策工具的特点，对于产能持续过剩行业就必然具有很强的针对性。而产能持续过剩问题得到了有效治理，能够促进宏观经济健康可持续发展。

其次，加强"信用配额管理"和"窗口指导"的力度，调控商业银行对产能持续过剩行业的货币供给。信用配额管理是对商业银行贷款行为的一种直接信用控制。

中国人民银行曾经使用过多种信用配额管理方式，例如，1984年开始的贷款规模控制和限额管理；1998年，由对商业银行贷款增量的指导性计划，取代了贷款规模控制和限额管理，实行"计划指导、自求平衡、比例管理、间接调控"的信贷资金管理体制。因此，对商业银行的信用规模加以分配并限制其最高数量，是治理产能持续过剩的基本要求。利用信用配额管理这种控制手段，对遏制产能持续过剩行业的产能扩张有积极作用。

窗口指导在发展中国家被广泛地采用，20世纪50—80年代期间，日本也频繁地使用过窗口指导对商业银行贷款数额的限制，日本银行每季度都要通知民间银行下3个月可以贷出的款额。例如，日本银行只要决定实施紧缩政策，立即可以从下个月起限制对企业的贷款。[①] 但是，日本银行的这种限制并不限制商业银行的贷款用途，只是限制贷款的数量。

1998年，中国人民银行取消了贷款规模控制，为了配合政府的产业政策，利用窗口指导来引导商业银行的投资方向。同时，辅之以按年度或季度对商业银行下达贷款增量的指导性计划，引导其对贷款规模的控制。

虽然窗口指导没有法律的强制力，但对商业银行的信用行为仍然具有很强的约束力。中国人民银行凭借着自己的权威地位，以及窗口指导本身具有的速效性特点，可以相信，窗口指导这种工具对产能持续过剩行业货币供给一定会有限制作用。

综上所述，治理严重的产能过剩能够使用多种政策工具，但是，如果从货币因素来理解产能持续过剩问题，强化商业银行对产能持续过剩行业货币供给的信用控制，应该是可行的货币政策选择。

（执笔人：刘秀光　吴铁雄　康艺之）

---

① ［日］日本经济新闻社编：《东洋奇迹——日本经济奥秘剖析》，王革凡等译，经济日报出版社1993年版，第295页。

宏观调控过程中的政策后遗症

一 引言

现代宏观经济学自诞生之日起，就将熨平经济周期波动作为自己的使命，而完成这一使命需要利用宏观经济政策工具税收和政府支出，以及经济领域中的货币供给变动来实现。但是，在熨平经济周期波动的过程中，往往出现这样的现象：当一项或一组宏观调控政策在达到既定目标的同时，伴随的是与该目标相背离的经济问题。

例如，当宏观调控导致经济过快增长而失业率迅速下降时，价格水平势必快速上升；而为了遏制通货膨胀，需要减缓经济增长速度，失业率则将再度上升。这一类现象是宏观调控的政策后遗症，而政策后遗症的实质则是宏观调控的一种社会成本。

二 如何调控宏观经济的探索

始于 20 世纪 30 年代的凯恩斯革命以来，政府和经济学家集中在两个方面探索如何对宏观经济实施有效的调控。其一，作为宏观调控两大政策的财政政策和货币政策，哪一种政策对于稳定经济更为有效？其二，怎样才能实现既稳定经济又避免政策后遗症的完美目标？其中，就哪一种政策更为有效而言，在凯恩斯革命的早期，认为财政政策是最强有力的和最综合的需求管理手段。

在凯恩斯革命之后，由于财政政策存在着时滞和其他政治因素等缺陷，认为"财政政策事实上只是一种笨拙的政策"；在凯恩斯革命的早期，对货币政策的有效性充满了疑虑，认为"货币政策就像在走钢丝"。现在更青睐货币政策，认为"财政政策所能做到的或所能够阻止的，货币政策也都无所不能"。①

尽管货币政策在对宏观经济的调控时像财政政策那样"也都无所不能"，但货币政策的制定和实施究竟是相机抉择还是固定规则，也是一个争论不休的问题。

相机抉择固然是一种灵活性的政策，如果政策的制定者不受约束地相机抉择，就很有可能导致经济的不稳定。例如，在大选之前，为了刺激经济，中央银行可能与政治家结盟，制造出政治性经济周期。美国在货币主义实验中实施的固定规则，虽然在减缓经济增长以及降低通货膨胀方面取得了成功，但其后果是货币供给量大幅度减少，促使市场利率的上升，于是投资以及其他利率敏感型支出显著减少，由此引发了严重而持久的经济衰退。

既然相机抉择和固定规则在其实施过程中都会产生政策后遗症，于是，许多国家的中央银行尝试或采取设定通货膨胀目标的中间路线。通货膨胀目标既不是严格的固定规则，又约束了中央银行的相机抉择。但是，通货膨胀目标也并未解决政策后遗症问题。因为通货膨胀目标在实施过程中，当经济出现周期波动，决策者能否将通货膨胀率迅速回到经济政策所要求的目标，是实施通货膨胀目标所遭遇的问题。

为了发挥财政政策和货币政策的相对优势，避免政策后遗症，尝试采取不同的政策组合以稳定经济，政策组合的主要方案有两个：第一个方案，是扩张的财政政策—紧缩的货币政策；第二个方案，是紧缩的财政政策—扩张的货币政策。这两个方案在 20 世纪 80 年代早期和 90 年代初的美国经济中曾经分别使用过。但是，所有的政策组合方案也并非完美。与其他宏观调控政策一样，"财政—货币政策组合在美国经济政策中引起了激烈的争论"。②

综上可见，政府和经济学家不间断地探索如何实现宏观调控政策效力的最大化，追求宏观调控社会成本的最小化，尽可能地避免政策后遗症。

---

① ［美］保罗·萨缪尔森、威廉·诺德豪斯：《经济学》第十七版，萧琛主译，人民邮电出版社 2004 年版，第 595—603 页。

② 同上书，第 597 页。

三 政策后遗症的基本成因

主流的经济学观点以及政府确信：宏观经济干预以降低利率或增加财政赤字来对抗衰退，可以使一个自由市场经济体在基本充分就业之下大体保持稳定。① 然而，政策后遗症的存在是一个不争的事实。因此，需要分析政策后遗症的基本成因及其表现形式。

（一）来自财政政策的政策后遗症

以税收和政府支出干预经济为特征的财政政策，曾经多次挽救了陷入困境的宏观经济。然而，政策后遗症与宏观调控也相伴而生。财政政策在宏观调控过程中的顾此失彼、政府投资的单一性，以及政府增加支出产生的债务风险，都是来自财政政策的政策后遗症。

第一，财政政策在宏观调控过程中的顾此失彼，是指当使用一种政策工具调控经济并发挥作用的同时，将衍生出政策后遗症。例如，为了恢复衰退的美国经济，1981 年，里根政府的《经济重建租税法》对不动产投资税额减免和加速折旧。其中，将税率从 70% 降至 50%。当时尽管住房空置率在不断上升，但不动产投资仍然继续迅速扩大。可以说，"里根的税制改革对泡沫经济的产生起到了推波助澜的作用"。②

由于里根政府的大幅度减税，使政府的财政来源严重不足。为了弥补政府的财源，于是大量发行国债。而这种国债的发行，促使市场利率进一步上升。"1981 年年中，联邦储备银行的利率超过 19%。"③ 高利率吸引各国更多地持有美元，并且促使美元升值，1979—1985 年年初，美元升值高达 80%。美元升值所产生的影响是净出口，自 1980—1986 年净出口下降了 1580 亿美元，相当于 1983 年 GDP 的 3%。贸易冲击导致 50 年来

---

① ［美］保罗·克鲁格曼：《萧条经济学的回归和 2008 年经济危机》，刘波译，中信出版社 2009 年版，第 98 页。

② ［日］宫崎义一：《泡沫经济的经济对策——复合萧条论》，陆华生译，中国人民大学出版社 2000 年版，第 66—67 页。

③ ［日］竹内宏：《日本金融败战》，彭晋璋译，中国发展出版社 1999 年版，第 45 页。

最为深刻的衰退。①

第二，政府投资的单一性，是指每当宏观经济陷入衰退时，政府增加总需求刺激经济的基本方式，是将政府投资主要集中于社会基础设施建设。尽管这种刺激经济的方式具有立竿见影的作用，但如果对社会基础设施投资不能做到规模适度和用途合理，这些政府投资通常是缺乏效率的。

例如，日本政府为了消除20世纪90年代的泡沫经济，实施了累计数万亿日元的经济刺激方案。其中，1992—1994年，分别投入11万亿、13万亿和15万亿日元。由于政府不断扩大在社会基础设施方面的财政支出，日本的社会基础设施过分完备，结果反而降低了经济效率。这是因为，政府持续向豪华的公馆、政府大厦等毫无用途和使用效率低下的基础设施的巨额投资，只能降低经济效率，以及降低经济增长率。② 日本政府的这一财政政策，虽然使日本的人均社会基础设施累计投资相当于美国的三倍之多，但被认为是日本经济陷入长期衰退的重要原因。

第三，在增加政府支出扩大总需求的过程中，政府的债务风险是政策后遗症的重要表现形式。这种政策后遗症的危害是，政府债务往往引发严重的经济和社会问题。

例如，截至2009年，希腊的财政赤字占GDP比重超过12%。希腊政府巨额的财政赤字，对其经济和社会乃至欧元区的稳定造成了严重威胁。日本在20世纪70年代的情况更为复杂：1973—1974年，政府为了抑制石油危机以后的恶性通货膨胀而紧缩银根。1975年，为了摆脱经济衰退，政府开始大规模在公共事业方面投资，致使财政支出显著增加而导致资金不足，而资金不足只能靠发行国债来弥补。国债的发行额逐年剧增，发行额最高的1979年为153000亿日元，人均持有的国债曾经高达81万日元。随着偿还本息的不断增加，政府陷入了"为了还本付息而不断举债"的恶性循环中。③

巨额的政府债务对经济增长会产生许多不利影响。这些影响主要表现

① ［美］保罗·萨缪尔森、威廉·诺德豪斯：《经济学》第十七版，萧琛主译，人民邮电出版社2004年版，第514页。

② ［日］竹内宏：《日本金融败战》，彭晋璋译，中国发展出版社1999年版，第99页。

③ ［日］堺宪一：《战后日本经济》，夏占友等译，对外经济贸易大学出版社2004年版，第121—122页。

在：政府债务会替代私人资本，增加由于税收产生的非效率，强迫一国减少消费以偿还外国借款。总之，巨额的政府债务往往会降低潜在产出的增长。[1] 因此，政府债务隐含的风险需要高度重视，并尽可能地将其控制在合理水平，以避免政策后遗症。

（二）源自货币政策的政策后遗症

利率调整的两难处境导致货币政策的调控取向被扭曲，是源自货币政策的政策后遗症。所谓利率调整的两难处境，是指面临经济衰退或者预期经济衰退，中央银行通常的做法是降息。而面临通货膨胀或者预期通货膨胀，中央银行通常的做法是加息。但事实证明，无论是降息还是加息都会产生政策后遗症。

第一，降息所带来的政策后遗症，在股票市场或房地产市场的反映尤为明显。例如，20 世纪 90 年代初，工业化国家经济普遍陷入衰退，为了摆脱经济衰退，各国中央银行设定了低利率以刺激经济。于是，大批投资者转向国外寻求更高的投资收益。1990 年，流入发展中国家的私人资本有 420 亿美元，1997 年达到 2560 亿美元。最初，这些寻求更高投资收益的资金大多流入了拉美国家，1994 年之后，流入东南亚国家的资金越来越多。[2]

正是由于更多外来资金的流入，发展中国家出现了信贷扩张。信贷扩张不仅在一定领域促进了经济扩张，而且助长了股票市场和房地产市场的投机。至 1996 年年初，东南亚各国的经济酷似 20 世纪 80 年代晚期日本的泡沫经济。[3]

为了避免国际金融危机对宏观经济的影响，中国人民银行开始实施适度宽松的货币政策。但是，这种宽松的货币政策在刺激经济增长的同时，信贷资金借此流入房地产市场，成为推动住房价格持续上涨的货币性因素。例如，2010 年 1—4 月的住房价格平均上涨超过 11%。即使在 4 月 17 日国务院颁布《关于坚决遏制部分城市房价过快上涨的通知》之后，5—

---

① ［美］保罗·萨缪尔森、威廉·诺德豪斯：《经济学》第十七版，萧琛主译，人民邮电出版社 2004 年版，第 593 页。

② ［美］保罗·克鲁格曼：《萧条经济学的回归和 2008 年经济危机》，刘波译，中信出版社 2009 年版，第 75 页。

③ 同上书，第 76 页。

7 月的住房价格仍然分别上涨 12.4%、11.4%、10.3%。

第二，实行低利率为目标的廉价货币政策，也往往招致政策后遗症。有的经济学家主张，中央银行应当实行以较低真实利率为目标的廉价货币政策，也就是将真实利率稳定在某一相当低的水平上。

中央银行应该遵循真实利率规则，而不是货币增长规则，或通货膨胀率规则。这是一个中央银行能够为其自身设定的损害性最小的任务。[①] 这种观点认为，真实利率规则可以修正货币增长规则，或通货膨胀率规则的缺陷，但事实并非如此。如果降息使利率降至很小的空间时，由于投资缺乏利率弹性，货币政策通过降息刺激总需求的作用也将变得很小。

例如，美联储自 2007 年 9 月开始降息，将联邦基金利率由 5.25% 降至 2008 年年底的 0.25%，此后该利率一直保持在这一历史最低水平。当联邦基金利率维持在几乎为零的条件下，美国的失业率依然在 10% 上下徘徊，而且经济复苏乏力。

日本在 1991 年进入经济萧条，日本银行将利率水平几乎降至零，但经济却在十多年间低迷不振。克鲁格曼认为，日本跌入了可怕的流动性陷阱。[②] 日本银行于 2008 年 10 月将银行间无担保隔夜拆借利率水平从 0.5% 降至 0.3% 的水平，12 月又将利率降至 0.1%。但其经济前景仍不乐观，日本似乎又陷在流动性陷阱中。

1984 年 2 月，中国在《关于中国人民银行专门行使中央银行职能的若干问题的暂行规定》颁布之前的低利率政策，可能还不是真正意义的货币政策，但其目的是通过一个持久的低利率运行过程，让投资在低成本中得到扩张，以加速工业化进程。当时的低利率政策，可以说基本实现了其政策目的。

2003 年以来，中国的利率水平总体上处于低位。2003—2007 年，在低利率政策的支持下经济持续高速增长，GDP 年均增长率超过 10%。与此同时，股票市场和房地产市场过热。其中，上证指数从 2003 年的 1500 点左右，在 2007 年曾经一度暴涨至 6000 点。这些经济问题的出现，显然

---

① ［加拿大］约翰·史密森：《货币经济学前沿：论争与反思》，柳永明等译，上海财经大学出版社 2004 年版，第 132 页。

② ［美］保罗·克鲁格曼：《萧条经济学的回归和 2008 年经济危机》，刘波译，中信出版社 2009 年版，第 66 页。

与低利率政策相关联。

第三，高利率政策引发的政策后遗症。例如，在 1997 年亚洲金融危机中，IMF 要求东南亚各国政府应该提高利率。其中，曾经建议韩国将利率提高至 25%，甚至 40%。根据 IMF 的要求，包括韩国在内的许多东南亚国家采取了加息或提高利率的货币政策。这一时期加息的货币政策，促使贷款成本提高、信贷紧缩，使本来已经十分脆弱的银行业的经营状况更加恶化。而那些负有短期债务的企业将债务向债权人偿还以后，不得不向商业银行借入利率更高的款项，来维持其生产经营活动。

高利率导致企业财务状况恶化，以及企业破产倒闭增加。企业生产经营的不景气，商业银行的不良贷款必然有增无减，这就进一步削弱了银行体系的稳定性。而"被削弱的银行体系是导致东亚地区的经济不堪一击的根本原因"。①

中国在 1988 年和 1989 年的 CPI 处于高位，分别为 18.8% 和 18.0%。于是，中央银行选择了提高利率的货币政策。提高利率的货币政策对降低通货膨胀率和当时的价格改革都有积极作用，但也带来了严重的经济后果，主要是商业银行累积了大量的不良资产，以及紧缩的货币政策导致 1989 年和 1990 年的经济增长率只有 4.1% 和 3.8% 的水平。

综上所述，在对经济实施宏观调控过程中，往往伴随着政策后遗症这种社会成本。如何避免宏观调控的政策后遗症，降低宏观调控的社会成本，是政府在市场经济发展中需要破解的难题。

(执笔人：刘秀光 吴铁雄 康艺之)

---

① ［美］约瑟夫·斯蒂格利茨、布鲁斯·格林沃尔德：《通往货币经济学的新范式》，陆磊等译，中信出版社 2005 年版，第 232 页。

宏观调控政策规则选择与政策效力

一　引言

市场经济的运行需要政策规则的保障，而对于政策规则的选择，是一次性地决定政策规则并加以坚持，还是在每个时期都重新做出决定，这就是时间一致性政策或固定规则和相机抉择政策或斟酌处理的选择问题。

时间一致性政策是一种保持政策预定时间格局的政策，是对未来的政策路径做出一次性的决定。虽然预定的政策会在不同时期内发生变化，但这组政策在第一时期开始时就已经决定并在后来一直加以坚持。而相机抉择政策则是为未来时期所预定的政策，是在每个时期到来时都要制定新的政策路径，并且会随时间的推移而改变。①

对于经济政策的制定和实施，是坚持时间一致性政策还是相机抉择政策，历来都是政策制定者以及经济学家争论的问题。时间一致性政策的支持者认为，该项政策规则规定了对经济状况做出反应时政策的自动调整，因此就可以得到更好的结果。而相机抉择政策的支持者则认为，这种政策规则更为可取，是由于保持了政策的灵活性，并且可以对政策不断进行优化，以适应经济发展的需要。

国务院《关于加强房地产价格调控加快住房建设的意见》（1998 年）开启了政府对房地产市场的宏观调控，并提出"加强房地产价格调控，建立合理的住房价格体系"的政策目标。以 1998—2016 年政府调控房地

---

① ［加拿大］杰格迪什·汉达：《货币经济学》，郭庆旺等译，中国人民大学出版社 2005 年版，第 332 页。

产市场为例，旨在分析宏观调控政策规则的选择与政策效力问题。

1998—2016 年，各级政府调控房地产市场政策的数量超过百余项，政策手段或政策工具的多样化、政策法规颁布的密集程度，与针对其他经济领域的调控政策相比堪称史无前例。

住房价格的全国性官方统计始于 1987 年，当年的住房价格为 408 元/平方米，1998 年跃上 2000 元/平方米。1998—2000 年的住房价格基本保持不变，因此，这一阶段的调控政策不仅数量少而且条款也较为简单。2001—2003 年住房价格小幅度上涨，而只有少数城市上涨幅度过大，如 2003 年上海市的住房价格达到 5118 元/平方米，增长 24.2%，首次超过北京市，位居各省区市之首。

2004 年是住房价格显著变化的分水岭。国家统计局公布的数据显示，2004 年，新建商品住房价格上涨 15.2%，是 1998 年以来的最高上涨幅度，并且，在 2004 年之后的数年内，住房价格总体保持上涨的态势。

评价 1998—2016 年房地产市场调控的过程，既要肯定政府调控房地产市场的决心，也要承认房地产市场上的过度投资倾向和浓重的投机气氛，至今都没有彻底纠正和完全驱散，住房价格仍然处于反复波动的不稳定状态。分析调控房地产市场政策规则的选择与政策效力问题，重点是相机抉择政策隐含的内在缺陷，以及实施时间一致性政策的必要性这两个方面。

二　相机抉择政策隐含的内在缺陷

1998 年对房地产市场调控伊始，总的政策取向基本上是相机抉择：启动或激活房地产市场→扩张态势的政策→市场过热→紧缩态势的政策→市场低迷→扩张态势的政策。如此循环往复的调控政策基调，主要是由住房价格的变化来决定的。也就是说，每当住房价格发生显著变化以后，就随之改变原有的政策，转而制定新的政策去应对这些变化。尽管这种相机抉择政策在不同阶段发挥了一定的作用，但是，房地产市场相机抉择政策所隐含的内在缺陷，致使其政策效力难以达到预期。

首先，调控政策应该是"逆"住房价格的变化而相机抉择：预期住房价格超出合理水平的上涨，政策趋向于紧缩；预期住房价格超出合理水平的下跌，政策趋向于扩张。不过，1998—2016 年的调控政策并没有表现出未雨绸缪的理想功能，总有一种政策被动性和政策实施滞后的感觉。调控政策对住房价格的变化似乎缺乏前瞻或者预判，而常常是"兵来将挡水来土掩"。

2008 年，中国的宏观经济呈现回落的趋势，GDP 的增长率由 2007 年的 13% 降至 9%。于是，货币政策由适度从紧调整为适度宽松。此时的房地产市场持续低迷，销售量大幅度下降，住房价格上涨的幅度放缓。然而，在 2008 年房地产市场的"拐点"之后，2009 年部分城市释放出了住房价格过快上涨的信号。针对房地产市场的这一变化，信贷政策并没有对此迅速做出判断并进行调整，2010 年的金融机构房地产贷款增量占同期各项贷款增量为 27.5%，直到 2011 年这一比例才降至 17.5%。

尽管 2010 年国务院《关于坚决遏制部分城市房价过快上涨的通知》要求，采取坚决的措施，遏制住房价格过快上涨，引导住房消费抑制投资和投机性的购房需求。但是，遏制住房价格过快上涨的政策目标没有真正实现。其原因与信贷政策的被动性和政策实施滞后密切相关。

其次，自 1998 年政府对房地产市场的宏观调控以来，财政政策和货币政策以及与此相关的行政命令，都是随着房地产市场的景气或衰退而相机抉择的。在这些调控政策中，有存款准备金率和住房贷款首付款比例的调整等货币政策，有对住房销售和购买的税率变动等财政政策，也有要求地方政府承担起促进房地产市场健康发展责任等行政命令。

尽管这些调控政策对房地产市场和住房价格有不同程度的影响，有的政策措施在短期内其效果甚至相当明显。然而，在一系列政策措施实施之后，住房价格变动的总趋势依然是持续上涨，这就是所谓房地产市场"越调控房价越涨"的宏观调控悖论。① 宏观调控悖论反映出相机抉择政策的内在缺陷，这种内在缺陷也降低了房地产市场调控的政策信誉。

所谓政策信誉，是指政府的政策目标与公众的政策目标预期的统一。如果政府的承诺与公众的期待相分离，则是政策信誉失衡。房地产市场调

---

① 刘秀光：《房地产市场的"宏观调控悖论"及其纠正》，《长白学刊》2010 年第 5 期。

控的政策信誉，是调控政策的目标与公众政策目标的预期相符合。[1] 政府做出了承诺就不能改变其行为，而要保持履行承诺的信誉，政府就不能食言。否则，就会产生政策的时间不一致性问题。[2]

近十年来，住房价格变化的轨迹大体是：住房价格上涨→限购和限贷等→房地产市场疲软→政策"松绑"→住房价格上涨。如此重复相同的过程，使社会公众产生了政策的"审读疲劳"。所谓政策的审读疲劳，是指社会公众对重复出现的调控政策所产生的一种认知。这种政策的审读疲劳，对政策信誉产生了不良的影响，也会发生时间不一致性问题。

三　时间一致性政策的必要性和可能性

（一）稳定住房价格的合理水平是实施时间一致性政策的必要性

以往政策措施的主旨就是为了实现稳定住房价格的合理水平，而这些政策措施的政策取向也是时间一致性政策。例如，《关于开展个人消费信贷的指导意见》（1999 年），鼓励商业银行提供全方位的金融服务；《关于进一步加强房地产信贷业务管理的通知》（2003 年），严禁商业银行以房地产开发流动资金形式发放贷款；《关于深入开展土地市场治理整顿严格土地管理的紧急通知》（2004 年），要求商业银行严格控制对房地产的信贷投放。

既然在对房地产市场和住房价格方面不乏时间一致性政策措施，但是，为什么房地产市场没有实现平稳健康运行，住房价格的变动总是此起彼伏地波动。其问题的症结不仅在于这些政策的目标模糊不清，而且也没有将这些政策措施一以贯之地执行下去，这就使这些政策措施在短期内有效，而在长期政策效力不高甚至是无效的尴尬局面。摆脱这种尴尬局面的途径，重要的是确定清晰的政策目标，并且坚决执行为实现政策目标的政

---

[1]　刘秀光：《房地产市场宏观调控的政策信誉问题》，《武汉科技大学学报》2014 年第 1 期。

[2]　[美] 约瑟夫·E. 斯蒂格利茨、卡尔·E. 沃尔什：《经济学》第三版（下册），黄险峰等译，中国人民大学出版社 2005 年版，第 793 页。

策措施。因此,需要分析实施时间一致性政策的可能性问题。

(二) 界定住房价格的合理水平是实施时间一致性政策的可能性

虽然相机抉择政策保持了连续政策的灵活性和其他优势,但在事件可预料的前提下,时间一致性政策路径优于相机抉择政策路径。这一结论成立的前提条件,是对于那些"可预料"的事件,并且适用于潜在结果的客观概率都"已知"的静态环境。①

在影响房地产市场健康可持续发展和住房价格稳定的诸多因素中,许多因素都是"可预料"和"已知"的。例如,地方政府可以影响或左右住房建设用地的批租和数量、土地出让金的高低等,而且,土地出让金越高,地方政府获得的利益也就越多。与此同时,更高的土地出让金成为推高住房价格的重要因素。② 因此,根据这些"可预料"和"已知"的因素,界定住房价格的合理水平是实施时间一致性政策的可能性。

什么是住房价格的合理水平? 衡量住房价格的合理水平,按照国际惯例房价收入比在3—6倍的区间。在1998—2016年的调控政策和调控过程中,并没有明确界定什么是合理水平。以往那种捉摸不定的"合理水平",不仅让公众对调控的政策信誉信心不足,而且可能会对政府调控住房价格的决心心存疑虑。

作为国际惯例的3—6倍房价收入比,可能不是放之四海而皆准的标准,但确实是一个界定住房价格合理水平的重要指标。因为在住房需求函数 $Q_D = f_i$ (p, i, x_1, x_2, $\cdots$, x_n) 中,房价 p 和收入 i 是直接决定住房需求的两个经济变量,它们共同构成了住房需求的预算约束。

既然国家统计局以及各级地方政府的统计部门,每月公布住房价格变化信息,每年公布居民人均可支配收入。由于各地区或城市的区位优势不同、收入水平的差异,以及未来发展的潜力不一。因此,制定出不同地区或城市的房价收入比,就是因地或因城施策的重要依据。况且,国务院办公厅《关于进一步做好房地产市场调控工作有关问题的通知》(2011年),就曾经要求各城市人民政府"要根据当地经济发展目标、人均可支配收入增长速度和居民住房支付能力,合理确定本地区年度新建住房价格

① [加拿大] 杰格迪什·汉达:《货币经济学》,郭庆旺等译,中国人民大学出版社2005年版,第335页。

② 刘秀光:《房地产市场的"宏观调控悖论"及其纠正》,《长白学刊》2010年第5期。

控制目标"。如果住房价格的合理水平确定了，那么，就能够为落实时间一致性政策提供真实的依据。

住房价格的合理水平是一个相对的数值，并非是固定不变的。因此，政府要审时度势地根据资源供给尤其是土地供给状况、居民可支配收入的变化，以及政策变化和经济社会的发展如户籍制度改革、城市化的进程等，及时调整各类住房价格（对于那些高档住房价格交给市场来定价）上涨的目标值，也就是制定出"本地区年度新建住房价格控制目标"。

四 两种政策配合以实现调控目标

相机抉择政策有其内在缺陷，但是，时间一致性政策也并非完美无缺。[①] 例如，20 世纪 70 年代后期的货币主义实验，主张固定的货币供给量增长率为主要内容的时间一致性政策（的货币规则），而不是相机抉择的财政政策和货币政策。反对货币主义固定规则的"卢卡斯批评"是一个严正的警告。它提醒我们，如果政策制定者过分倚重过去的规则，则经济行为就可能走形。[②]

既然两种政策各有不足之处，它们之间的界限也并不是泾渭分明，因此，就要将两种政策配合起来使用，通过优势互补，实现熨平住房价格的波动，并使住房价格保持在合理的水平。

如果坚持"稳定住房价格的合理水平"的时间一致性政策，社会公众对住房价格的预期将会与之相适应，可能会降低社会公众对住房价格上涨的预期。与此同时，利用相机抉择政策灵活性的优势，可以对调控政策不断地进行优化，发挥出时间一致性政策和相机抉择政策的政策效力。在房地产市场调控政策的篮子里，也有足够多的政策手段可以使用，这是将两种政策达到理想配合的有利条件，具体情况如下表所示。

---

① 基德兰德和普雷斯科特（2004 年获得诺贝尔经济学奖）用数学方法证明，时间一致性政策不是最优的，它也有可能会导致经济不稳定。

② ［美］保罗·萨缪尔森、威廉·诺德豪斯：《经济学》第十八版，萧琛主译，人民邮电出版社 2008 年版，第 611 页。

时间一致性和相机抉择政策的目标和手段

时间一致性政策	相机抉择政策
1. 住房价格的合理水平作为根本目标	1. 制定调控房地产市场的税种和税率；保证建设保障性住房系统的财政支出等
2. 房价收入比作为重要的参考性指标	
3. 利用限购体现房子居住的基本属性	2. 确定和监管金融机构房地产贷款比例和增长率；根据市场变化，实施货币政策
4. 通过限贷抑制住房的投机炒房行为	
5. 确定和严格执行各种类型住房比例	3. 完善地方政府稳定住房价格合理水平的责任制，并建立问责机制等行政手段
6. 其他创新的时间一致性的政策手段	

将两种政策配合调控的基本框架是：将住房价格控制在合理水平作为时间一致性政策的既定目标，为实现这一既定目标的是相机抉择政策的制定和实施。因此，为了实现两种政策的配合，需要把握以下三点：

第一，金融机构贷款对房地产市场扩张和住房价格持续上涨，具有很强的杠杆作用和推动力，那么，金融机构向房地产商的贷款增长率必须低于住房价格的温和上涨率。《关于深入开展土地市场治理整顿严格土地管理的紧急通知》（2004年）等类似的政策，曾经要求"商业银行严格控制对房地产的信贷投放"。

如何严格控制和真正严格控制信贷投放，就政策效力和实际统计数据来看，都没有落实。因此，控制对房地产的信贷投放作为金融监管职能发挥的程度，需要在房地产市场是否健康可持续发展，以及住房价格是否达到了合理水平中反映出来。

第二，尽管房地产市场调控政策的篮子里有足够多的政策手段可以使用，并且政策发挥效力的空间也足够宽阔。但问题是如何准确地选择调控的时机和调控的方向，以及如何调控所选择的方向。一旦这些方面出现误差，不仅不能显示出调控的政策效力，而且很可能导致调控的结果适得其反。

例如，当住房价格在短时间内出现较大幅度上涨时，于是有的地方政府在丝毫没有预先向社会告知的情况下，就突然宣布自某日深夜十二点之后实施限购。这种"休克疗法"不仅导致社会公众对此莫衷一是，也将诱发社会公众对住房价格再度上涨的预期心理，而这种预期心理导致一定范围的"抢购"。

　　第三，时间一致性和相机抉择政策实际上是两种政策的分工问题，它们之间也是并行不悖的。要使各自发挥出应有的政策效力，就要保证有明确的调控目标和很强的针对性。

　　例如，时间一致性政策的限贷限购，其政策目标是为了抑制过度投资和投机炒房。识别过度投资和投机炒房的简单而直观的方法是，购买多套住房表明过度投资的意向，而将住房多次易手就显然是投机炒房行为。政府职能部门可以利用各种统计数据，更准确地识别市场和住房价格的变化。但在1998—2016年的调控过程中，限购限贷的做法不仅"突然"和没有一以贯之，而且对限购限贷对象的针对性不强。因此，配合限购限贷推出的相机抉择的政策手段其效力也就不会显著。

　　综上所述，1998—2016年房地产市场的宏观调控，无论是时间一致性政策还是相机抉择政策，都没有完全达到调控政策的预期效果。但是，在经历了十多年的实践以后，对住房本质属性的认识更为准确。如在2016年12月召开的中央经济工作会议上提出，房子是用来住的不是用于炒的。在住房属性准确定位的基础上，相关政策也在不断配套完善，如建立房地产平稳健康发展的长效机制，以及正在探讨的房产税等。

　　自2016年12月中央经济工作会议以来，住房价格总体而言逐渐趋于稳定并不断回落。在本书截稿之时，国家统计局公布的"2017年9月70个大中城市住宅销售价格变动情况"显示，70个大中城市住房价格（同比）上涨幅度全面回落，15个热点城市的住房价格连续两个月（环比）停止上涨。由此可见，宏观调控政策在持续发挥作用，房地产市场保持稳定的态势开始显现，有望实现住房价格保持在合理水平的目标。

（执笔人：刘秀光　吴铁雄　康艺之）

经济增长型衰退过程中的货币责任

一　引言

在凯恩斯革命之前的所谓正统经济理论，否认货币在产出和就业中的作用。亚当·斯密、大卫·李嘉图、詹姆斯·穆勒等这些正统经济学家，对货币作用的观点可以表达为货币中性和货币是"面纱"等。他们认为，货币对真实经济活动的演进是无足轻重的，经济失衡无论多么严重都是短期的。因此，货币不能对真实经济的均衡产生持久的影响。

与正统经济学家的判断相反，货币是现代经济的核心。并且，"货币因素本身就是维持历史延续性的重要因素"。[①] 弗里德曼更是强调，"只有货币是重要的"。然而，如果高收益率引诱货币持续地流入某个产业，该产业很可能由产能过剩逐渐走向增长型衰退。

中国经济中不少产业存在产能过剩，并且具有显著的增长型衰退特征。2013 年 3 月 20 日，以无锡尚德的破产重组为标志，曾经风光十年的中国光伏产业，在产能过剩中陷入困境，"无锡尚德之路"就是在增长型衰退的路上遭受挫折的。

某个产业的产能过剩与增长型衰退固然有许多因素，但货币的作用至关重要。由货币收益选高特性决定的货币供给冲击，是产能过剩与增长型衰退的货币性因素。货币既能够成就一个产业的兴旺——货币的正面责任，又可以导致一个产业的破灭——货币的负面责任。以新兴的光伏产业

---

① ［加拿大］约翰·史密森：《货币经济学前沿：论争与反思》，柳永明等译，上海财经大学出版社 2004 年版，第 177 页。

为例，对产能过剩与增长型衰退货币责任的分析，这与治理产能持续过剩货币政策选择问题的讨论有相似性。

二 货币收益选高特性与增长型衰退

货币收益选高特性，是指货币从低收益率向高收益率产业流动的态势。这种形式的货币流动，是对收益率相对较高的产业的货币供给冲击。当这些产业的货币需求与货币供给相匹配时，就是有利的货币供给冲击，短期内将促进其产出和就业，长期内会促进经济增长。相反，当货币供给量超过这些产业的货币需求时，就是不利的货币供给冲击，其产能过剩与增长型衰退就成为这种货币冲击的后果。

在诸多的新兴产业中，中国的光伏产业曾经风光无限，其市场份额占世界光伏产品市场的份额一度超过 60%，2007—2012 年，其增长率高达 100%；2007 年 9 家光伏企业在美国股票市场上市，总市值最高时达 320 亿美元，无锡尚德的股票价格曾涨至 85 美元/股；"太阳城"和"光伏园"之类的产业园已经超过 300 个。其中，投资上千亿元的产业园就多达几十个。光伏产业急剧扩张的背后是其高收益率，光伏产业的收益率在近乎疯狂的发展时期，有些生产环节的收益率曾经高达 50% 以上，最高的收益率达到 139%。

新能源产业是国家确定的七大战略性新兴产业之一，而支持战略性新兴产业的金融机构首推国家开发银行。2008 年，国家开发银行开始进入境内外的大型光伏并网电站融资，2009—2010 年，该行向光伏产业提供了将近 2500 亿元授信。

金融机构包括政策性金融机构，对战略性新兴产业的金融支持无可厚非。但问题是，光伏产业在一定时期内什么样的规模是适度的，以及光伏产业什么样的规模是与社会需求相匹配的，这些问题在近乎疯狂的发展时期都被忽略了。尤其是那些最终被光伏产业拖累的金融机构，似乎都被短期内的高收益率所迷惑。于是，超额的货币量注入光伏产业，促使该产业走向增长型衰退之路。破产重组的无锡尚德的债务高达 23 亿美元，其中，中国工商银行、中国农业银行、中国银行等在内的多家商业银行，对无锡尚德的授信余额折合人民币达到 71 亿元。对这些商业银行来说，"无锡尚德之路"的结局肯定是始料不及的。

商业银行对曾经是全球最大的太阳能晶硅片生产企业的江西赛维的金融支持同样极具代表性。截至 2011 年 3 月末，江西赛维共获得超过 15 家中外资银行总额 253 亿元授信。这样的金融支持力度，无疑是江西赛维迅速崛起的货币源泉。但是，具有讽刺意味的是，江西赛维 2007—2011 年的总资产在同比递减的同时，总负债由 2007 年上市时的 6.17 亿美元增至 2011 年的 60.1 亿美元，总负债年均增长率高达 147.27%。

中国光伏产业的处境固然与反倾销等贸易保护主义的做法有关，但反倾销与产能过剩并没有必然联系。对现代经济中的货币供给而言，整个银行体系对货币的创造与消亡起着决定作用。如前所述，银行体系对信用的扩张与收缩，既能够成就一个产业的兴旺——货币的正面责任，又可以导致一个产业的破灭——货币的负面责任。

三　货币的社会性与"货币责任"

马克思从生产关系上阐释货币的社会性：货币是充当一般等价物的特殊商品，体现了商品生产者之间的生产关系；货币法定论认为，货币是国家的货币，中央银行具有垄断货币发行的地位；新货币法定论认为，货币是特殊的"国家的产物"，国家具有以货币的形式征收赋税的权力，并且，政府有能力决定经济体系中的基础货币。这些观点从不同角度说明了货币的社会性，而货币的社会性必然要承担货币责任。货币责任可以从中央银行、商业银行和社会公众等几个方面体现出来。

第一，社会的货币与金融结构提供了一个指挥控制系统，有了它，社会政治力量就可以对经济实施引导与控制。[①] 作为货币"指挥控制系统"的中央银行，拥有至高无上的经济权力，其原因似乎内含于货币化生产的逻辑体系之中。作为该体系中心地位的中央银行，决定了生产扩张应该满

---

① ［美］本杰明·M. 弗里德曼、［英］弗兰克·H. 哈恩主编：《货币经济学手册》第 1 卷，陈雨露等译，经济科学出版社 2002 年版，第 168 页。

足的条件。[①]

如果经济中的货币数量像弗里德曼坚持的那样，是由中央银行外生地决定，那么，中央银行应当在产业结构调整、治理产能过剩防止增长型衰退方面制定和实施有效的货币政策，对经济中的货币供给"引导与控制"。然而，在十几年间，不少传统产业和新兴产业都存在着产能过剩或增长型衰退，这说明中央银行对货币供给"引导与控制"的政策效力尚未充分发挥出来。

一般来说，中央银行能够通过调整基准利率"引导"货币的供给和流向，但利用这种方式影响商业银行信贷行为的作用并不显著。之所以如此，可能与现有的金融体制以及市场经济的发育程度等因素有关，因此，中央银行实施货币供给的"控制型"政策，或许比"引导型"政策更为有效。

自 2004 年以来，抑制产能过剩就成为宏观调控的重点。以国务院《关于发布实施〈促进产业结构调整暂行规定〉的决定》（2005 年）以及国家发展和改革委员会颁布《产业结构调整指导目录（2005 年）》为标志，开始治理产能过剩。

2009 年，国务院批转国家发展和改革委员会等十部门的《关于抑制部分行业产能过剩和重复建设引导产业健康发展的若干意见》，要求"实行有保有控的金融政策"。对不符合重点产业调整和振兴规划，以及不符合相关产业政策要求的那些产业，金融机构一律不得发放贷款。一律不得通过各种债券、首次公开发行股票、增资扩股等方式进行融资。这一系列"一律不得"的要求，体现着鲜明的"控制型"政策措施的色彩。

在治理产能过剩的过程中，在某些时期，曾经出现过越治理越过剩的"产能持续过剩悖论"。[②] 例如，据《中国经济周刊》和商务部信用评级与认证中心联合发布的《2012 年中国实体经济发展报告》中提供的资料，钢铁、有色金属、建筑材料和化学工业在内的原材料工业产能过剩问题凸显；多晶硅、风电设备、新材料等新兴产业出现产能过剩的倾向，光伏产业在 2011 年整个行业急转直下。

---

① ［加拿大］约翰·史密森：《货币经济学前沿：论争与反思》，柳永明等译，上海财经大学出版社 2004 年版，第 181 页。

② 刘秀光：《中国经济产能持续过剩与货币供给路径》，《济南大学学报》2011 年第 2 期。

为什么会出现越治理越过剩的"产能持续过剩悖论"，为什么政府相关部门那些三令五申的"严厉"政策，其效力没有达到预期效果，对此，的确需要分析研究出现这些问题的原因何在。

第二，商业银行是直接为产业的生产提供货币的，并且，商业银行通过支票账户和贷款能够创造货币。因此，像凯恩斯主义者持有的观点那样，商业银行为生产提供的货币数量被视作一个内生变量。与此同时，商业银行发放的贷款是否安全，不仅关系银行的盈利状况，而且是银行稳健经营的关键，又是金融体系以及经济和社会稳定的基础。可见，商业银行货币供给的行为，具有鲜明的正面责任。

尽管银行行为具有风险厌恶的特性[1]，但是，当货币收益选高特性占据上风的时候，并不是所有银行都能保持冷静的态度。银行行为的风险厌恶特性一旦片面地追求高收益率，商业银行就很可能成为某些行业或产业信用繁荣的推手。不少商业银行和其他金融机构在光伏产业中的遭遇，已经得到了充分证明。

第三，人们的经济行为中的赚取和贪婪往往与收益率有关。然而，货币以及其他金融资产的重要特征，除收益率以外还有风险。因此，社会公众的投资需要谨慎。谨慎的投资决策不仅是为了规避风险，而且也是货币正面责任的表现。

凯恩斯（1936）认为，人们有保持现金而不愿持有资本去获取收益的流动性偏好。史密森指出，流动性偏好也影响着通货膨胀率。[2] 显而易见，如果人们的流动性偏好更为强烈，将会降低价格水平。但是，货币追逐高收益率的特性，以及不少投资者在"市场热衷于狂乱的投机时，理性的判断被抛诸脑后"。[3] 于是，人们的流动性偏好被"狂乱的投机"所替代，货币供给增加从而不断推高资产的价格。

例如，2005 年鄂尔多斯市的住房价格平均仅为 1000 元左右/平方米，2007 年升至 3000 元/平方米，2012 年年底的期房普通楼盘超过 8000 元/

---

① ［美］约瑟夫·斯蒂格利茨、布鲁斯·格林沃尔德：《通往货币经济学的新范式》，陆磊等译，中信出版社 2005 年版，第 38 页。

② ［加拿大］约翰·史密森：《货币经济学前沿：论争与反思》，柳永明等译，上海财经大学出版社 2004 年版，第 123 页。

③ ［美］保罗·萨缪尔森、威廉·诺德豪斯：《经济学》第十八版，萧琛主译，人民邮电出版社 2008 年版，第 452 页。

平方米，高端楼盘甚至高达 2.2 万元/平方米以上。① 住房价格迅速而持续上涨与投资热潮高度正相关。统计资料显示，在鄂尔多斯市住房价格急剧上涨时，90% 以上的家庭投资于房地产。

有些产业短期内的高收益率，并不完全取决于这些产业的真实盈利，而是投资者缺乏理性判断而将货币投向这些产业，于是出现了虚假繁荣。上述现象表明，某些商品价格的上涨并非由供求关系所致，而是短期内不利的货币供给冲击推高了价格水平。在虚假繁荣的市场上，货币的购买力将随着价格水平的上涨而下降（M/P）。或者说，商品价格的上涨导致人们持有更少的货币余额。因此，随着货币的边际效用递减，货币的总效用就不断降低。

可见，货币收益选高特性往往诱使人们缺乏理性的判断，于是某些人从风险规避者变为冒险的投资者。这不仅带来个人投资的损失，而且可能导致某个行业的虚假繁荣，这是在社会公众方面体现出来的货币的负面责任。

（执笔人：刘秀光　吴铁雄　康艺之）

---

① 刘秀光：《开发热诱导的货币流动变向与经济后果》，《武汉科技大学学报》2013 年第 1 期。

"货币荒"现象的反思与启示

一 引言

所谓"货币荒"或"通货荒",是指由货币供给极度短缺而引起的金融市场剧烈波动,货币供求关系严重失衡的金融现象。在世界金融史上"货币荒"现象并不鲜见。例如,在美国货币史上的 1873 年、1884 年、1890 年和 1893 年数次发生"货币荒"。每当发生"货币荒"之际,银行都实行支付限制或存款转换为通货的兑换限制,借以应对银行危机和货币危机。其中,1893 年大多数银行终止了客户提现。①

1907 年 10 月,美国的银行危机爆发,银行系统实行支付限制到达顶峰。在此次银行危机中,银行系统一致拒绝了存款人将存款兑换成钞票或铸币的要求。为了躲避"货币荒",银行在实行支付限制的同时,还采取歇业的办法。例如,1933 年的支付限制,将所有银行关闭了一个星期,完全停止了银行的业务。②

2013 年 6 月,在中国金融市场上也似乎出现了"货币荒"。具体表现在反映短期资金供求关系的同业拆借利率,6 月 20 日高达 13.444%;资金的短缺使资本市场遭遇 24 日 A 股的"黑色星期一"。沪深两市的股票指数双双暴跌,创 2009 年 8 月 31 日以来最大单日下跌幅度。其中,沪市股票指数报收 1963.24 点,跌 109.86 点,下跌幅度为 5.30%。深市成指数报收 7588.52 点,跌 547.53 点,下跌幅度为 6.73%。

---

① [美] 米尔顿·弗里德曼、安娜·J. 施瓦茨:《美国货币史——1867—1960》,巴曙松等译,北京大学出版社 2009 年版,第 5 页。

② 同上书,第 107—114 页。

在金融市场上似乎出现"货币荒"的时候，中国人民银行办公厅2013年6月24日公布的《关于商业银行流动性管理事宜的函》称，当前我国银行体系流动性总体处于合理水平。

为什么金融市场上的表现和中央银行的判断之间反差如此之大？正如弗里德曼和施瓦茨（1963）所言，在货币问题上，表象是具有欺骗性的，（货币问题上的）相互关系通常与我们所看到的现象恰恰相反。①

货币这种充满神秘与自相矛盾的虚构之物，确实经常困扰着人们。尽管2013年6月的"货币荒"现象持续的时间是短暂的，但却给金融市场带来了许多负面影响。因此，反思这一现象能够启发人们善于从金融事件中透过货币表象的欺骗性，揭示货币问题上的真相，以消除对金融市场上某些暂时现象不必要的猜测和恐慌心理，提高金融资源的配置效率，保证金融市场稳定运行。

二 一般货币供给函数的基本形式

在金融市场上，货币供给决定中的主要参与者包括中央银行、商业银行和社会公众。其中，中央银行决定基础货币、法定准备金率和贴现率等；商业银行在法定准备金率既定的条件下，决定其相对于活期存款或支票账户存款负债的超额准备金；社会公众决定其相对于活期存款的通货或现金的持有量。在货币供给决定的主要参与者中，货币供给形成的主体是中央银行和商业银行。它们各自能够创造货币，中央银行能够创造通货，商业银行能够创造存款货币。

货币供给的数量指标是货币供给量或货币存量，中央银行和商业银行创造货币的能力是货币供给的决定性因素。然而，社会公众对其金融资产的支配行为，也会对银行体系的贷款创造产生影响。其中，社会公众的通货需求波动是货币供给波动的重要来源。

弗里德曼和施瓦茨合著的《美国货币史——1867—1960》，对美国

---

① ［美］米尔顿·弗里德曼、安娜·J. 施瓦茨：《美国货币史——1867—1960》，巴曙松等译，北京大学出版社2009年版，第482页。

1867—1960 年的货币存量变动进行了估计：在 1993 年的美国货币史中，在经济相对高度稳定的时期，货币存量的变化也表现出高度的稳定性；在经济严重衰退的时期，都伴随着明显的货币存量的下降。[①] 这一结论揭示了货币供给与经济景气之间的关系。除此之外，还有多个变量影响货币供给，货币供给函数就包含这些变量。

在货币经济学中，有多种货币供给方程。其中，普通货币供给方程，将银行的准备金/存款比率、社会公众希望的通货与存款比率包含在内；比较复杂的货币供给方程，将存款区分为活期存款、储蓄存款、定期存款和政府存款；更加复杂的货币供给方程，是将每种存款必须满足准备金率加在方程中。将上述各种类型的货币供给方程综合起来，就是一般货币供给函数的基本形式[②]：

$$MS = MS(r_D, r_T, r_S, r_L, r_d, r_O, R, Y, B)$$

式中，MS 为货币供给，r_D 为活期存款的收费，r_T 为定期存款利率，r_S 为短期利率，r_L 为长期利率，r_d 为中央银行贷款给商业银行的利率，r_O 为隔夜拆借利率，R 为法定准备金率，Y 为名义国民收入，B 为基础货币。

在以上货币供给函数中，社会公众的通货需求是 r_D、r_T 的函数，r_D、r_T 是持有通货的机会成本；商业银行的自由准备金取决于 r_S、r_L、r_d、r_O、R，因为这些变量是银行持有自由准备金的收益或者经营成本；货币供给分别取决于 Y 和 B 所表示的名义国民收入和基础货币。

参照货币供给函数，分析中央银行、商业银行和社会公众的行为如何影响货币供给，进而解释可能存在的货币表象的欺骗性，以及这种欺骗性与 2013 年 6 月的"货币荒"现象之间的关系。

三　中央银行的行为与货币外生

货币是如何投入与作用经济的，或者，货币是如何被创造和如何消失

---

① ［美］米尔顿·弗里德曼、安娜·J. 施瓦茨：《美国货币史——1867—1960》，巴曙松等译，北京大学出版社 2009 年版，第 483 页。

② ［加拿大］杰格迪什·汉达：《货币经济学》，郭庆旺等译，中国人民大学出版社 2005 年版，第 263 页。

的，这就是货币的内生和外生问题。货币外生论的观点是，货币供给是由中央银行外生地决定。中央银行通过基础货币的增减，并且与法定准备金率的提高或降低、基准利率的调整相配合来实现货币供给。

在市场经济体系中，货币供给直接决定着宏观经济是否能够稳定增长。因此，各国政府都将货币供给的控制权交给中央银行，中央银行因此担负着金融市场货币供给的使命。中央银行货币供给行为的决定，要根据对当时宏观经济形势的判断而相机抉择。

只要最终的结算中介是一种金融资产，而不是一种实物资产，那么就可以简单地通过中央银行的贷款意愿来增加这种资产的供给。① 中央银行通过增减基础货币并且联系货币乘数，进而能够调控货币供给量。货币供给量与基础货币、货币乘数之间的关系如下：

货币供给量 = 基础货币 × 货币乘数

当面临经济衰退时，中央银行能够实施扩张的货币政策，利用降低法定准备金率和基准利率等货币政策工具，保证银行体系流动性的充分供给，促使银行信贷规模的扩大。

中国人民银行遵照中央政府的要求，将 2013 年的广义货币 M2 预期增长目标拟定为 13% 左右，而在出现 6 月的"货币荒"之前的 5 月末，广义货币 M2 余额为 104.21 万亿元，货币存量突破了百万亿的数量级，同比增长 15.8%，比 2012 年同期高 2.6 个百分点。

2013 年 5 月末，狭义货币 M1 余额为 31.02 万亿元，同比增长 11.3%，比 2012 年同期高 7.8 个百分点。通货 M0 余额为 5.43 万亿元，同比增长 10.8%。由此可见，临近 6 月的"货币荒"现象出现的时候，金融市场的货币供给是扩张而不是紧缩的态势。

货币供给与财政政策的关系也非常密切。在实施积极的财政政策过程中，为了刺激经济增长，阻止经济下滑，2013 年，中央政府安排财政赤字 1.2 万亿元，比 2012 年预算增加财政赤字 0.4 万亿元。增加财政赤字和发行国债的政策安排，反映在金融市场上就是货币供给的增长。②

---

① ［加拿大］约翰·史密森：《货币经济学前沿：论争与反思》，柳永明等译，上海财经大学出版社 2004 年版，第 31 页。

② 如果将债券卖给中央银行，最终将使社会公众的存款增加，商业银行的准备金增加。在银行体系拥有超额准备金的基础上，进一步扩大货币供给量。

可见，无论是货币政策还是财政政策，金融市场的货币供给增长率是不断提高的，这说明 2013 年 6 月的"货币荒"主要是由货币表象的欺骗性引发的。在许多货币表象中，从中央银行的角度分析，可能是因为货币政策的意向不够透明，使社会公众对金融市场真实的货币供给状况做出了错误判断。

如果货币政策不够透明，由此产生的信息不完全，将造成金融市场上稀缺资源得不到充分利用，金融资源的配置因此缺乏效率；由于信息不完全而出现的市场失灵，会出现道德风险和逆向选择。由于道德风险和逆向选择的存在，市场会给出错误的信号，从而破坏激励机制，甚至会瓦解整个市场机制。[1]

中央银行要展示自己的智慧，根据金融市场的变化，适时提供货币政策意向和实施过程的相关信息，避免出现类似"货币荒"现象，以及防止道德风险和逆向选择。在面对纷繁复杂而又精彩纷呈的金融问题时，中央银行"制定货币政策更像一门艺术而不像一门科学"。[2]

四　银行信贷行为与"货币荒"现象

既然 2016 年 6 月的"货币荒"与中央银行外生地决定货币供给无关，那么，是不是货币内生导致这次"货币荒"？货币内生论认为，商业银行对货币的创造和消失起着重要作用。商业银行通过对准备金的需求变动，并且利用货币乘数机制影响货币供给。银行存款是货币乘数机制的一个内生变量，并以此向货币需求者发放贷款。银行发放的贷款不仅是其获得利润的主要手段，也是利用货币乘数机制将贷款扩张的基础。

后凯恩斯主义的内生货币理论以及欧洲货币环流学派认为，作为流动性的货币再回流至银行体系内，通过货币乘数机制不断创造出新的货币。塞卡雷西亚（1996）强调，在一个自我维持的环流中，货币供给会在贷

---

[1] 刘秀光：《微观经济学》第五版，厦门大学出版社 2012 年版，第 264 页。
[2] ［加拿大］杰格迪什·汉达：《货币经济学》，郭庆旺等译，中国人民大学出版社 2005 年版，第 308 页。

款时增加。① 因为贷款创造能力受货币循环过程中漏出量的限制，沉淀货币是一种形式的"漏出"，所以，漏出银行体系的沉淀货币，导致商业银行自由准备金的减少，降低了贷款创造能力，减少了金融市场的货币供给。

利用图形可以描绘出非产能过剩产业和产能过剩产业贷款与贷款创造的不同结果。前者盈利且归还贷款实现了货币回流，进入新的贷款与贷款创造过程。后者则因产能过剩使产品滞销，使贷款成为沉淀货币②而不能回流至银行体系，阻断了这一部分贷款与贷款创造的回路。

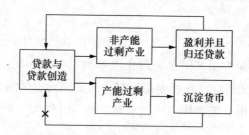

两种贷款与贷款创造的不同结果

商业银行的信贷行为是资产负债管理的主要组成部分，向产能过剩产业贷款形成的那一部分沉淀货币，最终会推高商业银行的杠杆率。杠杆率是指商业银行持有的、符合有关规定的一级资本与商业银行调整后的表内外资产余额的比率。一般来说，杠杆率水平越高，表明商业银行资本越充足，抵御风险的能力越强。

中国银行业监督管理委员会制定的《商业银行杠杆率管理办法》（2011 年）要求，商业银行并表和未并表的杠杆率均不得低于 4%。该项要求旨在有效控制商业银行的杠杆化程度，维护商业银行的安全稳健运行，防止商业银行在经济繁荣时期过度扩张资产负债的杠杆率。为了提高抵御风险能力，自 2015 年 4 月 1 日起施行的经过修订的《商业银行杠杆率管理办法》，适当地提高了商业银行杠杆率。

---

① ［加拿大］约翰·史密森：《货币经济学前沿：论争与反思》，柳永明等译，上海财经大学出版社 2004 年版，第 90 页。

② 凡是不能如期收回本息的贷款都是沉淀货币，而不管"沉淀"的时间长短。

商业银行的杠杆化程度应该与经济发展状况相匹配，也就是在经济繁荣时期，资产价格上升，银行扩大资产规模，银行的杠杆率适度提高；反之，在经济衰退时期，银行的杠杆率应该随之下降。

沉淀货币和杠杆率问题，与商业银行的不良贷款率以及贷款创造能力密不可分。因为产能过剩形成的沉淀货币和衡量银行负债风险指标的杠杆率，都与银行的不良贷款率以及贷款创造能力有关。不良贷款率越高，对贷款创造能力（降低）的影响就越大，进而减少金融市场的货币供给。

2013年5月15日，中国银行业监督管理委员会公布的商业银行主要监管指标显示，2013年第一季度不良贷款余额为5265亿元，不良贷款率为0.96%，2012年年末为0.95%。

根据对上述商业银行不良贷款率的判断，不良贷款形成的沉淀货币，总是会对商业银行的经营活动产生一定的负面影响。但是，从总体上看，由于沉淀货币的数量与金融市场的货币存量相比可以忽略不计。因为如前所述，2013年5月末货币存量突破了百万亿的数量级。尽管一部分沉淀货币降低了贷款创造能力，从而减少了金融市场的货币供给，但这种减少并不会引发货币供给量明显而剧烈下降。因此，金融市场上6月的"货币荒"也不可能是真实的"货币荒"，更何况"货币荒"的踪影很快就消失的事实就是证明。

既然出现了哪怕是带有假象的"货币荒"现象，商业银行也应当从中得到一些警示。例如，流动性风险管理和资产负债管理是否存在不够缜密的环节，当所谓"冲时点"时如何合理安排资金的供求平衡问题等。中国银行业监督管理委员会的《商业银行流动性风险管理指引》（2009年）要求，商业银行建立健全流动性风险管理体系，有效识别、计量、监测和控制流动性风险，维持充足的流动性水平，以满足各种资金需求和应对不利的市场状况。

商业银行在其经营过程中，必须严格按照上述要求，对流动性风险实施管理，并且通过对资产负债管理，正确组合资产和负债，达到减少经营风险，实现利润最大化的目的。

五　个人偏好和支付便利与"货币荒"

中央银行和商业银行具有对存款扩张与收缩，或者创造与消失的功能，而社会公众的行为对贷款创造也有影响。菲利普·卡甘（1965）考察了在经济周期中货币存量的周期变化。C/M 比率①的变动是最重要的因素，这一比率受到经济活动变化的强烈影响，特别是受到公众支出率变化的影响。杰格迪什·汉达（2005）指出，C/M 比率与名义国民收入同方向变动，在经济周期的上升时期，支出的增长增加了通货持有量，于是降低了货币供给。②

尽管货币供给决定的最主要因素是基础货币，并且，来自中央银行的基础货币的供给能够保持稳定。还有，在一定时期内，银行存款和取款的总量一般是能够相互抵消的。因此，银行的存款总量具有较高的稳定性。

与银行的存款总量的稳定性相比，货币需求往往是不稳定的，而社会公众的通货需求波动是货币供给不稳定的重要来源。社会公众的通货需求会随着某些"特定时段"支付行为的变动而波动。对于社会公众来说，通货 C 的替代物是活期存款 D，通货与活期存款的比率 C/D 取决于个人偏好和支付便利，而个人偏好和支付便利又是相互联系的。

例如，在传统的节假日期间，社会公众因为支付便利有比平时持有更多通货的偏好。社会公众在特定时段持有相对更多的通货，以及在特定时段往往出现支付的高峰。这样，对货币供求的均衡水平就会产生影响。这种影响表现在，C/D 越高，社会公众持有的通货就越多，而银行作为准备金持有的基础货币就越少，银行能够创造的货币也就越少，从而减少了货币供给。

下表列出了 2008—2012 年国庆"黄金周"和春节期间全国商品销售额情况。这一特定时段的商品销售额表明，在传统节假日期间的购买支出通常大大超过日常的购买支出。因为在传统节假日期间的小额交易主要接

---

① C 为通货，活期存款为 D，M = C + D。

② ［加拿大］杰格迪什·汉达：《货币经济学》，郭庆旺等译，中国人民大学出版社 2005 年版，第 260 页。

受现金，所以，支出的增长就要求增加通货的持有量。与此同时，使用通货支付比支票结算更为便利。因为支票的使用虽然见票即付，但却往往被局限在某些交易中。在这种情况下，社会公众增加通货的持有量，短期内必然增加在银行的取现，致使银行的准备金相对平时要减少，这就造成了货币供给趋紧的表象。

2008—2012 年国庆"黄金周"和春节期间全国商品销售额情况

年份	国庆"黄金周"全国消费品零售额（亿元）	同比增长率（%）	春节期间全国消费品销售额（亿元）	同比增长率（%）
2008	4200	21.0	2550	16.0
2009	5700	18.0	2900	13.8
2010	5925	18.7	3400	17.2
2011	6962	17.5	4045	19.0
2012	8006	15.0	4700	16.2

资料来源：根据中华人民共和国商务部公布的资料整理。

2013 年 6 月出现的"货币荒"，恰好出现在 2013 年的"五一节"（4 月 28 日至 5 月 2 日）和端午节（6 月 9—13 日）之后。根据社会公众消费和支付习惯，综合起来判断，这一期间的购买支付使用现金的比例一般会超过使用支票的比例。这说明，在特定时段，社会公众持有通货的个人偏好和支付便利会对货币供给产生影响，但这样的影响可能是非常轻微和极其短暂的。

上述判断基于这样的理由：社会公众为准备在特定时段的购买支出在银行取现，这部分通货漏出银行体系，对降低货币乘数所产生的影响程度将是微弱的；由于传统节假日的时间最长一般为 7 天左右，而且社会公众购买支付的现金会迅速通过商家回流至银行，于是又开始了新一轮的贷款和贷款创造过程。因此，社会公众持有通货的习惯，对货币供给影响的时间也是短暂的。从历史的角度看，没有因为社会公众在一定时期内更多持有通货而出现"货币荒"的先例。

2013 年以来，互联网金融的快速发展、互联网支付体系的建立健全，以及移动支付的普遍使用，使社会公众的支付习惯发生了很大的变化，电子支付正在更大范围内替代通货支付。

　　尽管 2013 年 6 月的"货币荒"现象并非是真正的"货币荒"，但通过对"货币荒"问题的分析，可以从中得到有益的启示。由于中央银行和商业银行对于货币供给是决定性的，那么，中央银行要积极履行其金融监管的基本职能，密切关注金融市场的变化，将货币供求调控到经济所要求的水平。与此同时，货币政策的意向和实施过程要尽可能透明，让市场得以充分理解和消化，以免误读金融市场货币供求的真实状况；商业银行要加强流动性风险管理和资产负债管理，将银行的不良贷款率和杠杆率控制在合理与正常的水平。

（执笔人：刘秀光　吴铁雄　康艺之）

储蓄是维护经济社会发展的稳定剂

一 引言

储蓄与债务是两个相互对立的经济变量，一定规模的债务就是相同规模的负储蓄。因此，不管是政府债务还是私人债务，都是政府或者私人的负储蓄。

有关储蓄问题的经典论述非常丰富，例如，马歇尔认为，财富的积累一般是享乐的延期或等待的结果①；李嘉图等价假说指出，如果政府将税收推迟到下一代征收，当代人的反应可能是多储蓄，以便给下一代留下更多的财富；迭代模型重要的思想是，人们在"年轻"生命阶段要有净储蓄，专用于"年老"生命阶段的消费；生命周期假说表明，人们储蓄是为了熨平生命全程中消费的波动。

储蓄对于经济和社会的作用是显著的，典型的案例是日本经济的发展过程。第二次世界大战后，在日本经济高速增长的背后，保持了称为世界第一的高储蓄率。因为节俭创造了利润——储蓄，利用其再投资又创造出更大的利润。这样无限循环下去，便造成了日本经济生产力的飞跃发展。② 日本的经济学家认为，高储蓄率是日本经济增长的原动力之一。③ 然而，储蓄本身也是一把"双刃剑"。凯恩斯在其《就业、利息和货币通论》中论证了在经济衰退时期存在着的储蓄悖论；麦金农指出了东亚存

---

① ［英］马歇尔：《经济学原理》，朱志泰译，商务印书馆1964年版，第248—249页。

② ［日］日本经济新闻社编：《东洋奇迹——日本经济奥秘剖析》，王革凡等译，经济日报出版社1993年版，第12—13页。

③ 同上书，第110页。

在的高储蓄两难。①

在政府和社会公众都在关注经济增长的时代，人们似乎对消费行为更感兴趣而减弱了储蓄动机。但是，"消费和储蓄行为是理解经济增长和商业周期的关键"。② 因此，针对 2009 年以后许多国家尤其是经济发达国家频繁出现的主权债务危机，分析主权债务危机产生的原因，进而重新审视储蓄对于经济与社会可持续发展的积极作用。

二 短期措施长期化是债务危机的政策因素

如果要评价经济政策的效力，凯恩斯主义的赤字财政政策的确是医治经济短期波动的处方。它不仅曾经数次挽救了深陷衰退中的资本主义经济，而且至今依然是经典的反危机和抗萧条的有效手段之一。这一结论，在西方国家"回归凯恩斯"的呼吁中也得到了验证。

任何一种经济政策需要有发挥作用的经济社会条件。如果改变了某种经济政策的适用条件，该经济政策的作用就必然丧失甚至会走向反面。具体来说，当宏观经济出现衰退或萧条时，短期内通过赤字财政政策摆脱衰退或萧条往往是有效的。"宏观经济学家普遍认为，财政刺激的净效应至少在一到两年内都是正的。"③

经济社会发展是一个长期过程。如果一个国家不顾自身的经济基础一味地采取举债的方式刺激经济增长，那么，当该国的预算赤字和政府债务累积到占 GDP 一定比例的时候，就必然爆发主权债务危机。下表中显示的是 2009 年欧盟成员国中预算赤字和政府债务占 GDP 比例最高的前五个国家，而这些国家无一例外地都爆发了主权债务危机，只是债务危机的程度不同而已。

意在致力于欧盟经济稳定与发展的《稳定与增长公约》，要求其成员

① ［美］罗纳德·I. 麦金农：《美元本位下的汇率——东亚高储蓄两难》，王信等译，中国金融出版社 2005 年版，第 5 页。

② ［美］保罗·萨缪尔森、威廉·诺德豪斯：《经济学》第十八版，萧琛主译，人民邮电出版社 2008 年版，第 394 页。

③ 同上书，第 620 页。

国必须将财政赤字与政府债务占 GDP 比例控制在 3% 以内和 60% 的上限内。然而，2009 年在欧盟 27 个成员国中就有 20 个国家超过这一比例。

部分欧盟国家 2009 年预算赤字和政府债务占 GDP 的比例

国　家	爱尔兰	希腊	英国	西班牙	葡萄牙
预算赤字占 GDP 的比例（%）	14.3	13.6	11.5	11.2	9.4
国　家	意大利	希腊	比利时	匈牙利	法国
政府债务占 GDP 的比例（%）	115.8	115.1	96.7	78.3	77.6

欧盟统计局公布的数据显示，2009 年欧盟预算赤字占 GDP 比例由 2008 年的 2.3% 升至 6.8%，2009 年年底，欧盟政府债务占 GDP 比例由 2008 年年底的 61.6% 升至 73.6%。因此，欧盟成员国此起彼伏的爆发主权债务危机就具有必然性。

自第二次世界大战以来，美国政府的财政赤字占据了绝大多数年份。尽管如此，美国政府以及政客却视财政赤字为经济增长的引擎，企图利用持续的财政支出刺激经济增长。因此，持有巨额预算赤字成为美国经济逻辑中长期遵循的信条。但是，财政赤字的累积过程就是主权债务危机的酝酿过程。美国的国债正在以级数方式飞速增长，美国的债务每天增加 14 亿美元，每分钟增加 100 万美元。① 当 2010 年 2 月美国财政赤字占 GDP 的比例高达 10.6%，其国债于 2011 年 5 月达到国会所允许的上限时，美国政府的主权债务危机也显现出来。

欧盟和美国主权债务危机的事实证明，这些国家在行使政府干预经济职能的过程中，都是将凯恩斯主义赤字财政政策短期措施长期化，从而导致预算赤字的不断累积，最终酿成了主权债务危机。

三　消费悖论是债务不断累积的经济因素

一个国家社会福利制度的安排，本质上是某种消费行为的确定。而消

---

① ［美］安迪森·维金：《美元的衰落》，刘寅龙译，机械工业出版社 2009 年版，第 105 页。

费行为在短期会通过总需求的冲击影响国民产出和就业水平。例如，20世纪 90 年代末，美国经济的繁荣，在很大程度上是由消费支出的快速增长所驱动；90 年代日本经济陷入衰退，是因为消费下降导致总支出的减少。①

消费行为与任何事物一样，如果超过了一定的限度，就会向相反的方面转化。这种消费行为对经济发展驱动作用向相反方面的转化，就是过度消费产生的消费悖论。所谓消费悖论，是指政府企图通过增加消费刺激经济增长，但过度消费反而导致预算赤字的不断累积，最终引发了经济衰退和主权债务危机。

社会福利水平高低的确定，应当是以实际产出而不是以意愿产出为基础，并且是以实际产出作为保障的，社会福利应该置于收入的硬约束之下。脱离了现实经济基础的社会福利支出，实际上是一种对"未来收入"赌博式的社会福利制度。例如，德国、法国、丹麦、瑞典和芬兰政府，每年在社会保障项目上的支出超过了政府总预算支出的 40%。难怪美国的《纽约时报》曾经取笑说，欧洲人难道是因为世界末日而在享乐吗？

这种赌博式的社会福利制度，在经济状况良好的时期，其社会福利支出可以用"未来收入"得以支撑。但是，一旦遭遇经济不景气，社会福利支出赖以存在的"未来收入"就只不过是泡影。事实上，自 2000 年以来，欧元区年均经济增长率只有 1%，失业率居高不下，最高时竟高达 8.6%。这样的经济状况严重威胁着欧元区不少国家的社会福利制度，也预示着主权债务危机迟早会爆发。主权债务危机验证了"最多的消费对应着最好的经济"这一观点的错误。相反，"消费并不是实现经济增长的出路，而恰恰是毁灭经济的最佳手段"。②

如何改变赌博式的社会福利制度，瑞典的做法也许有重要参考价值。瑞典的做法说明，用于社会福利的支出，既可以占 GDP 的比例较高，又能够维持高社会福利水平。瑞典作为一个高社会福利的国家，其社会福利支出占 GDP 的比例为 38.0%，位居欧美各国之首。

---

① ［美］保罗·萨缪尔森、威廉·诺德豪斯：《经济学》第十八版，萧琛主译，人民邮电出版社 2008 年版，第 386 页。

② ［美］安迪森·维金：《美元的衰落》，刘寅龙译，机械工业出版社 2009 年版，第 84—90 页。

瑞典政府以较高的税收筹措资金，以形成足够的社会总剩余用以社会福利支出。因此，瑞典在此次主权债务危机中能够安然无恙。不过，瑞典的做法是否具有普遍性仍然值得研究。同时，那些因为高福利招致主权债务危机国家的政府和社会公众，应该有一个清醒的认识：为了长期的社会和生活安定，人们必须在短期内承受一些削减社会福利的痛苦。

四 党派政治是主权债务危机的政治因素

开出各种高福利支票是政客争取选民的重要手段，这也造成了高福利支出的恶性循环。因为所谓民主政治国家的政客，主要关心的是如何在选举中取胜，所以，就必然选择承诺提高社会福利作为竞选的手段。其结果是，在财政预算不能承受越来越高的社会福利支出时，来自党派政治的干扰严重影响那些企图改变财政预算的政府。于是，政府在调整社会福利政策方面总是处于两难境地：不调整社会福利政策预算赤字将不断加剧，调整社会福利政策面临着失去选票的危险。

由于可支配收入是国民消费水平的决定性因素，因此，国民消费行为应当随着可支配收入的变化做出调整。也就是说，经济繁荣收入增加，应该提高社会福利水平；经济衰退收入减少，应该降低社会福利水平。但是，消费固有的易上难下的"棘轮效应"是这种调整的阻力。政客正是利用了消费固有的"棘轮效应"，迎合了社会公众不断增长的消费需求从而赢得选票。这样，即使当社会福利的财政预算出现巨额赤字时，也难以通过降低社会福利以调整政府的财政预算。

为了制约党派政治因素对政府财政预算政策的干扰，限制预算赤字的不断累积，在预算政策中，实施法定储蓄率制度，这可能不失为一种需要尝试的制度安排。法定储蓄率制度就是用法律的手段将每个财政年度的政府储蓄率（经常性收入和经常性支出的比例关系）控制在一个正值区域，例如3%—5%的水平。可见，法定储蓄率制度是为政府预算支出设立的一条警戒线，也是为防范债务危机设立的一道"防火墙"。

经验数据证明，政府储蓄率控制在3%—5%的年份，预算政策的执行通常处于安全地带。而当政府储蓄率处于负值区域，政府往往被财政赤字与如何削减赤字所困扰。

例如，20世纪60—90年代初，法国、德国、意大利、日本、英国、美国等发达国家，平均政府储蓄率分别为4%、2%、-0.9%、-0.7%（Robson，1996）；70—80年代初，巴西、印度、韩国、菲律宾、泰国等发展中国家，平均政府储蓄率为1.4%—4.6%（United Nations，1982）。上述国家的政府储蓄率处于负值区域的年代，也往往是被财政赤字问题所纠缠的年代。

政府永远不能忘记亚当·斯密（1776年）留给它们的警世名言：监督子民的花销，让他们学会节俭度日，是国王大臣不可推卸的职责。现在看来，政府自身也必须节俭度日，才能免予主权债务危机。

五　储蓄对维护经济与社会发展的作用

2008年10月，冰岛主权债务危机致使该国濒临国家破产的境地；2009年12月，标准普尔、穆迪、惠誉分别下调了希腊的主权债务评级，此后，欧洲多个国家如同多米诺骨牌一样纷纷陷入债务危机；世界第一大经济体的美国，在这次不断蔓延的主权债务危机中也未能幸免。

爆发主权债务危机之后，接踵而来的就是社会危机。政府的债务刹车以及财政紧缩计划，其直接后果就是社会福利水平下降。于是，抗议财政紧缩计划的罢工游行、暴力冲突、大规模骚乱等社会问题不仅在希腊发生，而且在英国、美国、德国、法国等国都不同程度地出现过。

主权债务危机是2008年国际金融危机的必然产物。如果没有国际金融危机引发的经济衰退，主权债务问题或许仍然被掩盖着，而正是国际金融危机将这些国家的债务问题彻底暴露出来。但是，不少深陷主权债务危机的国家不但不反思其债务危机的根源与治理，反而制造了所谓"储蓄国责任论"。

例如，美国前财政部长亨利·保尔森说，中国等新兴市场国家的高储蓄率造成全球经济失衡，是导致金融危机的原因。时任美联储主席的本·伯南克则将美国房地产泡沫归咎于外国人尤其是中国人的高额储蓄。虽然中国国民储蓄率的统计数据各不相同，但储蓄率较高而且相对稳定的结论是一致的。不过，承认中国高储蓄率的事实，并不等于承认所谓"储蓄国责任论"，倒是可以从以下几个方面认识储蓄的责任。

第一，经济可持续发展与社会稳定，都要求资本存量的增长。在长期，一国资本存量的增长很大程度上取决于国民储蓄（政府储蓄和私人储蓄）。当一国储蓄较多时，其资本存量就会迅速增长，从而潜在的产出能力迅速提高。[①] 因此，国家必须抑制现期消费以形成富有成效的迂回的生产能力。[②]

中国在经济社会发展进程中，其财政支出是大规模的、持续的。例如，自 2006 年 1 月 1 日起全面取消农业税的壮举、2006 年和 2008 年秋，农村义务教育和城市义务教育分别实现全免费。国家财政性教育经费支出，2012 年占 GDP 的比例首次达到 4%。此后，该项经费支出占 GDP 的比例持续超过 4%。

根据国家统计局提供的资料，在国家基础设施建设方面，1979—2007年，全国投资总额累计 297985 亿元，占同期全社会投资的 38.4%，年均增长 19.9%。2008 年国际金融危机爆发以后，国家基础设施建设的投资规模不断增加。

2017 年 7 月 9 日，宝兰高速铁路正式通车运营，是 2008 年《中长期铁路网规划》"四纵四横"客运专线铁路网基本建成的标志，这为 2016年新修订的《中长期铁路网规划》"八纵八横"高速铁路网的实现打下了坚实基础。"八纵八横"高速铁路网建成以后，覆盖全国县域 20 万人口以上城市，高速铁路总里程也将达到 4.5 万千米，比目前的总里程增加一倍。

需要巨额财政支出的惠民项目和国家基础设施建设项目，主要来自政府的储蓄和发行政府债券融资。例如，改革开放初期用于基础设施和基础产业投资基本上都是国家财政资金。根据财政部提供的数据，1998—2002年共发行 6600 亿元特别国债，用于基础产业和基础设施建设投资。

中国政府储蓄率 20 世纪 90 年代保持在 30%—35% 的水平，2001 年和 2003 年分别突破 35%、40%。[③] 2003 年之后，政府储蓄率仍然呈现出

---

① ［美］保罗·萨缪尔森、威廉·诺德豪斯：《经济学》第十八版，萧琛主译，人民邮电出版社 2008 年版，第 395 页。

② 同上书，第 504 页。

③ 张明：《中国政府高储蓄的成因分析和中期展望》，《财贸经济》2007 年第 7 期。

上升的趋势。虽然理论界对政府较高的储蓄率有质疑之声，但在民生问题不断改善和国家基础设施建设的成就面前，政府储蓄的重要作用是显而易见的。况且，当民生问题因此得到改善和国家基础设施建设得以加强时，就必然产生迂回的生产能力，从而出现收入和储蓄增长的良性循环。

中国经济取得的成就与那些遭遇主权债务危机国家的事实，验证了这样一个真理：贷款投资会将一个穷国变成一个富国，贷款消费则会把一个富国变成一个穷国。[①]

保障和改善民生以及其他公共支出，不仅依靠政府储蓄而且需要政府举债。截至 2010 年年底，中国全国地方政府性债务余额 107174.91 亿元，中央财政国债余额为 67526.91 亿元，合计债务为 174701.82 亿元。表面上看，确实存在着政府债务而且数量较大，但与 2010 年年末全国居民储蓄余额 303093.01 亿元相比，居民储蓄余额是政府借债总额的近两倍。这不是简单的倍数关系，主要是私人储蓄和政府债务之间的转换关系。这一转换关系表明，经济持续增长，私人储蓄的不断增加，为政府举债提供了保障，私人储蓄成为政府保障和改善民生以及其他公共支出的资金源泉。

与中国政府的举债是为了形成新的生产力相比，那些爆发主权债务危机的国家，或存有主权债务危机的国家，政府的举债并不完全是为了形成新的生产力。例如，美国在 19 世纪的借贷是用于生产的，而今天的借贷则是用来消费的。在美国的 GDP 中有 70% 是靠消费拉动的，如果将美国的债务与创造财富的那部分 GDP 相比，问题的严重性就显而易见了。[②]

如果从需求管理和静态的角度看，高储蓄率确实不利于经济的持续增长。但是，如果从供给管理和动态的角度看，储蓄通过金融中介或者金融市场，能够实现资金融通和金融资源的有效配置。信息经济学和交易成本理论认为，金融中介机构具有降低交易成本、消除不确定性以及由此导致风险的功能。因此，在这个意义上说，较高的储蓄不仅不会拖累经济的持续增长，而且是经济持续增长的金融保障。

从 20 世纪 80 年代初爆发的拉美债务危机中，可以进一步认识国民储蓄的重要性。据联合国的统计数据，1982 年，拉美国家的对外债务总额

---

① ［美］彼得·D. 希夫、约翰·唐斯：《美元大崩溃》，陈召强译，中信出版社 2008 年版，第 148 页。

② 同上书，第 147—149 页。

高达 3287 亿美元。也正是在当年爆发了拉美债务危机，而这场债务危机延续至 1990 年才得以缓慢平息。拉美国家之所以累积如此高额的债务，是因为拉美国家在发展经济的初期，"传统的财政谨慎被抛到了九霄云外"。[①]

拉美国家在国民储蓄率很低的条件下大量借入外债，而正是沉重的债务负担致使拉美债务危机终于爆发。反观 20 世纪 70 年代之前的拉美国家，其财政政策是趋于保守的。例如，墨西哥一直小心谨慎，不在财政上过度扩张；它的经济增长低得令人失望，但绝对没有危机发生。[②]

爆发债务危机的多数拉美国家痛定思痛，它们吸取了债务危机的教训，通过削减财政赤字、发展经济，从而增加国民储蓄，经济与社会出现增长和稳定的局面。例如，10 年前，曾经向美国和 IMF 寻求救助的巴西。然而，当巴西持有美国国债达到 2110 亿美元的时候，巴西成为美国的第四大债权国。难怪穆迪公司的首席经济学家朗斯基说，"金砖四国"是在为美国进口提供资金。

第二，体现政府储蓄的另一个组成部分，是作为对外债权的外汇储备。中国外汇储备表现出持续增长的态势，以美元计价的外汇储备余额，2011 年 3 月末为 30447 亿美元，首次突破 3 万亿美元大关。截至 2016 年 12 月 31 日为 30105.2 亿美元。

外汇储备是国家经济实力的体现，也是经济持续发展成果的积累；拥有一定规模的外汇储备，对增强综合国力和抵抗风险具有显著作用，并且是稳定国际金融市场秩序的重要力量。

例如，1997 年亚洲金融危机期间，中国坚持人民币不贬值，不仅对东南亚经济的复苏，而且对国际金融市场的稳定做出了贡献；中国持有超过 1 万亿美元的美国国债（2017 年 6 月，中国持有美国国债、票据和国库券的总量为 1.15 万亿美元），中国政府实际上扮演了类似于"最后购买者"和"最后贷款人"的角色。因此，国际上关于中国的外汇储备支撑了美国庞大的财政赤字的说法也不无道理。

财政部公布的数据显示，中国持有的国外债务，2016 年第三季度末

---

① ［美］保罗·克鲁格曼：《萧条经济学的回归和 2008 年经济危机》，刘波译，中信出版社 2009 年版，第 26 页。

② 同上。

的国外债务余额为 1183 亿元人民币，并且全部为长期债务。与 3 万多亿美元的外汇储备相比，中国具有很强的外债清偿能力。

日本的外汇储备余额，日本财务省公布的数据显示，其外汇储备余额 2011 年 7 月达到 11508.77 亿美元。尽管日本在数年间经济低迷，但未发生主权债务危机的事实，也证明了储蓄的重要作用。

需要指出的是，对于那些贫困的国家和人民而言，片面强调储蓄是无法实现的。因为这些国家和人民的国民产出，在某些时期甚至不能满足其资本形成和现期的消费。所以，那些富国理应当关注贫困国家的生存条件，为其提供贷款或援助。理由是，富国的财富积累离不开贫困国家的市场，以及贫困国家提供的廉价资源。

（执笔人：刘秀光　吴铁雄　康艺之）

比较金融创新西方模式与中国特色

一 引言

20 世纪 70 年代初，随着布雷顿森林体系的崩溃，世界金融系统发生了许多前所未有的变化，如浮动汇率制代替了固定汇率制，许多国家纷纷放松和解除对金融业的管制。20 世纪 80 年代，国际金融市场更是出现了金融市场国际化、国际融资证券化、金融自由化和金融创新四大新趋势。

在国际金融市场出现的新趋势中，金融创新的确是一个众说纷纭的概念。例如，辛克伊（Sinkey，1992）认为，金融创新是 TRLCK + 理性的自利 = 金融创新。[1] 其中，TRLCK 是相互联系和相互影响的技术、监管调整、利率风险、客户和资本充足率；帕尔格雷夫编著的《货币金融大辞典》对金融创新的解释：是一种需求引致的、利润驱动的现象，有创造力的经济行为者因克服市场缺陷而受益；国际清算银行（1986）按照功能将金融创新分为转移风险、扩大流动性、产生信贷和产生股权的金融创新。

米什金（2011）认为，由于金融机构是金融创新的主体，它们总是根据金融环境的变化，不断地进行具有营利性的创新。根据金融创新的原因，金融创新可分为适应需求变化的创新、适应供给变化的创新和规避管制的创新。[2]

20 世纪 80 年代前后，促使西方国家金融变革的背景，一是迫于经济

---

① Sinkey, Joseph F. , 1992, *Commercial Bank Financial Management*, New York：Macmillan.

② ［美］弗雷德里克·S. 米什金：《货币金融学》第九版，郑艳文等译，中国人民大学出版社 2011 年版，第 266 页。

萧条和经济危机的压力；二是反凯恩斯主义（政府干预市场）的思潮和"重新发现市场"的运动。它们企图通过放松和解除对金融业的管制，利用自由化的冲击来摆脱经济困境。中国宏观经济的现实表明，与西方国家20世纪80年代前后的经济状况迥然不同，金融创新是全面实施"创新驱动发展战略"在金融领域的体现。不过，可以就金融创新环境、路径和内容等几个方面，将80年代前后西方模式的金融创新，与正在进行中的中国特色金融创新进行比较。

所谓西方模式金融创新，是指西方国家以自由化引领、以放松和解除管制为基本特征的金融创新。中国特色金融创新，是指在建立社会主义市场经济体制框架内的金融创新，金融体系的完善和发展是中国金融创新的基本目的。社会制度、政治制度、经济制度、意识形态和历史文化传统等，都是金融创新的西方模式和中国特色形成的主要条件。

对于金融创新，可以多维度地进行国际比较，但重点是经济环境、路径选择和创新内容等几个方面。其中，经济环境是金融创新的逻辑起点，路径选择是金融创新的基本方向，创新内容则是金融创新的目标。如表1所示。

表1　　　　金融创新环境、路径和内容的国际比较

国际比较的选项	西方模式金融创新	中国特色金融创新
1. 经济环境是金融创新的逻辑起点	1. 以高通货膨胀为特征的经济衰退	1. 高速增长转入中高速增长新常态
2. 路径选择是金融创新的基本方向	2. 金融自由化与金融创新并驾齐驱	2. 审慎监管与鼓励金融创新相结合
3. 创新内容体现了金融创新的实质	3. 规避金融监管，创造更多的盈利空间	3. 金融创新服务于经济发展的要求

二　金融创新经济环境比较

成功的金融创新需要适合金融创新的政治环境、法律环境、技术环境、市场环境和经济环境等。由于金融创新的目标与所要达到的经济目标有直接关系，经济环境也是金融创新的逻辑起点，所以，分析金融创新的环境主要集中在经济环境方面。

（一）西方模式金融创新的经济环境

当宏观经济状况处于低谷的时候，就促使人们改变原有的路径依赖，去寻求新的经济发展方式，走出低谷。金融是现代经济的核心，那么，促进经济复苏的重要选项就必然是金融领域。因此，宏观经济的不景气也就成为西方国家金融自由化和金融创新等一系列金融变革的起点。

美国是这一场金融变革的发起者，而高通货膨胀则是导火索。20世纪70年代两次石油危机期间，美国的物价持续以11%—13%的速度上涨，而储蓄存款利率却被管制在低水平。这样，金融资产的实际价值因通货膨胀而急剧缩水。在此条件下，金融机构规避管制获取更高收益的金融创新应运而生。

1974—1975年，经济衰退在全世界蔓延，尤其是美国、英国、法国、德国、日本、意大利和加拿大七国的消费物价指数，在石油涨价的冲击下的1974年达到13.3%，此后虽然有所回落，但受1979年第二次石油危机的影响，消费物价指数在1980年又升至12.2%。上述七国的经常账户在1970年尚有73亿美元的顺差，1974年反而出现了135亿美元的逆差，1980年的逆差更是高达322亿美元。

面临宏观经济不景气的困境，欧美各国纷纷放松和解除对金融业的管制。例如，美国颁布的《存款机构放松管制和货币控制法》（1980年），取消了利率的上限，并建立了国际银行便利（IBF$_s$）。IBF$_s$使美国的商业银行可以为外国客户办理存贷款，借此实现了国内市场和欧洲离岸市场一体化。

法国允许外国的商业银行在本国金融市场发行存款单。荷兰、德国和意大利等国，都允许外国商业银行在本国金融市场发行欧洲马克、欧洲里拉以及外币存款单。

（二）中国特色金融创新的经济环境

中国经济经过连续30多年的高速增长，已经成为世界第二大经济体。当前，经济高速增长转入中高速增长新常态。在如此良好的经济环境中，利率市场化改革、人民币汇率形成机制改革有序进行，尤其是人民币的国际化进程不断加快，这种趋势的重要标志是人民币加入IMF的SDR。

良好的经济环境与金融创新政策支持相配合，是金融创新的基础条件和推动力。早在 1993 年中国共产党十四届三中全会通过的《关于建立社会主义市场经济体制若干问题的决定》中就提出了社会主义市场经济体制的基本框架，并且财税、金融、外汇等方面的改革全面展开。进入 21 世纪以来，金融改革和金融创新的步伐逐渐加速。 "十三五"规划（2016—2020 年）提出实施"互联网＋"行动计划以后，更是掀起了互联网金融创新的高潮，多样化的金融产品和服务层出不穷。

在特定的行业或领域，政府适时给以具体的政策安排，例如，中国人民银行《关于加大金融创新力度支持现代农业加快发展的指导意见》（2013 年）和《关于推动移动金融技术创新健康发展的指导意见》（2015 年），中国银行业监督管理委员会、科学技术部、中国人民银行《关于支持银行业金融机构加大创新力度开展科创企业投贷联动试点的指导意见》（2016 年），等等。

三　金融创新路径选择比较

金融创新路径选择是指引金融创新的基本方向，而由于西方模式金融创新和中国特色金融创新的路径选择不同，其结果在不少方面必然出现差异。

（一）西方模式金融创新的路径选择

金融监管的目的在于维护金融体系的稳健，而金融机构受利润最大化的驱使则极力规避监管。因此，金融发展历史上的许多创新都是以试图规避金融监管为前提的。

例如，自动取款机最初是为了规避设立分支机构限制的技术创新。当时美国众多的乡镇银行担心被城市大银行兼并，便游说州政府和联邦政府对其提供保护。同时，政府也担心如果允许大银行跨州经营，这些大银行通过规模扩张形成垄断。于是，美国政府通过了《麦克法登法案》（1927 年），禁止商业银行跨州设立分支机构。于是不少商业银行为了扩展其业务范围，陆续跨州设立自动取款机来提供银行服务。

西方国家的金融自由化和金融创新，在鼓励竞争提高金融体系效率的同时，也为金融机构规避监管提供了机会。不过，美国金融学家指出，当一个国家致力于金融自由化的时候，就往往播下了金融危机的种子。金融自由化是要取消管制，或者一系列金融创新。然而，金融自由化或金融创新不利的一面是，如果管理不当，它会导致金融机构过度冒险①。事实上，许多国家或地区的银行危机都来源于金融自由化或金融创新，以及薄弱的金融监管体系。表2是部分国家金融自由化时间与银行或金融危机时间的对照。

表2　　　　部分国家金融自由化时间与银行或金融危机时间的对照

国家	金融自由化时间（年）	银行或金融危机时间（年）
智利	1980—1995	1981—1987
哥伦比亚	1980—1995	1982—1985
萨尔瓦多	1991—1995	1989
芬兰	1986—1995	1991—1994
圭亚那	1991—1995	1993—1995
印度	1991—1995	1991—1994
印度尼西亚	1983—1995	1992—1994
以色列	1990—1995	1983—1984
意大利	1980—1995	1990—1994
日本	1985—1995	1992—1994
约旦	1988—1995	1989－1990
肯尼亚	1991—1995	1993
菲律宾	1981—1995	1981—1987
葡萄牙	1984—1995	1986—1989
斯里兰卡	1980—1995	1989—1993
瑞典	1980—1995	1990—1993
坦桑尼亚	1993—1995	1988—1995
泰国	1989—1995	1983—1987
美国	1980—1995	1980—1992
乌拉圭	1980—1995	1981—1985
委内瑞拉	1989—1995	1993—1995

资料来源：根据世界银行编《金融自由化——距离多远？多快实现？》表4－1整理。

① ［美］弗雷德里克·S. 米什金：《货币金融学——距离多远？多快实现？》第九版，郑艳文等译，中国人民大学出版社2011年版，第192页。

表2显示，除美国等几个西方发达国家在金融自由化期间出现银行或金融危机以外，多数拉美国家如墨西哥、智利、阿根廷、巴西和乌拉圭等，以及亚洲国家马来西亚和印度尼西亚等，都是盲目接受了西方国家金融自由化的鼓噪，企图通过金融自由化和金融创新来解决国内经济领域存在的问题。但是，这些国家在金融自由化进程中，无一例外地出现了银行或金融危机。历史和现实都已经反复证明，自由主义不能被应用于银行与金融领域。

金融创新路径选择的偏差，就很可能事与愿违。西方国家20世纪七八十年代以来的利率自由化，最主要的目标是金融机构可以自由决定利率。但是，由此产生的结果是利率波动越来越大，利率风险也越发突出。例如，利率自由化的发源地美国，70年代3个月期国库券利率的波动范围由50年代的1.0%—3.5%，扩大至4.0%—11.5%，80年代进一步扩大至5.0%—15%以上。①

由于利率波动将引起银行收益或损失，波动越大收益或损失就越大。因此，金融机构就势必在如何规避或降低利率风险方面进行金融工具创新。例如，芝加哥期货交易所等商品交易所率先开发出"对冲"利率风险的金融工具。

随着利率自由化的深入，美国的高利率金融产品也在不断出现，证券公司的"短期金融资产投资信托"（MMF）具有代表性。MMF是一种买卖自由并与银行活期存款账户通过电脑连接可以自由转账的金融产品。1977年，林奇公司又将MMF发展成为一种复合金融产品"现金管理账户"（CMA）。利用CMA的交易，存款余额既可以得到MMF的高利率，又可以用来购物、买卖证券等。MMF和CMA这类金融产品导致储蓄机构的存款大量流入证券公司，使储蓄机构的经营陷入困境。

（二）中国特色金融创新的路径选择

严厉的监管会扼杀金融创新的机会，而监管当局基于金融体系的稳健性，必须对金融业实施监管。中国特色的金融改革和金融创新不仅没有简单地市场化或自由化，而且拒绝了西方模式将金融创新与金融自由化挂钩

---

① ［美］弗雷德里克·S. 米什金：《货币金融学》第九版，郑艳文等译，中国人民大学出版社2011年版，第267页。

的路径。基于建立和完善社会主义市场经济体制的总体布局,选择了将审慎监管与鼓励创新相结合的方式。这种具有鲜明中国特色金融创新的路径选择,其政策意图是,审慎监管以净化金融创新的金融环境和营造良好的金融生态,鼓励金融创新则是激发金融领域创新的热情和主动性。中国特色路径选择的正确性,可以从以下两个方面来理解。

第一,利率市场化改革反映出金融改革和金融创新的中国特色。与西方模式的利率自由化形成对照的是中国特色的利率市场化改革。2003 年年初,中国人民银行确定利率市场化改革方案:建立起由市场供求关系决定金融机构存贷款利率水平的利率形成机制,中央银行调控和引导市场利率,使市场机制在金融资源配置中发挥主导作用。利率市场化改革的进程显示,中国特色的利率市场化改革进程是平稳有序和渐进式的,既没有引发利率风险,更没有出现货币和银行危机。

自 2015 年 10 月 24 日起,中央银行对商业银行和农村合作金融机构等不再设置存款利率浮动上限。中国人民银行行长在 2016 年中国发展高层论坛上发表演讲时表示,中国的利率市场化改革在 2015 年年底之前基本完成,存款和贷款的利率管制已经取消,金融机构有了利率自主定价权。

当中央银行宣布利率市场化改革基本完成以后,金融机构之间不仅没有发生价格战或利率战,而且能够理性地对待利率的自主定价权。与此相反,1983 年 10 月 1 日,美国宣布完全实现利率自由化,金融机构之间就立即开始了价格战。9 月 30 日,6 个月的定期存款年利率最高为 5.75%。10 月 1 日,美国纽约化学银行、花旗银行和大通曼哈顿银行都贴出布告,将 6 个月的定期存款年利率分别定为 10.5%、11.0% 和 11.0%。1984 年的春天和夏天,大商业银行之间吸收存款的竞争,与超级市场的大减价不相上下。例如,它们为了吸收存款,采用在该行开立活期存款、定期存款和住宅贷款等账户越多,就可以廉价购买越多的高级商品的经销方法。①

当中国人民银行宣布利率市场化基本完成以后,货币供求状况"晴雨表"的银行间同业拆放利率表明,市场利率的整体走势表现平稳,而

① [日] 宫崎义一:《泡沫经济的经济对策——复合萧条论》,陆华生译,中国人民大学出版社 2000 年版,第 26 页。

市场利率的稳定性对于经济可持续发展有重要作用。

市场利率的稳定性说明，如果市场利率频繁波动而不可预测，那么，不仅影响企业的经营决策，而且如果利率持续上升，将会给企业的经营成本带来压力，使企业的财务状况恶化，甚至危及企业的生存。因此，企业不仅要有先进的生产技术和合格的劳动力等这些微观条件，而且需要包括较低而可预测的市场利率等在内的宏观条件。

市场利率水平在低位的稳定性，有助于金融市场的稳定和提高企业的盈利水平，居民将降低储蓄倾向、刺激国内消费等。不过，长期维持低利率需要警惕由此引发的通货膨胀、投资膨胀和房地产市场过热，以及资金大规模外流。

第二，中国特色金融创新的路径选择，使金融监管与金融机构之间成为协同关系。西方金融学家将金融监管与金融机构之间的关系比喻为是"猫抓老鼠的游戏"。[1] 如果从实施金融监管与金融机构为了追求盈利最大化的角度来看，这样的关系在西方模式中的确具有普遍性。

中国特色金融创新的路径选择，不但不存在"猫抓老鼠的游戏"这样的关系，而且会表现为一种协同关系。这种协同关系可以从金融监管当局协调解决新的金融产品和服务与传统银行业务的矛盾中得以证实。

互联网金融的移动支付方式，几乎以迅雷不及掩耳之势走进人们的视野，而且迅速被大众广泛接受。移动支付方式对传统商业银行的支付方式形成了极大的冲击。余额宝等理财产品的出现，也显著影响了传统银行的储蓄业务。于是，传统商业银行对新的支付方式大有声讨之势。

2014 年，支付宝的快捷支付上线以后，中国工商银行等几家大型商业银行关闭快捷支付服务的做法，立即引起了商业银行为保住其既得利益打压新的支付方式的质疑。在此情况下，由于监管当局将这些非银行支付机构正式纳入中央银行监管的同时，对这些新的金融产品和服务的政策支持，以及在不同金融机构之间的协调，使这些商业银行很快改变了原来的态度，转而与这些新生的支付方式和理财产品进行友好合作与良性竞争。

中国是最早发明和使用纸币的国家。当 1661 年瑞典成为欧洲最早发

---

① ［美］弗雷德里克·S. 米什金：《货币金融学》第九版，郑艳文等译，中国人民大学出版社 2011 年版，第 251 页。

行纸币的国家时，与 1023 年北宋发行纸币"交子"的时间相差了 638 年之久。如今，中国又是使用电子支付和移动支付范围最广和规模最大的国家。其中，移动支付的规模超过了 150 万亿元。

四 金融创新内容比较

不管是西方模式还是中国特色，工具创新、市场创新、技术创新和管理创新这些内容都是相同的。但是，由于西方模式金融创新和中国特色金融创新路径的选择不同，金融创新内容体现的实质就会不同。

（一）西方模式金融创新的内容

如果金融环境是稳定的，那么市场就会使用简单的金融工具。例如，在 19 世纪末期，可供选择的金融工具是一种有固定利率但没有期限、信用非常好而且通货膨胀为零的英国公债。但是，在充满了不确定性的金融环境中，不确定性和各种各样的金融问题，激发了更有价值的金融创新。①

西方国家的金融自由化致使金融环境充满不确定性，于是规避不确定性的金融创新层出不穷。金融创新的作用涵盖增强流动性、转移风险、创造信用和创造权益四个方面。例如，利用利率或汇率的期货和期权，货币互换或利率互换来转移风险；提高金融工具的货币性和可转让性可以增强流动性；发行以特定建筑物为担保的证券，或者运用利率或货币互换发行证券来创造信用；发行可变利率的优先股股票和权益合约票据能够创造权益。

金融衍生工具（或金融衍生品）是金融创新的重要内容。因此，在分析"西方模式"金融创新内容这一问题时，着重说明金融衍生工具。在样式多而复杂的金融衍生工具中，期货（如货币期货合约、利率期货合约和股票指数期货合约）、期权（如欧洲美元期权）和互换（如利率互换、货币互换和期权互换）并称为三大金融衍生工具。值得注意的是，

---

① ［美］查尔斯·W. 史密森：《管理金融风险——衍生产品、金融工程和价值最大化管理》第三版，应惟伟等译，中国人民大学出版社 2003 年版，第 21 页。

这些金融衍生工具绝大多数都源自美国。

金融创新在增强金融资产的流动性、转移风险、降低融资成本和提供更多盈利途径等方面都有一定的正面作用。但是，金融创新使交易风险加剧，而交易风险成为影响经济稳定的重要因素。[①] 这是因为，新的金融市场、金融工具、技术和管理的创新往往掩盖了传统风险和新的风险，以及某些新的业务活动是处于投机而不是出自融资的目的，金融衍生工具的产生和使用，成为加剧交易风险的"推进器"。

金融衍生工具在金融交易中所发挥的正面作用是不可否认的，但金融衍生工具隐含的交易风险导致一系列金融问题甚至金融灾难的出现。例如，金融衍生工具的交易和扩散，将实体经济和虚拟经济分割开来，出现了用钱来赚钱而不是生产商品来赚钱的赌场经济。

由于商业银行并不将金融衍生工具及其交易记录在它们的资产负债表上，所以，这些商业银行的资产储备显示的往往是虚假的安全信号，但是，实际上有些商业银行在金融衍生工具交易的游戏中，可能已经非常脆弱了。更具讽刺意味的是，美国金融机构滥用自己"创新"的金融衍生工具，最终居然成为 2008 年国际金融危机的罪魁祸首。

（二）中国特色金融创新的内容

尽管中国金融创新的内容也表现在工具创新、市场创新、技术创新和管理创新，但是，金融创新内容体现的实质与西方模式截然不同。

第一，金融创新的内容将促进实体经济发展作为首要目标。金融存在与发展的理由和根本是实体经济，实体经济是立国强国和富民之本，也是社会财富的基石。因此，金融创新的内容要始终坚持服务实体经济的要求。

分析中国特色金融创新的内容，仅以解决中小企业贷款难、规范发展民间金融和发展融资租赁三个问题为例，因为这几种融资方式都是金融领域正在探索中的问题。

如何开拓中小企业的贷款渠道和增加贷款数量，许多省市在金融改革试验区的金融创新试验，正在如火如荼地进行。例如，政府将中小企业、金融机构、工商管理和税务等政府职能部门，整合在类似"中小企业金

---

① 刘秀光：《商业银行规避信贷风险的基本准则》，《西南金融》2013 年第 1 期。

融信息服务平台"上。在这个平台上，政府职能部门提供相应的公共服务，中小企业提供借贷信息，金融机构依据中小企业提供的借贷信息和信用状况等，通过综合评价做出是否提供贷款的决定。与此同时，为了实现对中小企业金融支持的可持续，各地都建立了中小企业贷款风险补偿机制。在该机制的引导下，合作金融机构能够积极创新金融产品、工具和服务模式，从而为中小企业发展提供金融支持。

规范发展民间金融，是拓宽实体经济发展的重要融资渠道。中国人民银行公布的金融统计报告显示，2015 年，人民币存款增加 14.97 万亿元，其中，城乡居民存款增加 4.40 万亿元。数额如此庞大的民间资金，存在着强烈的寻求增值的意愿，这也正好契合了民间资金助力实体经济的客观要求。如若不然，这些民间资金就将变为炒楼、炒生姜和炒大蒜等的资金来源。如果出现这种现象，不但对实体经济的发展不利，还会扰乱金融市场的秩序和带来某些社会领域的混乱。

2015 年 8 月，中央政府做出加快融资租赁行业发展，服务实体经济的决定。融资租赁有利于缓解企业尤其是中小企业融资难、融资贵的问题。该融资方式有拉动企业设备投资的功能，已经在融资租赁聚集试验区得到了证实。发展融资租赁行业需要具备多方面的条件，融资租赁也存在着许多风险，如租金的如期支付等其他违约风险，以及贸易风险和技术风险等。因此，行业规则的制定和风险防范措施，都是融资租赁是否能够健康发展的决定性因素。

2017 年 6 月，中国人民银行等七部委联合下发了建设浙江省湖州市等五个绿色金融改革创新试验区的总体方案。可以预期，在绿色金融改革创新试验区中，一定会有新的融资方式诞生。

2017 年 9 月，在金融服务农业现代化高峰论坛上，农业部发布了"金融支农创新十大模式"："政银担"模式、"政银保"模式、"银行贷款 + 风险补偿金"模式、"两权抵押贷款"模式、"农村信用社小额信贷"模式、"农产品价格指数保险"模式、"农机融资租赁"模式、"双基联动合作贷款"模式、"互联网 + 农村金融"模式和"农业领域 PPP"模式。尽管这十大模式各有特色，但解决农业贷款难、贷款贵和风险高等问题是共同的目标。

第二，警惕金融衍生工具的过度创新与滥用，使金融衍生工具回归其本来功能。20 世纪八九十年代，金融衍生工具称得上是五花八门。例如，投资者用来"对冲"利率风险的衍生工具，有混合浮动利率债券/欧洲债券（1986 年）、超级浮动利率抵押担保债券（1987 年）、固定—浮动合成债券（1990 年）和联邦基金远期利率协议（1991 年），等等。

21 世纪以来，衍生工具的金融创新，主要表现在资产证券化、信用衍生工具等的迅猛发展。然而，金融衍生工具的膨胀远远超过了实体经济的需要，这表明赌场经济的阴魂不散。成思危先生的研究显示，截至 2000 年年底，全世界虚拟经济总量为 160 万亿美元（金融衍生品年末余额约为 95 万亿美元，股票债券存量约为 65 万亿美元），相当于世界 GDP 总和 30 万亿美元的 5 倍。全世界虚拟资本日流动量为 2 万亿美元，是世界日平均贸易量的 50 倍。[①] 这充分说明，就金融创新内容的本质而言，金融创新应该是为实体经济服务的，并且只有那些推动技术创新和产业升级、促进经济效率提高的金融创新才是有价值的，那些脱离实体经济的金融创新就是过度的金融创新。[②]

每种金融衍生工具对金融体系来说几乎都隐含着某种潜在风险。例如，按揭贷款是典型的能够制造杠杆率的金融衍生工具，而且它的首付款越低，其杠杆率就越高，隐含的违约风险也就越大。因此，需要高度警惕金融衍生工具的过度创新与滥用，以及虚拟经济过度膨胀带来的金融危机。事实是，当前中国房地产市场的表现，与美国某些时期的房地产市场情况非常相似：股票市场萎靡不振，低利率和高房价，并且资产泡沫不断积聚。

美国的股票市场自 2000 年 3 月开始不断下跌，尤其是 2002 年表现更为低迷。当股票市场不能引领经济发展时，美联储企图将房地产作为促进经济的新动力。为了刺激房地产的需求，美联储于 2003 年 6 月 25 日第 13 次下调利率，将联邦基金利率下调至 1%。低利率促使如可调利率抵押贷款、资产抵押证券、贷款担保凭证和抵押担保证券等金融衍生工具的交易。这些金融衍生工具的交易，让企业和家庭不再依赖特定的金融机构来取得投资房地产的资金。

---

① 成思危：《虚拟经济探微》，《南开学报》2003 年第 2 期。
② 王华庆：《金融创新理性的思考》，上海远东出版社 2011 年版，第 43—44 页。

大量资金的涌入促进了房地产市场的繁荣，投资者纷纷离开股票市场而涌向房地产市场，于是房地产市场收获了集聚多年的收益。1997年秋季至2002年秋季期间，美国的房屋价格平均上涨了42%，很多家庭让自己成为"住房ATM机"。① 然而，房地产市场积聚起来的泡沫，最终在2007年开始破灭。

对于中国当前的经济形势来说，抑制资产泡沫，防范金融和经济风险，已经成为财政政策和货币政策的重要政策目标，这也是中央政府针对房地产等行业的泡沫化倾向提出的宏观调控任务。如何使中国的房地产市场健康发展，让住房价格回归到合理的水平，这对于财政和货币政策都是一个严峻的考验。

许多国家和地区在20世纪的不少年份，以及21世纪以来曾经由于放松监管，使大量资金和金融业务游离在监管之外，而流入房地产为代表的资产领域，最终导致资产泡沫破灭以后，这些国家和地区出现了严重的金融危机和持久的经济衰退。中央政府抑制资产泡沫的"去杠杆"等的果断决策，正是为了避免这类金融和经济的悲剧在中国重演。

（执笔人：刘秀光　吴铁雄　康艺之）

---

① ［美］E. 雷·坎特伯里：《经济学简史：处理沉闷科学的巧妙方法》第二版，陈叶盛译，中国人民大学出版社2013年版，第256页。

赌场经济的批判与实体经济的回归

一　引言

社会经济活动分为商品生产和消费的实体经济，以及利用金融工具投资或投机的虚拟经济或称金融经济。不管是实物资产（如房地产）还是金融资产（如股票）的投机交易，都可以在价格的波动中获利，也有利于发现价格、套期保值和规避风险，并具有提高市场效率的正面作用。但是，以房地产和股票为代表的实物资产和金融资产的交易，往往带有浓重的投机性。

如果过度投机炒作房地产或股票这些实物资产或金融资产，金融经济就会演变成用钱生钱的赌场经济。货币经济学研究表明，那些对资产尤其是金融资产的内在价值缺乏耐心等待的躁动者，他们更倾向于投机炒作这些资产。

美国经济思想史学家雷·坎特伯里在其《经济学形成》（1987 年）一书中，首次引入了"赌场经济"这一术语。他在其《经济学简史：处理沉闷科学的巧妙方法》一书中，将美国的 20 世纪八九十年代称为"思想激流时代"。思想激流时代是人们专注于用钱生钱，而把商品生产的困境抛到脑后，许多社会规则被打破的时代。① 催生了赌场经济的因素主要表现在金融资本自由流动，热钱在各个货币市场之间频繁转移，货币汇率的激烈波动和过度投机。

---

① ［美］E. 雷·坎特伯里：《经济学简史：处理沉闷科学的巧妙方法》第二版，陈叶盛译，中国人民大学出版社 2013 年版，第 7 页。

作为实体经济对立物的赌场经济，对实体经济的健康可持续发展具有腐蚀作用。如果漠视决定经济社会进步的动力源泉是实体经济，而信奉甚至痴迷于那种用钱生钱的赌场经济，将会严重误导生产者的投资决策，扭曲社会公众的消费行为和储蓄行为。

现代经济理论与经济政策的思考，都离不开货币在经济中的作用。从货币经济学的分析视角对赌场经济批判，旨在说明当货币资源哪怕是在某些行业或某个时期内，偏离了实体经济而演变成用钱生钱的赌场经济以后，这些货币资源就失去了对实体经济的引导和推动作用。因此，货币资源只有回归并且用于发展实体经济，才能真正发挥货币资源在经济运行中所起的重要作用。

二 赌场经济的简要历史与批判

赌场经济的产生伴随着经济社会的发展，并且经历了漫长的历史过程。同时，在现代市场经济中，西方工业化国家的金融自由化强化了赌场经济，而用钱生钱的那些数学模型对于投机以及赌场经济是一种鼓噪，或许在一定程度上更加助长了人们的投机心理。

(一) 赌场经济的萌芽与演变

在市场经济出现之前，人们对借出和借入货币之间要按一定的利率收进或付出利息的行为并不受欢迎，甚至认为，这是一种罪恶。那时的道德观念认为，人们借款不是用于牟利，而只是应付紧急的需要，所以，索取利息等于乘人之危借以牟利。亚里士多德认为，本来不育的金钱生出利息来是违反"自然法则"的。托马斯·阿奎纳在其《神学大全》中指出，贷出货币而收取利息，就本身来说，是不公正的。

商业经济或贸易经济以及独立商人的兴起，为市场经济的出现铺平了道路。尽管市场经济体制的建立经历了长达600多年的缓慢过程，此间也有衡量财富是黄金和白银（重商主义）还是土地（重农主义）——对于财富和财富来源的论争。但是，人们对通过商品的交换而获利，利用贸易实现资本积累的看法逐渐有了客观的认识。最终，人们对货币的基本功能、什么是财富和财富积累，以及货币对经济发展和社会进步的作用被广泛接受。

例如，阿尔弗雷德·马歇尔的观点在当时的经济理论中已经很盛行。他认为，货币需求主要是为了商品的交换，但出于流动性的目的，人们也持有现金余额。并且，因为现金无法替代实物，所以，缺乏资产属性的货币只能当作一种交换媒介。因此可以认为，在英国的马歇尔时代，尚未出现用钱生钱的赌场经济。

大约始于 1840 年的美国工业革命，以铁路机械、化学、新能源和内燃技术、电子科学技术的发展为主要标志。赌场经济也伴随着这场工业革命的进程而开始萌芽。这是因为，大规模的工业生产需要大量的金融资本，企业就必然寻求金融资本的帮助。所以，金融资本就逐渐控制了这些企业。但是，控制企业的金融资本并不负责企业的生产经营活动。于是，这种所有权与生产过程分离的股份公司，频繁地出现了不负责任的金融投机行为。

例如，1873 年经济萧条使联合太平洋公司（与太平洋公司共同经营横贯大陆的铁路）的股票处于较低价位，投机商杰伊·古尔德就开始购买该公司的股票。截至 1974 年春天，他就拥有了该公司的控制权，并借此掌握了 15854 英里的铁路，占当时美国铁路里程的 15%。在托尔斯坦·凡勃仑的经济学著作《有闲阶级论》（1899 年）中，这样描述美国当时的社会现象：国家被少数百万富翁所控制，他们不是通过生产而大多是通过金融操纵聚敛了大量的财富。

当美国经济社会的历史进入 20 世纪 80 年代的时候，"货币主义与里根经济学建立起了一座通往赌场经济的桥梁"。[①] 货币主义拥护自由市场和自由放任的经济政策，里根经济学主要以供给学派的经济理论为基础，而供给学派强调不受约束的自由市场经济。

可见，无论是采纳货币主义政策主张的货币主义实验，还是奉行里根经济学，经济自由化始终贯穿于其中。于是，反对政府干预经济的自由化思潮，逐渐席卷了整个美国经济，从而导致金融领域的金融违规操作和金融投机日益泛滥起来。由此断言，货币主义与里根经济学确实是建立起了

---

① ［美］E. 雷·坎特伯里：《经济学简史：处理沉闷科学的巧妙方法》第二版，陈叶盛译，中国人民大学出版社 2013 年版，第 215 页。

通往赌场经济的桥梁。

美国赌场经济的直接推动力是其金融自由化。1980年，美国国会通过了《放宽对存款机构管理和货币管理法》，由此拉开了金融自由化的序幕。金融自由化在让金融体系变得更为灵活和更有效率的同时，金融体系也变得更加脆弱。主要是金融自由化打开了金融衍生工具的滥用之门，大额存单、期货期权、垃圾债券等金融衍生工具纷纷登场，使大量金融资产逐渐脱离实体经济，堆积在基础极其浅薄的虚拟经济的沙滩上。

金融自由化不仅让数不胜数的金融衍生工具被创造出来，而且杠杆收购也是20世纪80年代的一个所谓金融创新。不过，金融衍生工具的滥用，以及杠杆收购这样的金融创新就其实质内容而言，已经不是"熊彼特式"的创新了。因为金融衍生工具的滥用，带来了艾伦·格林斯潘曾经警告人们要警惕的（赌场经济）非理性的繁荣。这种非理性的繁荣使金融体系处于极其脆弱的状态。

20世纪八九十年代，垃圾债券和杠杆收购都极具诱惑力。这是因为，如果某一家公司被兼并和收购，投资者无须使用自己的钱，而只需要向商业银行、保险公司等金融机构出售垃圾债券，然后用出售垃圾债券得到的钱去兼并和收购。例如，20世纪80年代，美国的商业银行、保险公司等金融机构，向科克罗公司提供借款来购买垃圾债券用于收购。其中，1988年后期，该公司借入264亿美元收购了美国雷诺兹—纳贝斯克公司，成为当时最大的臭名昭著的收购案。

在杠杆收购的热潮中，不少商业银行、保险公司等金融机构减少甚至停止了向购买机器设备、房地产投资和开采石油企业的贷款，转而去购买垃圾债券。本来，固定资产投资是国民产出的重要组成部分。不过，在杠杆收购的热潮中，美国的净投资自1970—1979年的6.7%，降至1980—1988年的4.8%，由此导致劳动生产率的增速明显放慢。1989年，垃圾债券市场开始崩溃，商业银行为此也深受其害。

里根经济学虽然大大加强了华尔街在美国经济社会中的地位，但在历次金融危机或金融风暴中，华尔街也往往处于旋涡的中心。20世纪80年代中期，金融投机达到顶峰，90年代早期金融投机有所停滞，而90年代后期再现金融投机的狂潮。在金融投机的狂潮中，风险厌恶的信念似乎被人们遗忘了。这种现象正如经济学家所指出的那样，如果一种狂乱的情绪充斥市场，则可能导致投机泡沫和市场崩溃。①

20 世纪八九十年代，美国商品和劳务的价格总水平下降了，金融资产的价格却是大幅度上涨，从而使富人变得更加富有，穷人变得更加贫穷。在富人和穷人的资产负债表上，1983 年，美国前 0.5% 的家庭的超级富有人群，持有 46.5% 的公司股票和 43.6% 的未付债券，而 90% 的家庭分别仅仅持有这些金融资产的 10.7% 和 9.7%。②

2000 年美国互联网泡沫的破灭，是美国历史上又一次股票市场的灾难。此前，金融市场的投机炒作之风劲吹。美国股票市场的总市值，从 1990 年的 3.5 万亿美元，升至 1998 年的 14.5 万亿美元，而同期的 GDP 仅增长了 3 万亿美元左右。每 4 美元的股票市值中就有 3 美元是泡沫，大约 76% 的股票市值是没有实体经济的实质财富支撑的。③ 实业公司的利润来源越来越依赖资本市场的投机活动，而来自实体经济的利润越来越少。在纽约证券交易所上市的 250 家大公司，都是高度金融化的，其利润相当大的比例来自金融投机。④

（二）数学模型与金融投资或投机

长期以来，人们希望能找到一种永远赚钱而不亏本的灵丹妙药，于是为赚钱而设计的各种数学模型便应运而生。因此，在批判赌场经济的时候，人们不禁会质疑与反思，那些用钱生钱的数学模型在其中究竟起了什么样的作用。

例如，美国金融学家费希尔·布莱克和迈伦·斯科尔斯在《期权定价和公司债务》（1973 年）一文中创立了布莱克—斯科尔斯期权定价模型。迈伦·斯科尔斯与罗伯特·默顿因研究"决定衍生品价值的新方法"而分享了 1997 年的诺贝尔经济学奖。

布莱克—斯科尔斯模型的基本思想是：交易者可以规避所有的市场风险，其方法是在市场上做空头交易，并且随着市场的下跌增加这种交易的数量，下跌的幅度是无关紧要的，这个模型似乎成为规避金融风险的范

---

① ［美］保罗·萨缪尔森、威廉·诺德豪斯：《经济学》第十七版，萧琛主译，人民邮电出版社 2004 年版，第 429 页。

② ［美］E. 雷·坎特伯里：《经济学简史：处理沉闷科学的巧妙方法》第二版，陈叶盛译，中国人民大学出版社 2013 年版，第 229—230 页。

③ 狄荫清：《美国道·琼斯股指神话濒临破灭》，《当代经济科学》1999 年第 2 期。

④ 文红星：《经济泡沫研究》，光明日报出版社 2004 年版，第 222 页。

式。不过，布莱克—斯科尔斯模型在 1987 年 10 月 19 日美国股票市场的
"黑色星期一"，并没有通过自身的检验，因为在"黑色星期一"只有股
票卖家而没有买家。

更具讽刺意味的是，迈伦·斯科尔斯和罗伯特·默顿是合伙人的长期
资本管理公司（LTCM），主要从事"买入被低估的有价证券，卖出被高
估的有价证券"的套利交易。1998 年 8 月因交易失败而倒闭，同年 9 月，
长期资本管理公司被美林证券和摩根收购。正如美林证券在其年报中评论
的那样，数学模型或许会提供比担保更高的安全感，但其可信度有限。

1995 年获得诺贝尔经济学奖的理性预期理论认为，理性预期不仅能
够最有效地利用现在可以被利用的信息，而且人们如果发现错误，就会立
即对预期中的失误加以纠正。20 世纪 90 年代，互联网股票的价格收益之
比达到 100 以上。如 1996 年 6 月雅虎（Yahoo）的股票以每股 2.90 美元
出售，2000 年年初每股的价格已经高达 176.50 美元。与互联网股票的价
格收益之比相比，传统股票的价格收益之比仅为 20—30，于是人们纷纷
购买互联网的股票。

然而，2000 年美国互联网泡沫开始破灭，雅虎的股票跌至低于 30 美
元。包含新经纪公司的纳斯达克指数，在不足两年的时间内其价值损失了
75%。这时的互联网股票如经济学家所形容的那样，已经从两年前的
"抢手之物"变成了"凋零黄花"。互联网泡沫的崩溃沉重打击了理性预
期学派的金融预言。

综上可见，虽然数学模型的定量分析可能令经济学变得严谨，对于人
们的金融投资或金融投机也会有一定的指导作用。但是，是否能够如那些
令人眼花缭乱的数学模型表明的那样，确信无疑地用来指导人们的经济活
动，尤其是那些让金融投资或投机者永远赚钱而不亏本的承诺，显然是不
可信的。可以断言，那些用钱生钱的数学模型对于金融投机所起的作用并
非都是正面的，而可能是对赌场经济的一种鼓噪。

三　实体经济的历史地位与回归

（一）实体经济的历史地位

经济社会发展的动力以及社会财富的生产规律是，实体经济是经济社会不断前进的发动机，也是立国强国富民之本和社会财富的源泉。生产商品的活动是人类社会活动的主旋律，如果没有实体经济，便不会有人类和人类生活的华彩乐章。

实体经济的内涵或者社会关注的重点，在不同的时代有一定的差别。在"土地是财富之母"的威廉·配第时代，土地这种特殊的财富形式，在生产要素中占据着主导地位，满足人类生存第一需要的产品也来自土地。因此，在威廉·配第时代，人们就必然极力从土地上寻求财富。在农业经济时期，人们为了获得财富而不断地开垦土地和扩大耕地的面积，几乎所有的拓荒者都经历过在土地上淘金这一幕。

在工业革命时代，不断涌现出来的那些发明创造，不仅极大地提高了劳动生产率，而且也是更新的生产力时代的开始。例如，始于 18 世纪 80 年代英国的工业革命，手工劳动被机器生产所代替，并且使用机器来生产机器。更高的生产效率为英国带来了更多的财富（也有通过奴隶贸易、海上劫掠和侵略他国等不光彩的财富来源），英国成为当时世界上最富裕的国家之一。

1870—1914 年，美国（既富有创造力也有不道德的欺诈）的所谓镀金时代，在推进工业化的进程中，铁路、石油、钢铁等产业规模急剧扩张，国家的财富也在迅速增长。20 世纪初，美国已经成为世界上综合实力最强的工业国。

实体经济的发展为国家、企业和家庭都带来了财富，最初的资本积累也是在实体经济的成长与发展中逐渐实现的。正如凯恩斯所说，是企业创造并增进了世界的财富。史学家在研究资本积累问题的时候，得出的重要结论是，虽然金融资本的积累是重要的，但是，对于社会进步具有决定作用的，是企业如何利用这些金融资本购买机器和技术并用于社会生产。卡尔·马克思在其《资本论》（1867 年）中揭示出了资本积累的一般规律：

货币作为一般等价物的商品，然后生产出商品，出卖再变成货币，经过循环和周转，最终实现了资本积累。

近代历史上的许多新技术从发明到实际生产和应用，经历了半个甚至一个多世纪的时间。例如，1769 年发明了机车，1824 年投入生产；摄影技术在 1727 年发明，1838 年用于商业活动。现在，新技术如光学电缆、微型芯片等，其传播速度由于信息技术的发展，远比近代历史上新技术的传播要快得多，推广和应用的时间也越来越短。因此，一个国家经济发展战略和发展模式的安排是否正确，决定着这个国家的经济发展是走在世界的前列，还是落后于他人，甚至遭遇"国家破产"的厄运。

人口只有 30 多万的冰岛，它的实体经济的重要组成部分是渔业和旅游业。截至 2008 年 10 月，冰岛的商业银行负债超过其 GDP 的 12 倍，对外债务高达 1380 亿美元，主权债务危机致使该国濒临国家破产。主要原因是：冰岛的金融业在世界范围盲目扩张，并且以高利率和低管制的方式吸引国外的投资，投机的热钱也纷纷流入，最终导致其股票市场和房地产的价格暴涨。

在国家破产之前的五年间，尽管在金融信贷和房地产投资的推动下，冰岛家庭的财富平均增长了 45%。但是，冰岛将发展经济过分依赖金融经济而忽视实体经济的发展模式，最终濒临国家破产就在情理之中。

为了摆脱金融和经济危机，挽救几乎破产的国家，除冰岛政府实施的一系列经济政策以外，一个重要条件是从"渔民们都把船收起，穿上西装去银行上班"，回归到了冰岛在实体经济具有比较优势的渔业和旅游业，使冰岛逐渐摆脱危机而经济不断增长，2015 年的 GDP 增长率就达到了接近 4% 的水平。

冰岛国家破产的教训至少有两点：金融经济的规模需要依托实体经济的支撑；如果将金融经济和实体经济的关系倒置过来，金融经济的规模超过了实体经济的规模，那么整个国家的经济就将被金融经济"绑架"而处在危机的边缘。

（二）如何向实体经济的回归

2008 年的国际金融危机以后，《美国制造业振兴法案》（2010 年），是美国再工业化回归制造业的标志。该法案旨在帮助美国制造业降低生产成本，振兴制造业，增加更多的就业岗位；为了重塑德国的制造业，推出了《德国工业 4.0》（2013 年）；《中国制造 2025》（2015 年）是中国实施制造强国战略的行动纲领，为实现中华民族伟大复兴的中国梦打下实体经济的坚实基础。许多国家都在反思实体经济的历史地位，规划回归实体经济的蓝图。中国经济如何实现向实体经济的回归，其基本要求包括以下三个方面：

第一，向实体经济回归，需要警惕实物或金融领域的过度投机活动。自工业革命以来，经济体系就是市场经济体制，这种经济体制本质上是一种货币体制。[①] 在这种货币体制中，货币运行的路径应该是：企业生产商品的决策→通过资本积累、贷款和发行股票等取得货币→进行一系列生产过程→将生产的商品投入市场销售→用货币计量商品的最终收益。

由上可见，在生产决策之后的所有环节都离不开货币，货币在现代实体经济中的作用，已经不是古典学派经济学家描述的那样货币是中性和实物的面纱了。

凯恩斯指出，持有货币满足了对货币的需求，从而减缓了人们的焦虑。但在现代市场经济中，当货币资产不断增加，社会变得越来越富有的时候，持有更多的货币人们也可能会产生新的焦虑，那就是如何用钱赚得更多的钱。用钱赚得更多的钱一般有两个渠道：实物投资或投机；金融投资或投机。

对于实物投资或投机，以及金融投资或投机这两个获利的渠道，需要警惕的是实物投机或金融投机，因为过度投机将会危害甚至颠覆实体经济的健康发展。泡沫经济和金融灾难无一不与金融投机有关，像历史上的荷兰郁金香热（1636—1637 年），以及疯狂的投机性的法国股票市场的密西西比泡沫（1717—1720 年）[②] 和美国佛罗里达房地产泡沫（1923—1926年），都是因金融投机而最终归于失败的代表性事件。

20 世纪 80 年代，日本由金融锁国转向金融自由化。在金融自由化的进程中，以金融投机为主业的"生财术"企业纷纷登场，金融丑闻也不断被揭露出来。随着泡沫经济的不断累积，1990 年 10 月 1 日出现了日本股票市场的"黑色星期一"。东京股票市场的股票价格总额，与 1989 年

---

① ［加拿大］约翰·史密森：《货币经济学前沿：论争与反思》，柳永明等译，上海财经大学出版社 2004 年版，第 3 页。

② 刘秀光：《经济理论和经济政策变迁的回顾与反思》，《管理学刊》2017 年第 1 期。

12月29日年终最后一场交易的股票价格总额相比,消失了270兆日元。对此,日本经济史学家认为,日本泡沫经济的崩溃要追溯到这一天。①1997年7月,泰国泡沫经济的破灭和金融危机的爆发,同样源自国际资本在泰国的房地产市场和股票市场的大肆炒作。

第二,向实体经济的回归,企业要发挥社会生产的主体责任。实现经济健康可持续增长,必须具备如同长距离慢跑者那样的持久和耐力,而绝不能为了获利就只关注如何去投机炒作。实体经济的本质是商品的生产和交换,而资产收益归根结底源自实体经济的收益。换言之,只有商品的生产和交换,才有金融资产的积累。因此,两者的关系不可颠倒。

实现向实体经济的回归,对于企业来说,在短期内不仅要生产市场需求的投资品或资本品和消费品,而且要长期坚持不懈地创新。产品生命周期这一客观规律,决定着企业必须坚持不懈地创新。这是因为,一方面,企业生产所需要的机器设备等投资品必须满足产品升级换代的要求;另一方面,消费者随着收入水平的不断提高,他们对消费品的质量、功能等的要求也在不断提高。

实体经济领域的创新,其结果是以新的机器设备、新的商品以及新的业态表现出来的。如果企业不能紧跟社会的技术进步而创新,企业生产的投资品和消费品就不能满足生产和消费需求,产品滞销将引起实体经济增长放缓,越来越多的货币既没有更好的投资机会,也没有更多消费的商品,于是累积起来暂时变为窖藏货币。

实际上,窖藏货币不会永远被"窖藏"或持有。由于货币窖藏要付出相应的机会成本,窖藏的时间越长,付出的机会成本就越高。因此,由货币"利息选高"的本性所决定,以及人们期望获得更高的收益,这些窖藏货币必然会寻找收益更高的领域。当实体经济的收益高于金融经济时,货币就会脱虚入实;反之,货币就会脱实入虚。

实体经济的收益与金融经济的收益有显著的差别。实体经济的收益是商品真实价值的体现,是最终产品各个生产环节的附加价值的总和。金融经济的收益则是一种虚拟价值,这些虚拟价值主要来自金融市场本身,是

---

① [日]宫崎义一:《泡沫经济的经济对策——复合萧条论》,陆华生译,中国人民大学出版社2000年版,第88页。

金融市场上交易者自己的货币经过重新分配而获得的收益或账面价值。如果每个人都试图变现，那么这些账面价值就会消失了。

近十年来，中国经济的不少行业出现严重的生产过剩或产能过剩，这些行业轻则收益率非常低，重则出现严重的亏损。例如，钢铁业是严重产能过剩的代表性行业。2015 年 10 月，中国钢铁工业协会公布的数据显示，全国钢铁企业前三个季度主营业务亏损超过 500 亿元，重点统计钢铁企业的钢材销售结算价格不足 1.6 元/斤，钢铁业陷入全面亏损的境地。在产能过剩的背景下，货币脱实入虚的大致路径是：生产过剩或产能过剩→投资者悲观的投资预期→资本边际效率递减→实体经济的收益下降→货币从实体经济中游离出来→实物投机或金融投机。

从货币脱实入虚的路径中不难得知，当企业生产的产品满足生产和消费需求，并且获得相应的利润或满意的收益，企业才能可持续地进行生产经营活动。这样，货币将持久地留在实体经济而不会脱实入虚。

将货币持久地留在实体经济，对于上市公司而言，生产者和投资者之间互利共赢，双方才能同舟共济。分红是上市公司的投资者获得回报的主要方式，也是增强资本市场融资功能的重要途径。近期，金融监管当局批评部分上市公司是多年不分红的"铁公鸡"。

这么多年不分红的"铁公鸡"，不仅实际上侵吞了广大股东的利益，而且不利于培育投资者长期投资的理念。毕竟实体经济和实体经济的投资，是波动经济增长的"琴弦"，也是经济社会稳定与进步的牢固基石。那些"铁公鸡"的做法很可能造成投资者对长期持有上市公司股份的畏惧心理，而将股份变现为窖藏货币，或者逼向投机炒作股票的赌场经济。

另外，在资本市场时常出现上市公司高层管理者频繁"减持套现"的现象。不少上市公司高层管理者"凡离职必减持套现"或"为减持套现而离职"的做法，不仅反映出这些公司高层管理者投机交易的逐利行为，而且对人们的长期投资信心会产生许多负面影响。[1]

第三，向实体经济的回归，需要金融监管与金融机构的通力合作。因为一个有效率的金融体系的基本功能，是确保储蓄最有效率地用于实体经

---

① 刘秀光：《公司高管"减持套现"的经济学分析》，《武汉科技大学学报》2015 年第 4 期。

济的商品生产和交换。通过金融资源的配置以及控制金融风险，实现金融体系的基本功能。

金融机构尤其是商业银行对于配置金融资源具有十分重要的作用，但是，如果商业银行的贷款投向是不合理的，就偏离了为实体经济服务的基本职能，因此，金融监管和政策引导至关重要。许多国家曾经由于放松监管，使大量资金流入房地产为代表的资产领域投机炒作，最终导致资产泡沫破灭以后，这些国家出现了严重的金融危机和持久的经济衰退。

房地产业的生产属于实体经济范畴，而对住房非理性的投机炒作，则属于用钱生钱的赌场经济范畴。尽管中国的房地产市场和股票市场存在着用钱生钱的投机炒作，但不能由此就断定这些市场已经演变成了赌场经济。不过，房地产的交易带有浓重的投机性，因此，简单地回顾货币资源如何受高收益的引诱流入房地产，进而分析怎样让货币资源回归实体经济。

当房地产企业的收益或利润不断攀升之时，商业银行将贷款更多地投向了房地产，造成了房地产业的高杠杆率，而正是高杠杆率使住房逐渐偏离了居住的属性，增强了房地产市场的投机性。房地产企业的高收益，是商业银行向房地产贷款的直接动因，商业银行也从房地产贷款中获得了满意的收益。于是，商业银行和房地产企业就结成了利益共同体。

有研究数据显示，商业银行目前的资本收益率在12%左右，而实体经济的资本收益率降至5%以下。金融业的增加值占GDP的比重从2012年的6%升至8%，实体经济中制造业增加值的比例则从33%降至30%。①商业银行的资本收益率与实体经济的资本收益率之间的差距，也解释了为什么商业银行偏向房地产贷款的重要原因。

中央银行能够运用多种政策措施对货币供给总量和构成的调节来调控宏观经济。由于中央银行对整个社会信用的控制具有基础性的作用，实体经济就有可能按照中央银行的政策使金融部门发生的变化来进行调整。

信贷市场如果得到有效的监管，那么，信贷资金就能够受到控制，从而使信贷资金的流向符合宏观经济政策的意愿。在调控房地产市场的货币

---

① 周文渊：《金融杠杆：从加法到减法》，http://finance.sina.com.cn/zl/bond/2017-01-04/zl-ifxzczfc6832798.shtml，2017年1月9日。

政策中，货币当局的许多政策措施也是为了避免控制货币过度流入房地产市场的。

例如，《关于进一步加强房地产信贷业务管理的通知》（2003 年），严禁商业银行以房地产开发流动资金形式发放贷款；《关于深入开展土地市场治理整顿严格土地管理的紧急通知》（2004 年），要求商业银行严格控制对房地产的信贷投放。实际上，商业银行并没有真正遵守"严格控制对房地产的信贷投放"，这不能不说是金融监管执行力与商业银行服从力之间的合作存在着不协调问题。

在金融监管过程中，除要强化监管的力度以外，还可以实施激励监管的方式。例如，对那些长期支持实体经济并且更有成绩的商业银行，在中央银行向其发放贴现贷款时，在利率等方面给予优惠；优先支持这些商业银行为补充资本金筹措资金，在全国银行间债券市场发行债券。

对货币供给总量和构成的调节，落实支持实体经济的信贷政策，对于金融监管来说，要有很强的执行力；而对于商业银行来说，需要体现对金融监管的服从力。如果金融监管和商业银行都不打折扣地遵循着相关的调控政策措施行事，那么，中国的房地产业可能不会出现如此高的杠杆率。

中国的商业银行系统历来有尊重金融监管指令的传统，这是商业银行服从力的良好基础。同时，在现阶段，中国的金融体系仍然是分业经营。在分业经营体制中的实体经济与金融经济的关系并不像混业经营体制中实体经济与金融经济那样高度融合，这也为有效监管和引导商业银行贷款和投资的方向提供了重要条件。

商业银行还要认真履行其社会责任，为实体经济提供金融服务。当企业为生产通过商业银行融资的时候，能够基本无障碍地获得资金，而不存在贷款难和贷款贵的恐慌。当企业利用商业银行提供的贷款进行生产实现了利润以后，如期向商业银行还本付息。两者之间这种互利双赢的背后，映照出的是实体经济的健康可持续发展。

中国工商银行等国家控股的大型股份制商业银行，既是商业银行体系的主体，又是实体经济资金来源的主渠道。因此，这些大型股份制商业银行应该发挥为实体经济提供金融服务的带头作用，在追求利润的时候绝不能忽略了自己的社会责任。所有商业银行和其他金融机构应该牢记：尽管利润最大化是企业的目标，但只有实体经济，才是自己稳定经营和获得利润的牢固基础。

2017 年 4 月初，中国银行业监督管理委员会发布《关于提升银行业服务实体经济质效的指导意见》，提出了提升银行业服务实体经济的 24 项措施。其中，要求银行业"回归本源、专注主业"，提高服务实体经济的能力和水平。强化重点领域监管约束，督促银行业回归服务实体经济本源。严禁资金违规流入房地产市场，切实抑制热点城市的房地产泡沫。这些措施发生作用的效果如何，无疑是对金融监管执行力和银行业服从力的一次检验。

（执笔人：刘秀光　吴铁雄　康艺之）

主要参考文献

［1］［加拿大］约翰·史密森：《货币经济学前沿：论争与反思》，柳永明等译，上海财经大学出版社 2004 年版。

［2］［美］米尔顿·弗里德曼、安娜·J. 施瓦茨：《美国货币史——1867—1960》，巴曙松等译，北京大学出版社 2009 年版。

［3］［日］宫崎义一：《泡沫经济的经济对策——复合萧条论》，陆华生译，中国人民大学出版社 2000 年版。

［4］［美］艾伦·加特：《管制、放松与重新管制》，陈雨露等译，经济科学出版社 1999 年版。

［5］［美］保罗·萨缪尔森、威廉·诺德豪斯：《经济学》第十七版，萧琛主译，人民邮电出版社 2004 年版。

［6］［英］弗里德里希·冯·哈耶克：《货币的非国家化》，姚中秋译，新星出版社 2007 年版。

［7］［日］金子胜：《经济全球化与市场战略——市场原理主义的批判》，胡婧译，中国人民大学出版社 2002 年版。

［8］［日］菊地悠二：《日元国际化——进程与展望》，陈建译，中国人民大学出版社 2002 年版。

［9］［美］默瑞·N. 罗斯巴德：《古典经济学——奥地利学派视角下的经济思想史》第二卷，张凤林等译，商务印书馆 2012 年版。

［10］世界银行编：《金融自由化——距离多远？多快实现？》，王永兰译，中国财政经济出版社 2003 年版。

［11］［加拿大］杰格迪什·汉达：《货币经济学》，郭庆旺等译，中国人民大学出版社 2005 年版。

［12］［美］斯蒂芬·G. 切凯蒂：《货币、银行与金融市场》，郑振龙译，北京大学出版社 2007 年版。

［13］［美］弗雷德里克·S. 米什金:《货币金融学》第二版,马君潞等译,机械工业出版社 2011 年版。

［14］［美］安东尼·桑德斯、马西娅·米伦·科尼特:《金融风险管理》,王中华等译,人民邮电出版社 2012 年版。

［15］［美］丹尼尔·F. 史普博:《管制与市场》,余晖等译,上海三联书店、上海人民出版社 1999 年版。

［16］［美］詹姆士·R. 巴茨、杰瑞德·卡普里奥、罗斯·莱文:《反思银行监管》,黄毅等译,中国金融出版社 2008 年版。

［17］［美］保罗·克鲁格曼:《萧条经济学的回归和 2008 年经济危机》,刘波译,中信出版社 2009 年版。

［18］［美］约瑟夫·斯蒂格利茨、布鲁斯·格林沃尔德:《通往货币经济学的新范式》,陆磊等译,中信出版社 2005 年版。

［19］［美］本杰明·M. 弗里德曼、［英］弗兰克·H. 哈恩主编:《货币经济学手册》第 1 卷,陈雨露等译,经济科学出版社 2002 年版。

［20］［美］本杰明·M. 弗里德曼、［英］弗兰克·H. 哈恩主编:《货币经济学手册》第 2 卷,陈雨露等译,经济科学出版社 2002 年版。

［21］［美］保罗·萨缪尔森、威廉·诺德豪斯:《经济学》第十八版,萧琛主译,人民邮电出版社 2008 年版。

［22］［法］萨伊:《政治经济学概论》,陈福生等译,商务印书馆 1963 年版。

［23］［英］约翰·穆勒:《政治经济学原理及其在社会哲学上的若干应用》,赵荣潜等译,商务印书馆 1991 年版。

［24］［英］马歇尔:《经济学原理》,朱志泰等译,商务印书馆 1964 年版。

［25］［英］凯恩斯:《就业、利息和货币通论》,高鸿业译,商务印书馆 1999 年版。

［26］［美］罗纳德·I. 麦金农:《经济发展中的货币与资本》,卢骢译,上海三联书店 1988 年版。

［27］［美］卡尔·E. 瓦什:《货币理论与政策》,彭兴韵等译,中国人民大学出版社 2001 年版。

［28］黄金老:《金融自由化与金融脆弱性》,中国城市出版社 2001 年版。

[29]［日］斋藤精一郎：《现代金融导论》，王仲涛译，商务印书馆2006年版。

[30]［日］堺宪一：《战后日本经济》，夏占友等译，对外经济贸易大学出版社2004年版。

[31]［日］生野重夫：《现代日本经济历程》，朱绍文译，中国金融出版社1993年版。

[32]［比］保罗·德·格劳威：《货币联盟经济学》，汪洋译，中国财政经济出版社2004年版。

[33]［美］罗伯特·A.蒙代尔、保罗·J.扎克：《货币稳定与经济增长》，张明译，中国金融出版社2004年版。

[34]［美］马丁·迈耶：《美元的命运》，钟良等译，海南出版社、三环出版社2000年版。

[35]［美］彼得·D.希夫、约翰·唐斯：《美元大崩溃》，陈召强译，中信出版社2008年版。

[36]［美］多米尼克·萨尔瓦多等：《欧元、美元和国际货币体系》，贺瑛等译，复旦大学出版社2007年版。

[37]［英］杰拉德·M.库特：《英国历史经济学：1870—1926——经济史学科的兴起与新重商主义》，乔吉燕译，中国人民大学出版社2010年版。

[38]［英］亚当·斯密：《道德情操论》，蒋自强等译，商务印书馆1997年版。

[39]［美］保罗·萨缪尔森、威廉·诺德豪斯：《经济学》第十九版，萧琛主译，商务印书馆2013年版。

[40]［美］E.雷·坎特伯里：《经济学简史：处理沉闷科学的巧妙方法》（第二版），陈叶盛译，中国人民大学出版社2013年版。

[41]［日］日本经济新闻社编：《东洋奇迹——日本经济奥秘剖析》，王革凡等译，经济日报出版社1993年版。

[42]［日］竹内宏：《日本金融败战》，彭晋璋译，中国发展出版社1999年版。

[43]［美］约瑟夫·E.斯蒂格利茨、卡尔·E.沃尔什：《经济学》第三版下册，黄险峰等译，中国人民大学出版社2005年版。

［44］［美］安迪森·维金：《美元的衰落》，刘寅龙译，机械工业出版社2009年版。

［45］［美］弗雷德里克·S. 米什金：《货币金融学》第九版，郑艳文等译，中国人民大学出版社2011年版。

［46］［美］查尔斯·W. 史密森：《管理金融风险——衍生产品、金融工程和价值最大化管理》第三版，应惟伟等译，中国人民大学出版社2003年版。

［47］王华庆：《金融创新理性的思考》，上海远东出版社2011年版。

［48］文红星：《经济泡沫研究》，光明日报出版社2004年版。

［49］刘秀光、刘辛元：《货币经济学若干问题探讨》，厦门大学出版社2014年版。

［50］刘秀光：《利息率运行机制论》，福建人民出版社2006年版。

［51］Peter S. Rose and Milton H. Marquis, *Money and Capital Markets* (10th Edition), New York: McGraw-Hill Publishing Company, 2008.

［52］Zvi Bodie, Robert C. Merton and David L. Cleeton, *Finacial Economics* (2nd Edition), New Jersey: Pearson Prentice Hall, 2008.

［53］Peters, E., *Chaos and Order in Capital Markets*, New York: John Wiley & Sons Inc., 1991.

［54］Levin, E. J., Wright, R. E., *Short-run and Long-run Determinants of the Price of Gold*, World Gold Council, 2006.

后　记

　　该书是广东白云学院重点学科和广东省高等学校特色专业建设项目
(《金融学》) 的阶段性成果。该成果的完成除作者的努力之外，还有来自
同事的无私帮助。

　　这本货币经济学论著，虽然体现着作者对货币经济学的认真思考，但
书中定有不当之处，敬请读者不吝赐教和批评指正。

　　中国社会科学出版社欣然接受本书的出版，责任编辑为之付出的辛勤
劳动，谨此一并感谢之。

作者

2017 年于广东白云学院